如何应对
刑事危机

HOW TO DEAL WITH
CRIMINAL CRISES

赖建东　著

法律出版社
LAW PRESS · CHINA

北京

图书在版编目（CIP）数据

如何应对刑事危机 / 赖建东著. -- 北京 : 法律出版社, 2025. -- ISBN 978-7-5197-9612-9

Ⅰ. D924.04

中国国家版本馆 CIP 数据核字第 2024GP7793 号

如何应对刑事危机
RUHE YINGDUI XINGSHI WEIJI

赖建东 著

策划编辑 陈昱希
责任编辑 陈昱希
装帧设计 李　瞻

出版发行 法律出版社
编辑统筹 法规出版分社
责任校对 赵雪慧
责任印制 耿润瑜
经　　销 新华书店

开本 710 毫米×1000 毫米　1/16
印张 16.25　　**字数** 230 千
版本 2025 年 1 月第 1 版
印次 2025 年 1 月第 1 次印刷
印刷 三河市龙大印装有限公司

地址:北京市丰台区莲花池西里 7 号(100073)
网址:www.lawpress.com.cn
投稿邮箱:info@lawpress.com.cn
举报盗版邮箱:jbwq@lawpress.com.cn

销售电话:010-83938349
客服电话:010-83938350
咨询电话:010-63939796

书号:ISBN 978-7-5197-9612-9　　**定价**:78.00 元

凡购买本社图书,如有印装错误,我社负责退换。电话:010-83938349

自·序

PREFACE

一个刑事案件对律师而言，只是一个案件，一单业务。但对当事人及其家属而言，这是关乎他们个人幸福、个人命运以及他们家庭幸福、家庭命运的大案要案。只有专业、正直且经验丰富的律师，当事人才放心将关乎自己的财产、自由乃至生命的案件相托，当事人家属才放心将影响他们整个家庭幸福、家庭命运的案件相托。

任何危机在初始阶段，往往更容易妥善处理。刑事案件最有效的辩护就是在刑事危机出现之初对当事人及其家属进行有效辅导，危机处理妥当，则当事人及其家属有可能渡过难关；处理不当，则无助于刑事危机处理，甚至可能加剧危机。因此，如何妥善处理刑事危机对当事人及其家属极其重要，对律师而言则是极其重要的业务。

但是，至今鲜有法律工作者提出刑事危机处理的概念，更缺乏对当事人如何处理刑事危机以及律师协助当事人妥善处理刑事危机的方式方法的系统性总结。对此，本书尝试做出一定的努力。

想要妥善处理刑事危机，律师除了具备其他业务同样需要的法律素养外，还需要深谙人性，懂得刑事危机下涉案各方的利弊权衡及在利弊权衡后的可能选择。

法律与人性有非常密切的关系。从法律起源角度来看，“关于人性与法律，一个基本的共识是：法律秩序都是建立在对个体之人的特性的理解基础之上，法律所要调节的就是人的需要、欲望与偏好”[1]。“没有人性之恶及其衍生

〔1〕 刘练军：《法律起源的人性之问》，载《济南大学学报（社会科学版）》2023年第1期。

出来的种种暴行，人类社会应该不需要法律。”[1]法律旨在对人性的规制，对人的丑恶面的规制，对人性之恶的规制。不受规制的人性是一切恶的起源。“法律最基本的作用就在于约束人类某些自然的癖好，限制和制约人类的本能，强化一种非出自本能的义务性行为——换句话说，就是保证人类为了共同的目的而建立一个互相让步和相互奉献的合作基础。”[2]从法律运作角度来看，法律运作的过程充满了对人性的考验，充分显现人在本能驱使下的各种反应。在法律纠纷解决过程中，纠纷各方当事人为了实现自己的利益最大化，减少损失，往往会用尽心思和方法。

刑事法律与人性的关系无疑更加密切。刑事法律的制定是为了规制人性的丑恶，禁止和惩罚侵犯（包括侵害与威胁）法益的犯罪行为，保护财产权利、人身权利等。[3] 刑事法律的制定与运行，限制着人类的日常行为，同时也限制司法权力的边界，监督司法权力的运作，避免权力对权利的过度侵蚀。

面对刑事危机时，各方当事人往往会为了自己的利益最大化、损失最小化，作出最大程度的努力，甚至可能出卖和污蔑他人等。被害人为了刑事控告成功，为了让加害者得到严惩，可能会隐瞒、夸大甚至虚构重要的事实细节；证人虽然通常如实作证，但在与案件有利害关系时，往往可能作出与其利益一致的证词；当事人及其家属在刑事危机的各个阶段都会将其本能表现得淋漓尽致。

需要特别说明的是，本能表现没有评判标准，难以评价为好或者坏，人的选择更多的是基于利弊权衡，包括物质利益的权衡，也包括精神利益的权衡。相关参与人在刑事案件中的表现及其对好与坏的价值判断因人而异，不同的立场往往有不同甚至截然相反的价值判断。

刑事危机是人性的放大镜，让所有参与人都对人性有更加准确、深刻、细致的认识；刑事危机是人性的一面镜子，可以照出所有的人性真实面和伪装面；刑事危机是人性的测试题，绝大部分人性本能在刑事危机下展露无遗。

刑事危机的妥善处理不是一蹴而就的，而是一个系统工程；也不是律师了解了一下案情，提一点建议就足够的。刑事案件在裁判结果生效之前，是逐渐推进、充满变数的，而该过程需要有经验的律师提供法律意见。

---

〔1〕 刘练军：《法律起源的人性之问》，载《济南大学学报（社会科学版）》2023年第1期。
〔2〕 ［英］马林诺夫斯基：《原始社会的犯罪与习俗》，原江译，云南人民出版社2002年版，第41页。
〔3〕 张明楷：《刑法学》（上）（第5版），法律出版社2016年版，第21页。

面对刑事危机，当事人及其家属往往缺少相关法律知识、刑事经验以及辨别能力，导致他们往往没能及时意识到刑事危机，也难以作出妥善处理，经常走弯路，甚至最后追悔莫及。刑事危机的处理不是从当事人意识到危机后才开始的，在很多案件中，当事人意识到刑事危机时已经错失了很多可以有效妥善处理危机的时机。涉嫌的违法犯罪行为发生之时，刑事危机就已经产生，此时就需要采取有效的系统性措施，才可能妥善处理刑事危机。

本书是笔者根据办案经验，从律师的视角，阐述面临刑事危机时，当事人、家属及利害关系人可能的各种处理方式，并对如何合法、正确、妥当处理刑事危机提供一些可参考的经验。

对于涉案当事人及其家属，这本书或许能让他们获得危机处理的指导；对于办案人员，这本书或许能让他们洞悉涉案当事人及其家属在刑事危机下的种种表现，以及可能采取的处理方式，助其知己知彼，助益于办案。

由于笔者智识有限，只能在有限的经验和认知范围内提供个人观点，其中部分观点可能不妥当，不足与遗漏之处望诸位海涵并批评指正。

目·录
CONTENTS

第四章
当事人家属的危机应对常态

第五章
刑事危机处理的前提

第一章
CHAPTER 01

刑事危机及其认知

第一节
刑事危机的界定

一个人若被定罪量刑，他的事业、家庭、人生都可能会受到非常大的影响。当一个人意识到其可能正在或者即将面临刑事指控时，他就面临重大的刑事危机，如不能妥善处理，其被定罪量刑的可能性极大。

一、刑事危机的两种分类

以当事人是否已经被刑事立案成为犯罪嫌疑人为界，刑事危机可以分为广义上的刑事危机和狭义上的刑事危机两类。广义上的刑事危机是指从当事人意识到可能被刑事控告、可能被追究刑事责任时开始，一直到法院作出生效判决、案件尘埃落定前，当事人面临的刑事危机。狭义上的刑事危机是指从当事人意识到可能被刑事控告、可能被追究刑事责任时开始，到最终被刑事立案成为犯罪嫌疑人之前，当事人所面临的危机。本书的刑事危机，是指广义上的刑事危机，刑事辩护是广义刑事危机处理的一部分，是刑事危机处理的末端环节。

这一区分，对律师的法律分析和执业风险防范有较大影响。狭义上的刑事危机发生在当事人被刑事立案前，案件还有不会进入刑事程序、当事人还有不会被列为犯罪嫌疑人的可能。所以，在评判当事人是否构成犯罪时，更加侧重于进行客观中立的实质判断，不掺杂程序评判和取证充分性的评判。只要当事人的行为实质上触犯了刑法，律师就应当充分告知他们面临的刑事危机，从法律上作出是否构成犯罪的评判。律师不宜完全按照辩护的思维来审查,如仅通过案件事实是否构成犯罪存在争议、证据难以取得、证据不足、程序违法等因素的分析,得出当事人没有刑事危机的意见,可能会让当事人产生盲目的自信。刑事辩护的方法、经验和思维对刑事危机处理很重要,但律师不能仅以刑事辩护的方法、经验和思维来办理危机处理案件。

协助妥善处理刑事危机,律师所做的工作主要有两个:其一,根据了解的案件事实作出相对公允的实质性评判,而且在罪与非罪有争议时,要明确告知当事人正视刑事危机,为避免被追究刑事责任作最大努力。其二,为当事人提供案涉相关刑事法律知识、办案经验等,协助他们争取最好的案件处理结果。例如,协助提前固定相关证据材料,避免因被羁押而错过固定有利证据的时机,以备后续辩护使用;主动投案自首,争取获得自首情节;主动供述其他人的犯罪行为,争取认定从犯情节或者立功情节等。

二、刑事危机的四个阶段

从刑事危机产生到刑事判决生效,刑事危机可以分为四个阶段,即办案机关介入前的刑事危机、办案机关介入后立案前的刑事危机、刑事立案后当事人归案前的刑事危机和当事人归案后裁判生效前的刑事危机。

(一)办案机关介入之前

相关涉嫌犯罪的事实发生后,刑事危机就已经产生。只是在刑事危机的最初阶段,办案机关尚未发现当事人相关涉嫌犯罪的事实,尚未介入调查。由于他人举报、控告等原因,涉嫌犯罪的事实可能会随时暴露,办案机关很可能会随时介入调查,当事人实际上已经面临刑事危机。

例如,某教育公司涉嫌合同诈骗罪案:

相关业务员在揽业务时作了虚假承诺,向客户承诺只要交钱就可以入户,最终不少客户相信了业务员的承诺,缴纳了入户款项,但实际上这部分客户由于年龄、资质、家庭等问题,无法达到入户标准,无法实现合同目的。后续客户与该教育公司沟通退款,该教育公司拒绝退还全部款项,理由是根据双方签订的合同,客户缴纳的费用主要是培训费用,客户已经接受了培训,参加了相关考试,只是客户考试不通过,导致无法入户,公司可以提供重考或者继续培训的机会,但培训费用不能退还,能退的只有少部分协助办理入户的手续费。部分客户无法接受，认为该教育公司及其业务员作出了虚假承诺，表示准备采取刑事控告的措施，追究该教育公司及相关业务员合同诈骗罪的刑事责任。

该案中，这部分客户尚未向办案机关提出刑事控告，该教育公司及其业务员的行为是否构成合同诈骗罪尚无定论，但可能涉嫌合同诈骗罪，面临刑事调查。该教育公司的相关负责人意识到客户的刑事控告可能给该教育公司及相关业务人员带来刑事危机，很快向律师求助，听取法律意见，让律师协助妥当处理纠纷。

（二）介入后刑事立案前

涉案行为发生后，潜在犯罪嫌疑人尚未被刑事立案，尚未被刑事调查，但有迹象表明，办案机关已经初步了解相关犯罪事实，很可能会对涉案人员进行调查询问，或者被害人已经向办案机关提出刑事控告，办案机关很可能会刑事立案介入调查，当事人将面临刑事危机。

例如，戴某涉嫌受贿罪案：

戴某作为某地政府土地规划部门的工作人员，为文某等人非法占用农用地提供了便利，收受了贿赂。文某等人因涉嫌非法占用农用地罪被办案机关调查时，已经如实供述了其向戴某行贿的事实，戴某也通过各种途径了解到文某等人的如实供述情况。办案机关随时可能对戴某进行调查询问，涉及内容包括戴某是否为文某等人非法占用农用地的行为提供便利、是否收受文某贿赂等情况，戴某甚至可能被直接采取刑事强制措施。此时，戴某感觉到严重的刑事危机，一旦被刑事立案或被采取刑事强制措施，事情将会比较严重。戴某迅速寻求律师的帮助，咨询相关法律规定和处理建议。

（三）刑事立案后归案前

当事人已经被刑事立案，成为犯罪嫌疑人，办案机关已经对其所涉嫌犯罪事实进行调查，考虑案件实际情况，或者当事人在逃等各种原因，办案机关尚未将当事人抓获。但当事人随时可能被抓获归案，此时他就面临严重的刑事危机。

例如，张某涉嫌故意伤害罪案：

事发后，同案人刘某等人已经被抓获归案，并被法院作出有罪判决。张某处于“在逃”状态，已经被刑事立案但尚未归案，张某急切地寻求律师的帮助，协助他评估刑事危机、妥善处理刑事危机,分析如何归案等问题。

又如,张某某涉嫌故意杀人罪案:

张某某于1996年9月24日晚上在某招待所,因债务纠纷与被害人发生肢体冲突,冲突过程中持刀将被害人刺死后潜逃。其先后逃到多地,最后逃到南方某省某县城,支付3000元,找人办了户籍资料和身份证件,改名为“刘某”,对自己的身份进行洗白。办案机关对张某某刑事立案,并进行上网追逃。此时,张某某面临的刑事危机处于刑事立案后归案前的阶段。

(四)归案后裁判生效前

当事人已归案或被采取强制措施,案件正式进入刑事诉讼程序,其面临的刑事危机逐渐成为现实。办案机关正在不断收集证据、推进刑事诉讼程序,案件可能朝着作出有罪判决的方向发展,当事人面临被起诉、被法院审判、被作出有罪判决的风险。然而,刑事诉讼过程及诉讼结果具有较大的不确定性,在刑事案件尘埃落定、裁判生效前,案件都还有峰回路转的机会。因此,在生效裁判出来前,当事人面临的仍然是刑事危机。根据《刑事诉讼法》“犯罪嫌疑人自被侦查机关第一次讯问或者采取强制措施之日起,有权委托辩护人”的规定,在犯罪嫌疑人接受讯问或者被采取强制措施之日起,就可以聘请律师作为辩护人,参与刑事诉讼程序,为犯罪嫌疑人辩护,与犯罪嫌疑人共同争取最好的案件处理结果,这也是妥善处理刑事危机的过程。

第二节
刑事危机的识别局限

众多的办案经历让我明白一个道理:你认为没有刑事危机,往往是因为刑事危机在你认知外。识别刑事危机是一种能力,缺乏危机意识和识别能力,很难及时识别刑事危机,导致自己身处刑事危机中却不自知。妥善处理刑事危机的最重要一步,无疑就是识别刑事危机,意识到刑事危机的存在。知识不同、经验不同、社会阅历不同、个性不同等因素,都会导致不同当事人危机意识和识别能力存在较大差别,进而在很大程度上影响案件的最终处理结果。

一、危机认知的局限

"现代社会法律多如牛毛，尤其是在法定犯不断增加的时代，不排除一些人在行为时不知法，并且不具有知法的可能性，即不具有违法性认识的可能。"[1]法律越来越多，相比之下，人们知道的法律就越来越少，这在一定程度上造成了人们对刑事危机认知的局限。刑事危机认知的局限增大了当事人察觉刑事危机的难度。

随着刑法不断修改、完善，与刑法相关的法律法规、司法解释也在不断制定、修改、完善、细化，刑法规定的犯罪除了杀人、抢劫、强奸、绑架、放火、爆炸、投毒、盗窃等自然犯外，还规定了越来越多的法定犯，包括行政犯罪、经济犯罪、环境犯罪、社会治安管理犯罪等。在罪名数量分布上，法定犯在刑法中所占的比例越来越多，只增不减。法定犯的出现，让普通人对违法犯罪的认知变得越来越难，"'不知法者不免责'这一传统观念的合理性，在法定犯时代到来的新背景下，无法逃避被重新评估的命运"。[2] 随着大量仅凭普通人的生活常识难以轻易认知的法定犯规定不断涌现，修法频率日益加快，价值观逐渐多元，法律秩序边界的不稳定程度也渐次提升，难以及时认识法律的"法盲"数量将会越来越多。[3]

在法理上，不知法不能成为刑事免责的理由，法理上推定，法律颁布后，所有人都知法，并要求所有人都守法。当事人以不知道法律或者对法律的认识理解产生错误为由作出辩解，几乎是无法逃避法律责任的。

去野外抓捕不熟悉的鸟类，可能涉嫌非法猎捕珍贵、濒危野生动物罪；去山上采不熟悉的不知名植物，可能涉嫌非法采伐国家重点保护植物罪[4]；买卖鹦鹉等宠物可能涉嫌危害珍贵、濒危野生动物罪；去河道电鱼可能涉嫌非法捕

---

〔1〕 张明楷：《阶层论的司法运用》，载《清华法学》2017 年第 5 期。

〔2〕 车浩：《阶层犯罪论的构造》，法律出版社 2017 年版，第 233 页。

〔3〕 参见车浩：《阶层犯罪论的构造》，法律出版社 2017 年版，第 233 页。

〔4〕 《刑法修正案（十一）》将第 344 条的罪名由"非法采伐、毁坏国家重点保护植物罪，非法收购、运输、加工、出售国家重点保护植物、国家重点保护植物制品罪"改为"危害国家重点保护植物罪"。"违反国家规定，非法采伐、毁坏珍贵树木或者国家重点保护的其他植物的，或者非法收购、运输、加工、出售珍贵树木或者国家重点保护的其他植物及其制品的，处三年以下有期徒刑、拘役或者管制，并处罚金；情节严重的，处三年以上七年以下有期徒刑，并处罚金。"并增加第 344 条之一规定了非法引进、释放、丢弃外来入侵物种罪，"违反国家规定，非法引进、释放或者丢弃外来入侵物种，情节严重的，处三年以下有期徒刑或者拘役，并处或者单处罚金"。

捞水产品罪;[1]在河里抽沙、山上挖石头倒卖可能涉嫌非法采矿罪;[2]在农地里建房子居住可能涉嫌非法占用农用地罪;[3]将自家"屋地"转让给他人牟利可能涉嫌非法倒卖、转让土地使用权罪;[4]工厂废物处置不到位可能涉嫌污染环境罪;[5]买卖六合彩可能涉嫌赌博罪或者开设赌场罪。[6]《刑法》中还有非法经营罪、寻衅滋事罪这一类的兜底罪名。可以说,我们生产生活的方方面面都与刑法密切相关,稍微越界都可能触犯刑法。刑事法律规定越来越细致,将越来越多的行为纳入刑法规制。但并不是所有人都能懂得所有的法律,实际上,法律越来越多,我们懂得的越来越少。

例如,河南大学生掏鸟被判刑案:

2014年7月,闫某猎捕16只燕隼(国家二级保护动物)后卖掉牟利,法院判决被告人闫某犯非法猎捕珍贵、濒危野生动物罪,判处有期徒刑10年,并处罚金人民币500元。[7]

又如,农民挖兰草被判案:

2006年4月,王某在卢氏县徐家湾乡干沟村当坪组的篱笆沟采伐国家重点保护植物惠兰一丛四株,后将四株惠兰以29000元的价格出售给赵某2、赵

---

〔1〕《刑法》第340条规定:"违反保护水产资源法规,在禁渔区、禁渔期或者使用禁用的工具、方法捕捞水产品,情节严重的,处三年以下有期徒刑、拘役、管制或者罚金。"

〔2〕《刑法》第343条第1款规定:"违反矿产资源法的规定,未取得采矿许可证擅自采矿,擅自进入国家规划矿区、对国民经济具有重要价值的矿区和他人矿区范围采矿,或者擅自开采国家规定实行保护性开采的特定矿种,情节严重的,处三年以下有期徒刑、拘役或者管制,并处或者单处罚金;情节特别严重的,处三年以上七年以下有期徒刑,并处罚金。"

〔3〕《刑法》第342条规定:"违反土地管理法规,非法占用耕地、林地等农用地,改变被占用土地用途,数量较大,造成耕地、林地等农用地大量毁坏的,处五年以下有期徒刑或者拘役,并处或者单处罚金。"

〔4〕《刑法》第228条规定:"以牟利为目的,违反土地管理法规,非法转让、倒卖土地使用权,情节严重的,处三年以下有期徒刑或者拘役,并处或者单处非法转让、倒卖土地使用权价额百分之五以上百分之二十以下罚金;情节特别严重的,处三年以上七年以下有期徒刑,并处非法转让、倒卖土地使用权价额百分之五以上百分之二十以下罚金。"

〔5〕《刑法》第338条规定:"违反国家规定,排放、倾倒或者处置有放射性的废物、含传染病病原体的废物、有毒物质或者其他有害物质,严重污染环境的,处三年以下有期徒刑或者拘役,并处或者单处罚金;情节严重的,处三年以上七年以下有期徒刑,并处罚金……"

〔6〕《刑法》第303条规定:"以营利为目的,聚众赌博或者以赌博为业的,处三年以下有期徒刑、拘役或者管制,并处罚金。开设赌场的,处五年以下有期徒刑、拘役或者管制,并处罚金;情节严重的,处五年以上十年以下有期徒刑,并处罚金……"

〔7〕参见河南省新乡市中级人民法院刑事裁定书,(2015)新中刑一终字第128号。

某1、张某、常某。2008年1月8日卢氏县人民法院作出(2008)卢刑初字第42号刑事判决,判决王某犯非法采伐国家重点保护植物罪判处有期徒刑3年,宣告缓刑4年,并处罚金人民币3000元。直至2020年4月27日才再审改判无罪。[1]

再如,买卖鹦鹉被判刑案:

2020年8月,李某轩在百度贴吧发现他人出售"金太阳"鹦鹉的信息,通过微信联系对方,以700元的价格向他人收购"金太阳"鹦鹉一只,后李某轩将该鹦鹉存放于其家中饲养。同月,李某轩在百度贴吧发布信息,以900元的价格对外出售上述"金太阳"鹦鹉。后"金太阳"鹦鹉一只被查获。经鉴定,上述"金太阳"鹦鹉属鸟纲鹦形目鹦鹉科太阳锥尾鹦鹉,被列入《濒危野生动植物种国际贸易公约》(CITES)附录Ⅱ。裁判认为李某轩无视国家法律,非法收购、出售国家重点保护的珍贵、濒危野生动物,犯危害珍贵、濒危野生动物罪,判处有期徒刑6个月,缓刑1年,并处罚金1万元。[2]

律师的重要作用之一,就是尽量为可能已经涉案的当事人进行普法教育,让他们知道相关法律规定、定罪量刑标准,知道自己的行为可能面临的刑事处罚以及可能的辩解。只有熟悉相关法律知识,当事人才有辩解的能力,其辩解权利才能"落地"。如果当事人不懂法律,其辩解权利很容易形同虚设,难以发挥有效的作用。

例如,房某涉嫌容留卖淫罪案:

房某和两名卖淫人员在房某经营的洗发店中被办案机关当场抓获。两名卖淫人员被分别处以3000元行政罚款后释放,房某则被指控涉嫌容留卖淫罪,追究其刑事责任。

本案中,证据证明的容留卖淫人员的数量决定了房某会被判多少年。《刑法》第359条第1款规定:"引诱、容留、介绍他人卖淫的,处五年以下有期徒刑、

---

〔1〕 参见河南省卢氏县人民法院(2019)豫1224刑再4号。

〔2〕 参见广州市花都区人民法院刑事判决书,(2021)粤0114刑初348号。"我国大多数鹦鹉属于国家级保护动物,目前确认可私人饲养的鹦鹉只有桃脸牡丹鹦鹉、虎皮鹦鹉、鸡尾鹦鹉。"参见《林业普法:哪些鹦鹉可以养?请认准这三种》,载广东林业网,http://lyj.gd.gov.cn/news/forestry/content/post_3438575.html,最后访问时间:2023年5月29日。

拘役或者管制,并处罚金;情节严重的,处五年以上有期徒刑,并处罚金。”最高人民法院、最高人民检察院《关于办理组织、强迫、引诱、容留、介绍卖淫刑事案件适用法律若干问题的解释》(法释〔2017〕13 号)第 8 条第 1 款第 2 项规定:“引诱、容留、介绍他人卖淫,具有下列情形之一的,应当依照刑法第三百五十九条第一款的规定定罪处罚:(二)容留、介绍二人以上卖淫的。”第 9 条第 1 项规定:“引诱、容留、介绍他人卖淫,具有下列情形之一的,应当认定为刑法第三百五十九条第一款规定的‘情节严重’:(一)引诱五人以上或者引诱、容留、介绍十人以上卖淫的。”可见,容留两人卖淫的,就达到容留卖淫罪的刑事立案追诉标准,法定刑是 5 年以下有期徒刑;容留 10 人卖淫的,则属于“情节严重”,法定刑是 5 年以上有期徒刑。

房某知道该法律规定吗?我们会见时了解到,她并不知道该法律规定。实际上,在绝大多数案件中,当事人对于定罪量刑标准和量刑档次大多不了解。本案房某不知道容留 2 人卖淫和容留 10 人卖淫的区别。另外,房某与卖淫人员的关系,也会影响其行为是属于容留卖淫罪还是组织卖淫罪的定性,但房某更不知道容留卖淫罪和组织卖淫罪认定标准和定罪量刑标准的区别,这些都需要律师介入后为她讲解,协助她妥善处理案件。

二、危机意识的局限

多数情况下,当事人认识到刑事危机,但危机意识有局限,认为事情还可控。如涉案人员已经被调查,当事人已经知悉涉案人员的供述肯定会给他带来刑事危机,或者当事人已经因为涉嫌犯罪接受调查,但仍然没有意识到刑事危机的严重性。

例如,林某涉嫌失火罪案:

2021 年 ×月 ×日 23 时 34 分许,某某市 119 指挥中心接到群众报警称某某市某某区某某路 57 号 1 号楼某某服装批发中心七楼发生火灾,火灾烧损服装货物、电器、工具等物品一批,并造成建筑外墙烧损严重,火灾过火面积约 400 平方米,未造成人员伤亡。林某是该商场当日的巡逻保安。消防部门介入调查,并逐一传唤林某所在公司的相关员工。林某作为当天的巡逻保安,他没有意识到自己面临刑事危机,认为这次火灾会由公司承担责任。后消防部门出具《火灾事故认定书》,确认火灾事故原因:起火时间为 2021 年 ×月 ×日 23 时 28

分许；起火部位为某某市某某区某路 57 号 1 号楼某某服装批发中心七楼南侧空调机房外走廊三层金属架附近区域；起火原因为电动自行车锂电池（使用人：林某，身份证号：……）热失控引燃周围可燃物所致。以上事实有现场勘验笔录、证人证言、现场照片、技术鉴定报告、监控视频等证据证实。消防部门还向林某送达了该《火灾事故认定书》。

至此，林某已经被认定为火灾事故的责任人员，面临重大的刑事危机，但林某并没有意识到，不仅没有对火灾事故成因提出异议，还一直认为这次火灾是个意外，由公司对外承担赔偿责任即可。因此，林某没有采取任何措施，包括寻找辩解理由、探究火灾事故成因以及家庭成员心理建设等。直到被采取取保候审措施，林某才意识到自己可能会被追究刑事责任，还可能面临数千万元的索赔诉讼。

又如，黄某、毛某涉嫌制造毒品罪案：

黄某居间介绍他人交易制毒物品，获得部分好处费，黄某始终觉得自己没有参与什么事，虽然违规，但不至于有刑事犯罪风险，没有意识到该行为的严重性。在讯问笔录中，黄某这样解释他涉案的原因。

问：你知道盐酸羟亚胺是一类易制毒物品，为何还要帮毛某去交易？

答：我也是抱有侥幸的心理，贪图毛某给我的小钱。我想着又不是我自己制造毒品，只是介绍买卖，毛某卖盐酸羟亚胺给那些制 K 粉（氯胺酮）的人去制毒，和我关系不是很大。现在经过教育，知道自己错了，希望政府宽大处理。

该案黄某实际上认识到交易盐酸羟亚胺是犯罪行为，他认识到面临着刑事危机，但其认为不至于被牵扯进去，认为自己参与度低，没有什么犯罪风险，足见黄某的刑事危机意识明显不足。

三、侥幸心理的局限

侥幸心理是人之常情，涉案当事人及其家属往往存在侥幸心理。当事人在被刑事立案、被抓获甚至被判决有罪之前，都可能存在可以大事化小、小事化了的幻想，总认为刑事责任落不到自己头上，直到屡屡碰壁，幻想破灭。当事人及其家属的侥幸心理来源有三个方面：对人的过度信任、对取证难度的自信和对案发概率低的自信。

（一）对人的过度信任

当事人侥幸心理，首先来源于对人的过度信任，既有对涉案人员不会作出不利于他的证词的自信，也有对朋友们“摆平”案件能力的信任。如部分当事人在配合办案机关处理过程中找了朋友帮忙，认为案件可以“摆平”，刑事危机就会消除。

例如，林某涉嫌虚开增值税专用发票罪案：

林某实际控制经营的××药业有限公司在与××贸易有限公司没有实际经营的情况下，以支付手续费的方式向××贸易有限公司购买虚开的增值税专用进项发票，用于抵扣税款。异地的××贸易有限公司虚开增值税专用发票案案发，办案机关顺藤摸瓜，让林某所在地的税务机关对林某及××药业有限公司是否存在虚开增值税专用发票的违法行为进行调查。林某积极配合税务部门的调查，并积极退缴税款1600多万元。其间林某也与当地税务机关的朋友沟通，得到结论是只要林某积极补缴税款就不会被追究刑事责任。林某基于对朋友的信任，认为接受行政处罚就可了结该案，不会有刑事危机。在行政处罚过程中，他没有积极地辩解；在行政处罚后，也没有密切关注是否会涉及刑事案件，没有及时采取自首等止损措施。最终，半年后异地办案机关将林某以涉嫌虚开增值税专用发票罪为由抓获归案，追究其刑事责任。

该案中，林某从行政调查开始就对案件事实供认不讳，没有进行有效的辩解，在案件进入刑事诉讼程序后，也就很难提出有效的辩解；林某也没有及时投案，争取自首情节，错失了机会。律师提出林某在行政调查阶段就已经自首，且在刑事立案前已经退缴全部税款属于犯罪中止的辩护意见。公诉机关明确表示，自首不成立、犯罪中止亦不成立，林某是主犯，没有减轻处罚情节，认罪认罚的量刑建议是有期徒刑10年至11年。林某无法接受，认罪但未签订认罪认罚具结书。最终，一审法院判决林某犯虚开增值税专用发票罪，判处有期徒刑10年。林某不服，委托家属四处寻找更资深的律师为他进行二审辩护。本案中，由于林某起初对刑事危机处理不当，二审辩护也将面临困境。

（二）对取证难度的自信

当事人对证据材料搜集难度足够自信，认为办案机关不可能找到某些关键证据，导致案件“死无对证”，无法形成完整的证据链条来追究他的刑事责任，因而幻想能逃避刑事责任。

例如,詹某涉嫌受贿罪案:

詹某作为某地国土部门的工作人员,其在工作中收受张某的贿赂,配合张某以虚假的材料骗取相关部门的临时用地批复和临时建筑许可,张某据此在相关地块上建设厂房用于出租牟利。张某和詹某约定,詹某享有相关厂房收益的30%干股。厂房出租后,张某向詹某分红40万元。在国土部门工作人员日常检查过程中,为了规避检查,张某还向詹某陆续贿送各种财物合计价值100多万元。后张某的临时用地手续到期后,政府相关部门责令张某搬迁厂房、复耕复垦,由于搬迁引发各方纠纷,而詹某又无法继续帮助张某延长临时用地期限,最终政府相关部门采取强制搬迁、强制复耕复垦措施,张某也被办案机关以涉嫌非法占用农用地罪一案刑事拘留。詹某作为国土部门经手的工作人员,是该案的重要证人,办案机关已经找詹某调查询问,詹某表示自己的工作合法合规,对张某使用虚假材料骗取用地审批手续不知情,他没有收受贿赂。办案机关几次找到詹某询问,詹某均否认犯罪,且正常上班。詹某认为其巧妙处理收受贿赂的犯罪事实不会被发现,可以侥幸过关。

然而,詹某没有想到的是,张某在被羁押期间已经如实供述詹某向其索要贿赂,包括两人口头约定干股、分红40多万元以及日常贿送价值100多万元财物的全部事实。最终,在张某被羁押4个月后,当地办案机关就对詹某采取留置措施,追究其受贿罪的刑事责任。

该案中,詹某认为张某系因涉嫌非法占用农用地罪被刑事拘留,行贿犯罪事实尚未被发现,张某应该不至于继续主动供述行贿的事实,增加他自己的罪名;而且,行贿罪比非法占用农用地罪更重,张某不至于主动供述更严重的犯罪事实。因此,詹某认为,只要他自己拒不供认,办案机关应该无法获悉其收受贿赂的犯罪证据。

詹某的侥幸心理是多方面原因造成的:对于贿赂犯罪的侦办过程缺乏经验,对其自己拒不供认犯罪事实的作用过于乐观,对张某面对调查时如实供述的可能性缺乏足够认识,对办案机关的调查力度认识不足,也高估了张某的心理素质,错误预判了张某在面对调查时的表现和选择等。总之,多方面原因让詹某产生侥幸心理,直到被留置前,他都还幻想能幸免于被追究刑事责任,错失了争取从轻、减轻处罚情节的重要机会。

（三）对案发概率低的自信

不少当事人习惯认为，世界这么大，违法犯罪的人那么多，和自己做同样事情的人也很多，自己的犯罪手法又这么隐蔽，被抓到的概率不高，应该不会案发，因此没有妥善处理刑事危机，甚至还继续实施犯罪行为。

例如，曾某涉嫌侵犯公民个人信息罪案：

曾某实施犯罪行为的侥幸心理来源于他对案发概率低的过度自信。讯问笔录中，曾某解释他实施犯罪的心态，他始终认为风险没有那么大，不至于会案发被抓。

问：你可知道你这样买卖公民个人信息是违法的？

答：当时在交易时，对方对我说过是不合法的，属于倒卖公民的个人信息，还要躲开办案机关的侦查。

问：既然你知道上述的情况是不合法的，为何还要继续做？

答：当时对方说风险不大，我看见有钱赚，觉得风险也不大，不至于被抓，便没有过多考虑这些事情。

又如，隆某涉嫌制造毒品罪案：

讯问笔录显示，隆某解释他参与涉案行为的原因，是想着"应该问题不大"，不至于被抓，所以就介绍制毒者去购买制毒原料。

问：为什么你明知×××是做毒品的，还介绍他买盐酸羟亚胺？

答：是我自己的法律意识太差，我当时想我只是介绍他们认识而已，交易是他们自己去的，我也没从中赚钱，问题应该不大，不至于会案发被抓。另外，他们如果制造毒品，肯定就要买我的那些二、三类化工品做配料，这样我就又可以多做生意。

问：为何明知盐酸羟亚胺人家是用来制造毒品的，还要去从中介绍他人交易呢？

答：我也是抱着侥幸心理，自己想不至于抓到自己。

四、专业意识的局限

刑事危机处理过程中，当事人的专业意识不足，主要体现在对专业协助的重要性认知不足，对专业能力辨别能力不足，导致他们没有意识到应该寻求专业人员支持，以及应该寻求什么样的专业人员帮助。

在刑事危机发生后，不少当事人及其家属第一选择是找关系而不是找律师，他们认为找关系远比找律师更重要，宁愿支付巨额的代价去找关系，也不愿意支付比找关系低很多的费用去聘请律师，而绝大部分案件中，找关系并不影响办案机关公事公办。当事人未能识别刑事危机不能豁免刑事责任，当事人以法律意识淡薄、不知情参与犯罪行为等为由进行辩解，几乎不能得到支持。

例如，黄某、许某、张某等人涉嫌集资诈骗罪案：

张某等人接受黄某公司的委托，为其设计开发经营电商平台系统，许某等人分别是黄某公司通过社会招聘而入职的中高级管理人员。该公司的经营规模迅速发展壮大，发展了600多万人的商城会员，会员在商城平台上消费就可以获得不菲的返利报酬，循环往复，消费金额越高，获取的报酬越多，交易的金额越高，获取的报酬越多。最终，该公司在几年内资金流水达到600多亿元。后黄某、许某、张某等人都被抓获归案，被指控涉嫌集资诈骗罪。

在接受审讯及庭审过程中，多名同案人在辩解时都重点强调不知道涉案公司实施的是集资诈骗犯罪活动。任职总经理办公室主任的许某辩解认为，他只是被招聘进来工作的打工人，他看到公司规模很大才来应聘，入职后勤勤恳恳负责公司各项后勤工作，从未认识到公司的行为是犯罪，他也没有参与公司的集资诈骗犯罪。张某则辩解认为，他只是承接涉案公司的软件开发及技术外包工作，不是涉案公司的员工，没有参与涉案公司的经营，更不参与非法集资犯罪活动，因此不构成犯罪。风控总监刘某则辩解认为，他从事的虽然是风控工作，但实际上他主要做的公司的日常风控管理业务，没有非法吸收公众存款或者集资诈骗的犯罪故意。涉案公司的区域合伙人(发展会员几十人)周某则辩解认为，他通过投资成为涉案公司的股东，他也是被害人。他学历不高，对互联网经济更是一窍不通，更不要说互联网金融，法律知识空白，对涉案公司的经营模式是否合法、是否为犯罪，根本无法判断，更不可能知道涉案公司的行为是非法集资的犯罪行为。

众多被告人都作出类似的辩解。在法律上，对于被告人参与非法集资、非法吸收公众存款主观故意认定的问题，被告人的此类辩解并不奏效。法院裁判认为：客观上，本案被告人都有参与了非法吸收资金的客观行为，虽然部分被告人辩解他们在案发前并不知道涉案公司的经营模式是违法的，认为他们对涉案公司的经营模式是否合法认识不足，导致他们没有意识到涉案公司经营模式的违法性。但是,这种法律上的认识错误不影响他们参与非法集资犯罪的主观故意。各被告人都是具有一定社会阅历甚至有一定经营管理经验的成年人,在涉案公司或者其子公司、区域分公司担任中高层管理人员,他们应当认识到涉案公司的经营模式存在违法情形,并明知这种经营模式会产生危害社会的后果,但他们在主观心理上是希望或者放任这种结果的发生,因此足以认定各被告人具有非法集资的主观故意。

第二章
CHAPTER 02

当事人的辩解重要吗

每个案件当事人都有辩解的权利。法律规定了惩处犯罪嫌疑人、被告人的机制和措施，同时也赋予并捍卫他们辩解的权利。当我们质疑"为什么要为坏人辩护"时，其实是质疑律师行业和刑事辩护制度存在的必要性，甚至质疑刑事诉讼制度存在的必要性。打击犯罪最有效且高效的方法，就是不需要有律师、不需要法律，甚至不需要有侦查、审查起诉、审判等刑事诉讼制度，直接施以暴力即可，只是这就回到"以眼还眼、以牙还牙"的自然蛮荒时代。我相信没有人愿意这样。自然蛮荒时代下的人类，即使不像霍布斯所言的"每一个人都处在对每一个人的战争状态之下"，[1]也可能真像洛克所言，"任何人都有权成为裁判者，惩罚违反自然法的任何人"，[2]让社会处于无可避免的混乱状态。现代社会中，没有法律就没有正常的社会秩序。人类社会文明的重要成果之一，就是发明了法律这种取代原始宗教规范的社会规范，并且不断发展、完善法律理论与实践，让社会有序运转。

正因如此，大家总有困惑，当事人的辩解重要吗？对案件定罪量刑有没有实质意义？如果犯罪事实属实，当事人矢口否认，能逃避法律追究吗？如果犯罪事实不属实，当事人承认犯罪，案件能成为"铁案"吗？不少当事人及其家属都有这样的困惑和疑虑。

法律赋予当事人充分辩解的权利，既有程序正义的考虑，也有实体正义的考虑。若当事人不注重辩解，不进行有效辩解，则冤假错案难以避免，公平正义

〔1〕［英］霍布斯：《利维坦》，黎思复、黎廷弼译，商务印书馆1985年版。
〔2〕［英］洛克：《政府论》，刘晓根编译，北京出版集团公司、北京出版社2012年版。

难以实现。

第一节
刑事危机与刑事责任

刑事危机与刑事责任不能画等号,刑事危机中的当事人不一定会被追究刑事责任。刑事危机是否会成为现实,当事人是否会被采取强制措施、是否会被追究刑事责任以及被追究何种刑事责任,往往由多种因素决定,如控方的追责力度、当事人及其家属的处理能力、案件事实和证据状况等。

一、控方的追责力度

广义上的控方包括被害人、被害单位、举报人、控告人、办案机关等当事人的相对方,控方的追责力度,会影响当事人的刑事危机大小。如办案机关的执法力度小,则很多涉案人员都会被忽略,他们的刑事危机不会成为现实;如果执法力度大,办案机关对所有涉案人员都进行调查、追究刑事责任。在有被害人、举报人、控告人的案件中,这些人的控告、申诉、投诉、信访等维权力度大小、控告能力大小、控告意愿强弱、控告措施是否得当等,都可能会影响办案机关对案件的处理,进而影响当事人的刑事危机是否会成为现实。

二、辩方的处理措施

面临刑事危机,当事人及其家属所采取的搜集提取证据、提供证据材料、解释说明、沟通等处理措施是否得当,也影响当事人的刑事危机能否得到妥善处理。当事人及其家属如何处理,往往受他们委托的律师的经验、能力和指导的影响。

三、事实与证据状况

在控方和当事人及其家属的博弈下,案件事实调查和证据搜集情况通常决定当事人的刑事责任。对当事人定罪量刑的法律标准,是犯罪事实清楚、证据确实充分。如事实不清、证据不足,刑事责任无法落地。即便当事人被刑事立案、拘留、逮捕、审查起诉、审判,但裁判生效前,犯罪事实是否清楚、证据是否确实充分还没有最终定论，当事人的行为是否构成犯罪、犯罪数量多少、重罪还是轻罪、罪责大小、量刑轻重等，都存在不确定性，还有辩解空间和协商谈判空间，刑事危机也就不一定会落实成为刑事责任。

例如，梁某被敲诈勒索案：

梁某向当地扫黑除恶专案组控告当地村民和村干部对他敲诈勒索。具体事实为：梁某在当地承包了1000多亩山林种植树木，在砍伐木材时遭到大量村民拦路，梁某派人砍伐的木材无法从山里运出来。梁某只能和村民、村干部沟通商量解决方案。后在村委会书记麦某的协调下，由梁某向各个自然村支付"新农村建设赞助费"合计62万元，还向村委会书记麦某个人账户支付1.6万元，向居间调解人支付22万元，让村民不再拦路。

该案办案机关仅追究村委会书记麦某和居间调解人的刑事责任，并作出重判，然而真正去拦路的村民、村长以及真实收到62万元的自然村都没有被追究刑事责任。严格来说，如果认定梁某被敲诈勒索85.6万元，那么所有参与拦路的人和收到敲诈勒索款的自然村及其责任人员都应构成敲诈勒索罪。但办案机关没有追究其他人的刑事责任，客观上也很难追究所有参与人的刑事责任。

又如，刘某被故意伤害致死案：

办案机关抓获其中一名犯罪参与人巴某，生效刑事判决书认定巴某构成故意伤害罪。具体犯罪事实如下：因开设赌场的利益冲突，被告人徐某与程某、巴某等人密谋报复被害人，程某、徐某指使巴某、凃某、魏某、宋某等十余人将被害人砍死。法院以故意伤害罪判处巴某无期徒刑，剥夺政治权利终身。虽然该案巴某的生效刑事判决认定了犯罪参与人为多人，但部分人员始终没有到案，部分人员如江某、施某的真实身份无法核实，最后办案机关只能追究少数人的刑事责任。

再如，刘某涉嫌抢劫罪案：

刘某的认罪供述以及办案机关侦查认定的事实、生效裁判认定的犯罪事实，都是刘某分别伙同张某等三人实施三宗抢劫杀人案，生效刑事裁判对张某等三人"另案处理"。案卷材料中，办案机关也出具情况说明，张某等三人无法核实真实身份，无法抓获到案。最终刘某被判处死刑，缓期二年执行，剥夺政治权利终身。刘某服刑期间以及刑满释放后，还继续申诉。如果三宗抢劫杀人案确实是刘某伙同张某等三人实施，但由于无法核查张某等三人的身份，张某等三人无法到案，无法被追究刑事责任，张某等三人只有理论上的刑事危机，无法落实到刑事责任。

第二节 当事人辩解有法律意义吗

当事人的辩解对于案件事实查明以及对其本人的定罪量刑，毋庸置疑都具有重要法律意义。只有赋予当事人充分辩解、辩护的权利，才更有可能查明案件事实、准确适用法律，裁判才能更加具有说服力。

一、人类智识的局限

所有的刑事案件中，司法机关还原的事实真相，都不是绝对的客观事实真相，只能是无限趋近于客观事实真相的法律真相。法律真相的形成需要人利用各种证据规则、各种技术设备逐一进行还原。在提取、固定、分析证据，利用证据规则还原法律真相时，人的主观能动性、实践经验、智力水平、道德水平等会在很大程度上影响法律事实的形成。因此，我们难以期望每一个裁判者都能在道德层面、经验层面、智力层面达到对案件真相明察秋毫的水平。当事人作为案件事实的亲历者，对案件事实真相往往最为清楚，他的辩解有助于办案机关查明案件事实真相。缺少当事人的辩解，则更容易出现案件事实失真，甚至办案人员滥权枉法的情况。

二、成文法律的局限

法律具有滞后性。法律都是基于对过去发生的行为进行规制而制定，而现实生活却是动态、变化的，立法者无法完全预测人的行为，也无法完全预测社会的发展。刑事法律更是只能针对社会生活中已经存在的“歪风邪气”作出规制，难以预测并规制所有的危害行为。这是成文法固有的局限性。“作为法律载体的语言本身的不确定性，必然在客观上导致法律的不确定性。另外，由于客观上存在一些难以用语言准确表达的模糊客体，因此，立法者往往也会有意识地使用模糊含混的语言。"[1]对于当事人的行为是否构成犯罪的判定,除了少数凶杀、暴力案件等自然犯,往往不是一目了然的。例如,是否属于"非法经营""交通肇事逃逸""强奸致人死亡""重大责任事故""伪劣产品""假药劣药""淫秽物品""欺诈发行证券""操纵证券、期货市场""侵权复制品""商业秘密"等,这些词语的定义本身并非一目了然的。因此,让当事人充分辩解,法律人之间充分辩论,相关概念的界定才能越辩越明。

三、诉讼制度的局限

由诉讼参与人根据一系列的举证、质证规则,运用法律来认定法律事实的过程,会受到诉讼参与人智识局限、法律局限的影响,也会受到司法政策、文化习惯、意识形态等法律外因素的影响。诉讼制度中,每个诉讼参与人的使命和职责,决定他们的言行,决定他们思考问题的角度、方式及其工作的内容。总而言之,诉讼制度是由智识有局限的人、利用有局限的法律来运作的,诉讼制度本身不可避免地具有局限性。

在我国当前诉讼制度下,办案机关刑事立案后,为及时破案,往往需要假定当事人确实犯罪、设想其具体犯罪手法,以此指导搜集调取证据材料。案件被提起公诉后,即便被告人及律师在法庭上所提出的辩护意见充分有理,办案人员也很难当庭同意,并会进行一定的反驳质疑。在当事人被羁押逮捕后,办案机关作出无罪处理面临比较多的现实障碍和种种顾虑。因此无罪推定原则的司法适用难免受到各种主客观条件的限制。

而且,办案人员也不一定全部都会规范办案,不排除出现极个别办案人员存在违规办案的情形。部分办案人员可能出于打击犯罪的正义感,无法容忍当事人的各种无理狡辩;也不排除部分办案人员由于办案压力等原因,而作出自认为瑕不掩瑜的违规办案举动。

同理,被害人为了追究当事人的刑事责任,可能会作出夸大的陈述、虚假陈述,甚至直接进行诬告陷害;证人可能有意或者无意作出与事实不符的证词,导致办案机关采信,认定错误的案件事实,作出错误的裁判。

---

〔1〕 林操场:《司法局限性之法理分析》,载《人民法院报》2008年1月2日,第5版。

四、诉讼权利的局限

诉讼权利的局限主要体现在当事人权利意识和权利能力不足。通常而言，我们会相信这样的权利界定，“所谓权利，在一定意义上就是说，如果他这样行为，即使会引起某人或某些人的不快、反感甚至损害乃至人们的普遍不赞成，他仍然得到法律上的许可”。[1] 但是，在诉讼领域，法律并不保护“躺在权利上睡觉的人”。在刑事诉讼领域，不行使的权利就是形同虚设、没有实际意义的权利。只有充分运用且运用得当的权利，才是真正的权利。辩解作为刑事诉讼中当事人最重要的权利，如果当事人自己都不懂如何行使，则很难苛求其他诉讼参与人能为当事人着想和为当事人主张权利。这便是权利意识的问题。

当事人是否有足够的知识、经验，会影响其行使权利的质量，这是权利能力问题。司法实践表明，绝大部分当事人在缺少专业人士帮助的情况下，很难高质量地行使辩解权利。当事人努力辩解的同时，需要积极寻求专业人士的帮助。

例如，张某涉嫌组织卖淫罪案：

张某曾经是涉案宾馆的老板，办案机关当年现场抓获该宾馆内的卖淫嫖娼涉案人员，包括几名卖淫人员，几名嫖客，以及宾馆的两名经理陈某、梁某。后两名经理被法院判决犯组织卖淫罪。在讯问及庭审中，两名经理均供述宾馆老板张某对卖淫行为是知情的，但两人供述极不稳定、前后矛盾、前后反复，对于宾馆老板是否知情的问题，两人多次笔录内容并不一致。5 年后，办案机关清理积案时发现该案，认为张某涉嫌组织卖淫罪，将张某抓获归案，追究其刑事责任。张某拒不认罪，坚持认为他对涉案宾馆内的卖淫行为完全不知情，当时宾馆已经全部交给两位经理负责管理，他们自负盈亏，两名经理不用向其汇报，也从来没有跟他说过这个事情。

张某对宾馆内的卖淫行为是否知情，是否构成组织卖淫罪或者容留卖淫罪，关键证据就是这两名经理的证言，但他们的证言又极不稳定。办案机关向刚刚出狱的两名证人继续调查取证。

我们阅卷后发现，询问笔录内容对张某很不利：

---

[1] 苏力：《法治及其本土资源》，中国政法大学出版社 1996 年版，第 186 页。

其一，关于张某是否知道宾馆内存在卖淫行为的问题。笔录显示：两名证人商量后，将卖淫人员想要到宾馆卖淫的事情汇报给张某，张某表示能把宾馆营业额提高一些就好，具体由两名证人去安排落实。

问：××宾馆是从什么时候开始组织他人进行卖淫行为的？

答：陈某在2014年6、7月来到××宾馆上班担任大堂经理。9月份左右，有一些女性来前台咨询该KTV是否有招一些陪客人喝酒消费娱乐的岗位，我跟陈某商量后并将该情况汇报给张某。因当时××宾馆的营业额一直很差，张某指示就是能把该宾馆提高一些营业额就好，其他的就由我和陈某去安排落实。

其二，关于宾馆当时的管理状态，张某是否参与宾馆管理的问题。笔录显示：宾馆的日常管理都是梁某在负责，发生什么重大情况梁某会打电话汇报给张某。这份询问笔录对张某很不利，直接证明张某当时还是宾馆的老板，梁某和陈某只是受张某聘请负责日常管理的员工，宾馆发生重大事情都会向张某汇报。卖淫人员想要来宾馆卖淫的事情也是梁某和陈某向张某汇报后，张某同意并且指示梁某和陈某去落实的。检察机关很重视这份证词，将之作为指控张某涉嫌组织卖淫罪的重要证据。

但我们审查发现，为获取证明张某有罪的直接证据，侦查人员在询问证人时有明显的威胁、引诱行为，在制作询问笔录时，有明显未如实记录、记录不实内容的行为，导致询问笔录与证言内容存在根本差异。

第一，关于张某是否知道宾馆内存在卖淫行为的问题，证人梁某的询问同步录音录像显示：

问：那些女性的事，陈某有没有跟你说？

答：有。

问：你也知道那些女的要过来，就安排他们上班了是吧？

答：是，那时候酒店一个小妹都没有，我就说好吧，看看生意有没有好一点。

问：那他们过来，是谁同意你们这么做的？

答：就是我同意的……（被打断）

问：你说实话，你没有这个决定权，你说的你要负责。我跟你讲，宾馆也不是你说了算，那你自己想清楚谁同意你们去叫这些女的进来的。

答：那个时候，陈某跟我说时，我就说好啊，那个时候没什么生意，那些小妹自己来,我们自己找都找不到……(被打断)。

问:那你有没有跟张某说这件事?

答:这些小妹都是我在管理,我就没有跟他说。

问:你不老实,你上次的录音录像还在我这里,你不是这么说的,作假证是要追究你法律责任的。

答:我知道,就是我跟你说,那个时候我说他知道时,其实我跟你说就是……(被打断)

问:不要说,不要说。我知道他们找过你,你是保不住他的,你这样子做只会害你自己,希望你说清楚情况。你这样做是害你自己,我跟你说真心的,我不想你这样帮他,到时候你又出现什么问题。

答:不会帮他,他还欠我的钱,我帮他干嘛。

问:你就如实说,那时候是谁同意的?你跟陈某两个人在这里面做管理,你肯定不是老板。让卖淫人员来,这种事情是有风险,谁都知道的,你不能说你说了算。

答:其实我跟你说,那个时候那个宾馆真的没生意,连工资他都拖欠我们的,拖欠几个月的工资。

问:你刚才说小妹来,陈某和你都有看过那小妹以后,商量是否同意他们来上班。这样说吧,你要同意他们来,你肯定要上面同意,是不是?做管理的都是这样。

答:我跟你说,那个时候老板没生意,凭良心说,我那个时候说很气愤,那个时候没有什么生意,连工资都发不出,你可以问那几个人,也可以问派出所的人。真的,那时候连工资都发不起,那有几个小妹,她们四个小妹也不是同一时间来的,先来两个,过几天再来两个,来前台找的。

问:那是你安排他们上班?

答:是啊。就是有人喝酒时,她就进去陪喝酒,就这样。

问:KTV 跟客房还是你们的吗?

答:是的。

问:那时候你们叫这些女的来上班,有没有跟张某说过这件事?

答:没有跟他说过。

问:你上次说有啊。

答:我跟你说,他作为老板,他一个月来一两次,我是估计他知道,我很生气才这样说，我自己坐了5年的牢，真的……（被打断）。

问：上次你不是这样说，你也签名了啊？你有和陈某跟他汇报过这个情况的。

答：啊？

问：你上次签的名，你都说有，你汇报给他，他同意以后才开始的，对不对？

答：老板没生意，他真的也没有去管理这些，下面也租出去了，又很少来我们这里，我们这里几个人工资又发不出，所以我，就是我，带小妹来看看生意会不会好一点，就是这样，多收一点房费就是这样。

问：他们过来这里上班，生意好一点，那张某过来，你有跟他说吧？这个你自己说一次。他自己做老板的，他再怎么不管事，都不可能什么都不知道吧，对不对？这个宾馆以前都是他自己的宾馆，这算是他的地方。曾经的××宾馆是很辉煌的，这个我清楚。

答：辉煌时，我都还没进去工作。

第二，关于宾馆当时的管理状态，张某是否参与宾馆管理的问题。询问同步录音录像显示：

问：如果平时宾馆有什么情况，你也会打电话跟张某汇报一下吗？

答：一般的话有情况都是我处理。

问：有大事也是你处理吗？你要找派出所时，你肯定也会跟他说是不是？如宾馆里面打架什么的，你有没有跟他沟通汇报过？

答：一般都是我打电话报警。

问：怎么做也是他交给你处理？

答：主要是他就是交给我管理。

问：重大情况就你跟他汇报，一般情况就是你在管理，是不是这样？

答：嗯，一般派出所这些都是我搞……（被打断）

问：反正重大情况就是你打电话给他，一般情况就是你在管理。

答：……（梁某没有回答）

由此可见，询问录音录像中，证人梁某始终都坚持认为他没有向张某汇报过让卖淫人员在宾馆卖淫的事情，因为宾馆经营不好，工资都发不出来，为了增加房费，正好有卖淫人员过来，梁某和陈某自己就同意了。询问笔录中“梁某和陈某向张某汇报、张某指示他们去落实”之类的内容并不存在。同样在张某是否参与经营管理方面，询问笔录中"其中有发生什么重大情况等我也会打电话汇报给张某"这句话，是侦查人员询问时的问题，而不是梁某回答的内容，而且梁某一直强调，张某将宾馆交给他管理，都是他在处理宾馆的事情。

通过该案的刑事诉讼过程，我们看到了其中的各种局限。

（1）人类智识的局限。由于涉案宾馆经营管理的不规范，当时办案人员经验、水平、取证能力等限制，办案机关并没有查获、固定相关物证、书证（如账册凭证）、聊天记录、通话记录、银行转账记录等证据，有的只是几名证人的证言。对于张某是否知情各执一词，案件事实真相难以通过充分的客观证据予以查清证实。

（2）成文法律的局限。法律规制涉案行为的罪名有容留卖淫罪和组织卖淫罪。容留卖淫和组织卖淫是不同的行为，法定刑相差极大。《刑法》第 358 条第 1 款规定："组织、强迫他人卖淫的，处五年以上十年以下有期徒刑，并处罚金；情节严重的，处十年以上有期徒刑或无期徒刑，并处罚金或者没收财产。"第 359 条第 1 款规定："引诱、容留、介绍他人卖淫的，处五年以下有期徒刑、拘役或者管制，并处罚金；情节严重的，处五年以上有期徒刑，并处罚金。"对于容留卖淫和组织卖淫如何区分界定有较大的解释空间，司法实践中也存在很大分歧。

本案中，公诉机关以张某涉嫌组织卖淫罪起诉，一年后又变更起诉为涉嫌容留卖淫罪；法院对本案罪名适用也存在很大争议，一审判决构成容留卖淫罪，二审法院撤销判决，发回重审，一审法院重审判决构成组织卖淫罪。且不说本案究竟该认定为组织卖淫罪还是容留卖淫罪，从辩解的角度看，当事人当然有必要进行充分的辩解，才能最大限度地维护他的利益。

（3）诉讼制度的局限。本案处理过程中，诉讼制度的局限很明显。首先，诉讼过程会受到各种主客观因素甚至法律外的影响。办案机关将宾馆两名经理梁某、陈某抓获归案，法院判决两人构成组织卖淫罪，两人服完刑出来后，办案机关才去抓捕从未逃匿的张某，该过程并不正常。其次，诉讼参与人提供的证据并不一定可靠。本案公诉机关据以指控、原审法院据以判决的最重要证据，就是几名证人的证言，但证人证言前后反复、相互矛盾，并不可靠。从该案调查过程看，该案侦查人员为了完成对张某定罪的证据收集任务，或者为了打击"狡辩"、拒不认罪的张某，"教育"不老实作证的证人梁某，调查询问方式并不妥当，不仅没有如实记录证人证言内容，反而记录了与证人说的完全相反的内容，才形成了上述对张某不利的询问笔录。最后，本案在证人证言多次反复，在证人证言对被告人定罪量刑极其重要的情况下，理应将证人传唤至法庭，在法庭的庄严肃穆的环境下，接受诉讼各方的交叉询问，以证人当庭陈述的证言为准，才能查明案件事实。然而，当前刑事诉讼法律规定中并没有证人必须出庭的硬性规定，大多数裁判者也习惯于以书面的证人询问笔录为准。

(4)诉讼权利的局限。本案中，诉讼权利的局限很明显。其一，当事人的辩解存在很大的失误，虽然始终辩解其对宾馆内卖淫行为不知情，但采取了错误的辩解方式，其先后提供了多个截然不同的辩解理由，导致其辩解的可信度大打折扣。其二，司法机关评判张某的行为是否构成犯罪，主要审查的就是证人的询问笔录。但是，原审包括当事人、辩护人在内的诉讼各方，在审查起诉阶段、一审阶段、二审阶段、重审一审阶段都没有发现询问笔录内容与询问同步录音录像存在的差异，没有发现侦查人员询问证人及制作询问笔录时的不规范行为，没有发现询问笔录内容本身不可靠，不能反映证人真实证言的情况。最终，当事人的诉讼权利行使质量一般，张某在罪与非罪的辩护中始终处于下风，裁判结果不理想。

由此可见，本案当事人张某辩解的法律意义不可谓不重大。张某不仅要学会充分地辩解，还需要得到专业辩护律师支持，才能帮助办案机关查明案件事实、准确适用法律，进而对张某罪与非罪、罪责大小作出准确判断。

第三节
当事人辩解有实际效果吗

不论是从当事人自身利益出发还是从刑事诉讼本身需要出发，当事人的辩解都具有切实的法律意义。那么，当事人的辩解在司法实践中有没有实际效果？有罪的当事人拒不供认真的能逃避法律责任吗？有争议的案件当事人拒不供认就能在定罪量刑的争议中得到更理想的裁判？无辜的当事人即便认罪也能被还原真相获得清白？答案是可能，但不一定。当事人的辩解很重要，但对于具体个案的影响是不可控的，既可能有很好的效果，帮助当事人妥善处理刑事危机，也可能毫无效果，甚至还可能带来负面效果，加剧其刑事危机。

一、恰当的辩解有助于处理危机

当事人充分恰当的辩解能更大程度地保障其合法利益，更有效地妥善处理刑事危机。尽管在部分案件中，当事人说什么并不重要，其不论如何辩解都不能影响案件裁判结果；但在很多案件中，当事人的辩解对其刑事危机处理，对其个人及其家属的利益都有重大影响。

例如，张某涉嫌走私普通货物罪案：

张某作为报关公司的报关员，其经手代理报关的一家企业涉嫌低报价格走私，被侦查机关立案调查。在调查过程中张某作为报关员，是直接经手制作相关低报价格材料的人员，具有走私普通货物的重大嫌疑。此时，张某和她所任职的报关公司都面临重大刑事危机。

侦查机关提取了张某与货主单位员工的全部微信聊天记录。聊天记录显示，货主单位员工在将报关资料提供给报关员时，反复向报关员核实低报价格是否合规，报关员均回复没有违规。如"问：我们出口价格和丽某公司进口的单价不同，会不会有什么风险？答：没问题。""问：进出口价格不同，海关不问吗？答：怎么会问，他们干预不了。"侦查机关据此对该报关员进行调查询问，怀疑报关员及报关公司涉嫌犯罪。此时，如报关员张某未能妥善处理刑事危机，后果很严重。以下是侦查机关制作的部分讯问笔录：

问：根据我们提取的微信记录，×××问你"我们出口价格和丽某公司进口的单价不同，会不会有什么风险？"，她问你这个情况是什么意思？

答：因为出口货物和进口货物是同一批货物，出口价格明显比进口价格高，所以她问我。我是这样理解的，出口价格比进口价格高，肯定是他们企业之间的原因，但是海关方面并没有关注这个问题，都可以顺利报关。

问：后×××又问你"进出口价格不同，海关不问的吗？"你答"怎么会问，他们干预不了，除非旧机。"是什么意思？

答：我的意思就是海关方面主要看申报材料是否齐全，出口和进口是分开的，海关那边并不干预，除非旧机，就是那种二手机器，海关系统就会自动去审核货物的价格，毕竟二手机器牵扯的审核内容比较多，比如机器几成新啊，公司的货物只要符合海关要求，就可以申报进口。

问：你是否看到过购买进口货物的真实订单等反映真实价格的资料？

答：我们报关公司接收客户的资料，他们保证货物价格的真实性，我没有见过他们之间的采购订单等真实材料。

问:你是否还有什么要补充的?

答:××公司进口价格没有如实申报,这个情况现在被海关查了,你们问我的所有问题我都会如实回答的。我作为报关文员只是按照他们提供的购销合同等单证录入报关系统,办理报关业务,但是,至于他们的真实价格方面的材料我没有见过,也不知道,我们公司和丽某公司也签订了代理报关委托书,明确客户要如实提供资料,我们只是帮客户办理报关手续。

该案侦查机关最终认定,在案证据不足以认定报关员张某明知低报价格走私仍然提供协助,张某及其所在的报关公司并没有被刑事立案,没有被追究走私普通货物罪的刑事责任。

又如,梁某涉嫌诈骗罪案:

办案机关指控梁某涉嫌诈骗的犯罪事实有两宗:其一,梁某在与投资人谭某合作投资理财产品的过程中,谭某提供的理财产品亏损被强制清盘赎回,谭某收到赎回款后,梁某让其将款项扣除利息后转回到梁某指定账户,涉案金额是1000多万元;其二,梁某在与投资人杜某合作投资理财产品的过程中,杜某的理财产品亏损被强制清盘赎回,杜某在收到涉案款项后,梁某让其将款项扣除利息后转回到梁某指定的账户,涉案金额是190多万元。两个相似的行为,最终是否被认定为诈骗,与当事人的辩解有较大关系。

对于梁某让谭某转回1000多万元的事实,梁某的讯问笔录内容如下:

问:你是否有与谭某说这是她投资的赎回金?

答:没有和谭某说这是赎回款,谭某不知道这笔款项是投资项目被强制清盘赎回的资金。如果我和谭某说是清盘强制赎回的资金,谭某就不会转回给我,我就骗谭某说这是投资的理财产品分红,叫她扣除利息后转回到我指定的账户。

谭某的证词也佐证了梁某虚构分红款的事实,谭某的询问笔录内容如下:

问:当时梁某怎么跟你说的?

答:当时梁某说由盈利多的产品进行分红,分红资金到账后,扣除整月利息,多出来的部分转回到梁某指定的银行账户就行。

梁某的上述辩解与被害人谭某陈述相互印证，可以证明梁某谎称是“分红”，让谭某陷入错误认识进而将1000多万元资金转回到梁某指定的账户，梁某的行为从表面上已经完全符合诈骗罪的构成要件。

但是，对于梁某让杜某转回赎回款190多万元的事实，梁某的讯问笔录内容如下：

问：你有没有解释过这笔钱是什么来源？

答：我没有解释过，我直接告诉他收到利息后，剩下的退回来。当时微信聊天时，我记得说的是“杜总，今天资金会到账，转回190万元给他们就可以了”。然后我就将收款账户信息发给杜某，他就安排将剩下的190万元转回来了。

杜某在接受问话时，也佐证了梁某的辩解，梁某并没有虚构“分红”等事实让杜某陷入错误认识而将赎回款转到梁某指定账户。杜某的询问笔录内容如下：

问：当时梁某有没有解释过这笔钱是什么来源？

答：梁某没有解释过，他只是让我把钱扣掉利息后退回去，我后来倒查流水，才发现这笔钱是基金强制赎回的钱，后面我就这个事问过梁某，梁某才说是基金出问题全部亏损，然后那些钱是最后的净值赎回的钱。

梁某的辩解和被害人杜某的陈述相互印证，证明当时梁某没有作解释，没有谎称是“分红”，没有虚构事实行为，被害人杜某也没有因为陷入错误认识而将款项转到梁某指定账户。

最后，办案机关继续指控梁某诈骗谭某1000多万元，但没有指控梁某让杜某将资金转回的行为构成诈骗罪。类似的两个行为，产生两个不同的法律后果，虽其他证据对指控与否也产生作用，但梁某的辩解无疑是重要的影响因素，不同的辩解对案件事实查明、罪与非罪定性产生了截然不同的效果。

二、失当的辩解加剧刑事危机

当事人不恰当的辩解可能加剧刑事危机，让刑事危机成为现实，甚至让刑事责任由小变大，让轻罪变重罪，让犯罪金额由少变多，让量刑档次由低变高，让一宗犯罪事实变成多宗犯罪事实等。

例如，陈某涉嫌放火罪案：

根据陈某描述的事发大概经过是，事发前一天晚上，他想要利用煤气罐自杀，于是拧开了煤气罐。半夜醒来发现没有自杀成功，就起来关掉煤气，不想死了。第二天起来继续办公（其住处为居住和办公一体），工作两个多小时后，玩了一下打火机，屋内瞬间爆炸，他被重度烧伤70%，消防人员经过努力将大火扑灭。公司给他垫付了医药费，他也向保险公司理赔获得几十万元医药费，勉强覆盖医疗费用。后来，办案机关将陈某刑事拘留，指控他涉嫌放火罪。

我们会见时，发现陈某没有意识到事情的严重性，认为自己想要自杀，没有想伤害其他人，没有造成其他人员伤亡，房子也已经恢复原状，花了2万多元装修费而已，办案人员也跟他讲这不是什么大事，配合调查把事情说清楚就好，事情很快就会结束。

如何解释事情发生的经过，是失火还是放火，对陈某及其家庭来说，绝对是“天堂”与“地狱”的差别。我们向陈某仔细分析了他的行为可能涉及的罪名及对应的法律后果，让他充分认识到他的辩解对于定罪量刑的重大影响，让他好好想想要怎么妥善处理他面临的刑事危机。

如果定性为放火罪，陈某的法定刑是3年以上10年以下，公司很可能会根据公司的规章制度开除他，不能认定工伤，没有抚恤金，没有奖金、没有补偿；已经理赔的商业保险金可能要被追回去，所有的医药费都要他自己承担。保险公司还可能因为他编造虚假事故来报案控告他涉嫌保险诈骗罪。这对于他的家庭来说，绝对是灭顶之灾。

如果定性为失火罪，事情的结局则完全不同。如果陈某不想死，关掉煤气罐但没关好，后来不小心发生爆炸，还有可能认定为失火罪，改变定性为失火罪，甚至还可能没有达到犯罪数额标准。即使被认定构成失火罪，不属于故意犯罪，公司可能不会开除他，保险公司也不能追回保费，他也不构成保险诈骗罪，可以认定为工伤获得相应工伤保险资金。律师把法律后果讲解给他听，他就能明白事情的严重性，明白自己要怎么辩解，如此，律师已经完成了重要工作。

司法实践中，即便是在证据确凿、事实清楚的凶杀案件中，当事人对于其是否具有自首、立功情节，其在共同犯罪中起的作用和所处的地位以及被害人是否有过错等的辩解，无疑也会较大程度上影响他的罪责认定，甚至影响他是否会被判处死刑。

例如,郑某涉嫌故意杀人罪案:

郑某杀害被害人的过程被监控录像全部录下来,他事后没有逃离现场,在案发现场等待办案人员到来。郑某对被害人捅刺十几刀的故意杀人行为非常恶劣,其面临死刑的严厉刑罚。

本案可谓"铁证如山",对其判处故意杀人罪不存在争议。那么,郑某的辩解有没有意义?

从郑某定罪角度来看,办案机关确实可以不需要郑某的供述和辩解,即便郑某始终保持沉默,也可以对其作出有罪的裁判。因此,对于罪与非罪,郑某的辩解意义不大。但是,从辩护的角度来看,郑某的辩解或许还能产生较大的作用。

其一,被害人有无过错、过错大小的问题。郑某就其为何会实施该故意杀人行为、其与被害人有何冤仇、事情的来龙去脉经过等进行充分辩解,才能还原全部的案件事实经过,评判被害人是否存在刑法意义上的过错,以及过错大小。被害人过错是法定可以从轻处罚的情节。例如,最高人民检察院《关于刑事抗诉工作的若干意见》中规定:"(四)认为应当判处死刑立即执行而人民法院判处被告人死刑缓期二年执行的案件,具有下列情形之一的,除原判认定事实、适用法律有严重错误或者罪行极其严重、必须判处死刑立即执行,而判处死刑缓期二年执行明显不当的以外,一般不宜按照审判监督程序提出抗诉:……2. 因婚姻家庭、邻里纠纷等民间矛盾激化引发的故意杀人案件,由于被害人一方有明显过错或者对矛盾激化负有直接责任,人民法院根据案件具体情况,判处被告人死刑缓期二年执行的。"又如,最高人民法院《关于贯彻宽严相济刑事政策的若干意见》(法发〔2010〕9 号)第 22 条规定:"对于因恋爱、婚姻、家庭、邻里纠纷等民间矛盾激化引发的犯罪,因劳动纠纷、管理失当等原因引发、犯罪动机不属恶劣的犯罪,因被害方过错或者基于义愤引发的或者具有防卫因素的突发性犯罪,应酌情从宽处罚。"因此,郑某辩解被害人存在重大过错等情节后,办案机关就需要去核实被害人是否存在过错以及过错大小的问题,落实相关证据材料。如郑某的辩解被采纳,则对其量刑无疑是有利的。

其二,郑某是否具有自首情节的问题。郑某明知他人报警仍在现场等待归案的行为是否属于主动投案,郑某的行为是否属于自首的问题,需要郑某的充分辩解。最高人民法院《关于处理自首和立功若干具体问题的意见》(法发

〔2010〕60 号）规定，“明知他人报案而在现场等待，抓捕时无拒捕行为，供认犯罪事实的”，应当视为自动投案。本案中，如果郑某明知他人报警，仍然在现场等待，被抓捕时没有拒捕行为，可以认定为自动投案，投案后郑某如实供述全部犯罪事实，应当认定为自首。《刑法》第 67 条规定：“犯罪以后自动投案，如实供述自己的罪行的，是自首。对于自首的犯罪分子，可以从轻或者减轻处罚……”因此，自首是重要的法定从轻、减轻处罚情节。郑某对其是否属于自首的辩解，对其量刑无疑具有重大意义。

然而，如果郑某归案后拒不供认犯罪事实，也不作出任何辩解，始终保持沉默，或者对抗调查、对抗庭审，未以妥善的方式处理刑事危机，则其本有的一线生机也因此失去。

三、没用的辩解浪费辩解机会

大部分案件中当事人的辩解对其定罪量刑都会产生重要影响：要么起积极作用，帮助其妥善处理刑事危机；要么起负面作用，直接加剧刑事危机；要么辩解本身没有意义，当事人白白浪费最佳的辩解时机，不利于案件辩护，对其定罪量刑也会产生影响。

没有用的辩解很普遍，且有很多种类型。例如，当事人在立案前、立案后乃至整个刑事诉讼过程中，都抵触调查询问，以“不知道”“不记得”或者沉默不语来应对，这就白白浪费了进行有效辩解的机会。又如，在部分案件中当事人对指控的事实和内容没有作任何辩解，仅辩解背后还有老板，老板对犯罪行为完全知情，想让更多人承担刑事责任，但这并不能免除其自身的刑事责任，充其量只能在罪责大小方面有所体现。如果当事人的辩解仅限于此，效果会比较差，浪费了对于罪与非罪、此罪彼罪、重罪轻罪等问题的辩解机会。

例如，樊某涉嫌组织卖淫罪案：

办案机关调查发现，樊某作为宾馆经理组织卖淫人员在宾馆客房提供卖淫服务，宾馆按嫖资的一定比例向卖淫人员收取费用。归案后，樊某对于组织卖淫罪及协助组织卖淫罪、容留卖淫罪等缺少法律意识，在缺少有效法律帮助的情况下，他无法对指控的事实和罪名提出异议，难以作出有效的辩解。在讯问笔录中，樊某的主要辩解是，对于宾馆内存在卖淫行为老板是知情的，收益也是被老板拿走，应该追究老板的刑事责任。最后，法院判决樊某在明知宾馆存在组织卖淫嫖娼行为的情况下，仍然担任经理职务，负责日常管理工作，为嫖娼者推荐、介绍卖淫人员，并以提供食宿、统一收费、定时结算等方式管理、支配卖淫人员，在卖淫活动中处于组织者的地位，符合组织卖淫罪的构成要件，判处樊某犯组织卖淫罪，判处有期徒刑5年，并处罚金人民币1万元。老板是否知情、是否构成犯罪、构成何罪，应另案处理且争议极大。

我们发现，该案认定樊某构成组织卖淫罪存在争议。根据同案人的辩解，案发过程是："当时宾馆没有什么生意，这时有一些女性过来宾馆说可以在KTV处喝酒，同时可以跟他人上楼去做卖淫生意，我们想着宾馆的生意会好一点也就同意了其在该宾馆进行卖淫行为。一般有客人来该宾馆要求嫖娼时，就联系卖淫人员为客人提供性服务，结束后，嫖客就在宾馆一楼的前台收费处付钱，由樊某负责向嫖客收钱，收取一定费用后将余款给到卖淫人员。"

表面上看起来似乎有组织、管理卖淫人员的行为，但这种行为属于典型的有偿容留卖淫行为，认定容留卖淫罪会更加合适。组织卖淫是指通过招募、雇佣、引诱、容留、强迫等手段，控制多人从事卖淫的行为，主要体现在对卖淫人员的统一管理和控制。本案中，樊某的行为并不符合组织卖淫的行为特征：

（1）不存在招募、雇佣卖淫人员的行为。本案中4名卖淫人员主动找上门想要在涉案宾馆卖淫，作为经理的樊某同意，双方达成合意，宾馆有偿容留卖淫人员卖淫，卖淫人员并非宾馆招募、雇佣而来的。

（2）不存在对卖淫人员的培训管理制度。本案有客人需要嫖娼时，樊某都会联系卖淫人员到宾馆房间服务，没有管理、培训等组织行为，实际上樊某与卖淫人员之间只是介绍、合作关系。

（3）没有为卖淫人员统一提供食宿情况。原审判决认定"宾馆为卖淫人员统一提供食宿"，缺乏相关证据。在案证据只能证明卖淫人员在涉案宾馆卖淫，樊某代表宾馆收取部分提成。关于卖淫人员住在哪里、在哪里食宿，案卷材料没有证据能证明樊某为卖淫人员提供统一的食宿，樊某只提供卖淫的房间，宾馆按照一定比例收取房费。

（4）没有控制卖淫人员的人身和财产。樊某及宾馆与涉案卖淫人员之间没有形成一定的人身和财产的控制关系，卖淫人员在行动上是自由的，均是自愿、主动要求卖淫的，樊某未对卖淫人员进行有组织的管理、控制，不存在人、财、物的管理与被管理的关系，不存在人身控制和依附关系，其与卖淫人员之间完全属于介绍、合作关系而非管理关系。

综上，樊某在客人有嫖娼需求时，介绍卖淫人员，允许卖淫人员有偿使用宾馆客房卖淫，在卖淫人员和嫖客之间实施了牵线搭桥的居间介绍并从中收取卖淫场地费用的行为，不存在以招募、雇佣、强迫、引诱等方法控制涉案卖淫人员的行为，完全没有对卖淫人员的组织性、管理性、控制性的特征，这是典型的容留、介绍卖淫的行为。但由于各种主客观因素，樊某没有作出有效辩解，对相关罪名的区别"无感"，主要辩解就是老板知情或者汇报过老板、老板同意之类的。虽然樊某的辩解让宾馆老板面临刑事危机，但其自己的罪责并没有因此减轻，相关罪名适用的争议，也没有在辩解中予以体现，辩解质量一般，裁判结果不理想。

第四节

当事人辩解效果的影响因素

刑事危机下，当事人没有行使辩解权利、没有作出辩解，显然不是好的选择。当事人进行恰当的辩解多少都会有作用，有助于妥善处理刑事危机。在具体个案中，当事人辩解的效果如何，受辩解内容是否适当、辩解策略是否妥当以及辩解时机把握得如何等多种因素的影响。

一、辩解的内容

当事人提出的辩解内容是否适当是影响辩解效果的重要因素。辩解内容适当性不等于专业性，很多时候当事人的辩解不一定需要体现专业性。毕竟，当事人缺乏法律知识、诉讼经验，对所涉罪名的了解也一知半解，刻意追求专业化的表达，反而可能会让当事人的辩解变得拙劣。总体而言，如当事人以通俗口吻表达，直接面对指控的内容，讲述合理可信、自圆其说、前后稳定一致，与其他证据能相互印证，尽量符合客观事实真相或法律真相的案件事实经过，且该案件事实经过证明当事人所涉行为无罪、罪轻，则该辩解就是比较适当的。

如果当事人的辩解不能证明其行为无罪、罪轻，或者辩解内容不具备合理性、容易被其他证据否决，那就不是适当的辩解。大多数案件中，当事人辩解是否适当与律师的辅导密切相关。在律师的辅导下，当事人更可能作出适当的辩解。适当的辩解虽然没有明说法律观点,实际上都有理有据,与辩护策略、辩护意见相互配合。

二、辩解的策略

当事人的辩解当然需要有一定的策略。当事人可以积极认罪悔罪,可以缺少罪与非罪的有力辩解,但不能没有辩点,不能缺少为辩点埋下的伏笔。当事人无策略的辩解,不利于刑事危机的妥善处理。

例如,张某涉嫌串通投标罪和行贿罪案:

办案机关以串通投标罪对张某刑事立案并采取刑事拘留的强制措施,后又被以涉嫌行贿600万元进行调查。张某面临严峻的刑事危机,处理不当的后果就是数罪并罚被判处10年以上有期徒刑。张某在办案人员的要求下配合调查,承认了所有的案件事实经过。虽然看起来没有提出有力的辩解,但其策略是正确的。

其一,保持良好的认罪悔罪态度。毕竟相关行贿事实、相关项目投标过程的串标事实客观存在、证据也比较充分,抗拒调查不利于案件处理,还可能会被严惩,除了认罪悔罪已经没有其他选择。

其二,详细解释到案经过。办案人员到张某的老家找他,但因缺少当地办案机关配合手续,遭到小区保安的拒绝。张某得知后马上去当地派出所报备,表示愿意配合调查,在家等办案人员通知。几天后,办案人员再次到张某小区,而张某恰好外出吃饭。办案人员打电话给张某,张某主动赶回来在小区附近与办案人员见面配合调查,后被刑事拘留到案。张某详细描述归案经过,并提交去派出所报备的证据材料,为其自首情节的认定埋下伏笔。

其三,着重介绍他的身体情况和家庭情况。张某有焦虑抑郁症,一直靠药物治疗,且他十几岁时父母就离世,婚后又离异,9岁的儿子由他一人抚养,他不能长期被羁押,否则儿子无人照料。为此,张某也收集保留了病历资料、离婚材料、亲属关系证明等证据。

其四,解释案件事实经过。实际上从招投标过程看,张某并不是招投标的主体,只是知道甲乙双方存在串通投标的行为,张某行贿的目的是不论招投标结果如何,甲方都要求中标方使用张某所代理品牌的产品。因此,实质上张某没有介入招投标中,不符合串通投标罪的构成要件。但张某不一定需要对串通投标罪的指控作出无罪辩解，其行为是否构成串通投标罪是客观判断，即便张某没有作无罪辩解，只要他在笔录中将事实经过讲清楚，就可以有辩护空间。

其五，对于行贿，张某个人行贿600万元，面临两个极端，要么被判处10年以上有期徒刑，要么办案机关对其从宽处理。从张某到案经过、供述情况以及办案机关的反馈看，我们判断办案机关有从宽处理的权限和意愿，妥善辩解就有宽大处理的机会。

综上，张某虽然认罪悔罪，但经过律师的协助，他的辩解是有策略的。张某和律师一致判断：串通投标案和行贿案数案调查时，办案机关仍对其变更强制措施，是利好信息；串通投标罪的指控，已经能对张某小惩大诫，至于行贿罪大概率可以争取从宽处理；不论行贿案是否移送，都有机会争取比较理想的处理结果。

又如，李某涉嫌非法经营罪案：

侦查阶段律师第一次会见李某就告诉他，"这个案件没有辩护空间，认定非法经营罪没有错，涉案金额六七十亿元，怎么辩护都不可能将金额降低到5年以下的定罪量刑标准，建议你认罪认罚，争取从宽处理"。听取律师的意见后，李某始终坚持认罪认罚。但是，在审查起诉阶段，检察机关提出认罪认罚的量刑建议是5年有期徒刑，李某无法接受该量刑建议。律师建议李某认罪但不认罚，具体量刑由法院裁判。结果，在庭审中，李某对指控的事实和罪名都不持异议，只对量刑建议有异议，恳求法院对其从宽处理。最终，法院判决李某构成非法经营罪，判处有期徒刑7年，并处罚金人民币360万元。二审阶段，律师告诉李某，"这个案件没有辩护空间，只能继续作罪轻辩护，认罪不认罚，希望法院可以对你从宽处理"。二审阶段，律师提出量刑过重，建议对李某判处有期徒刑3年6个月以下刑罚的辩护意见。结果，二审法院作出驳回上诉、维持原判的裁判。

然而，直到申诉阶段，我们介入后发现，实际上李某的行为能否认定为非法经营罪存在很大的争议，即便一审、二审阶段，检察机关也存在诸多疑虑。检察机关通过公安机关多次发函给中国人民银行××支行，中国人民银行××支行也出具情况说明，对李某相关公司的跨境资金结算行为作出了明确的认定，相关跨境资金结算行为，部分符合资金池使用规定要求，部分因为政策后期加强对净流出的限制故而暂停为其办理资金池资金划拨，因此，李某相关公司的跨境资金结算行为是符合行政法规的。后续补充侦查过程中，公安机关还多次发函给中国人民银行××支行，要求其明确李某的行为是否属于非法支付结算行为，但是，中国人民银行××支行始终没有认定李某的行为属于非法支付结算。由此可见，李某相关公司的行为连非法支付结算行政违法行为都不算，认定构成非法支付结算的非法经营犯罪，依据不足。然而，很可惜李某没有提出有效的辩解，律师没有提出有力的辩护意见。我们申诉会见时向李某充分解释案卷材料中的这些材料，李某才恍然大悟，明白他的行为不一定被认定为非法经营罪，李某悔恨自己没有作出正确的辩解。

当事人缺乏法律知识、辩护经验，律师的态度会决定他们的态度。律师认为构成犯罪，他们就认为自己的行为也构成犯罪。律师认为不构成犯罪，他们就会认为自己的行为不构成犯罪。因此，律师对当事人刑事危机处理、辩护策略确定，具有极其重要的影响。

三、辩解的时机

当事人辩解的效果与诉讼进展有很大的关系。未能把握恰当辩解时机，则刑事危机可能难以妥善处理。在办案机关介入前，当事人刑事危机处理得当，则其可能不会被刑事立案，案件不会进入刑事诉讼程序；在办案机关介入后，当事人被刑事立案或者被采取强制措施前，危机处理得当，案件仍有可能不进入刑事诉讼程序；在刑事立案或者被采取强制措施后，当事人的辩解则更为重要，其辩解将直接作为呈堂证供，影响其定罪量刑，影响案件辩护空间。总体而言，当事人越早意识到刑事危机，准备好符合事实、符合证据且充分恰当的辩解，则越有可能妥善处理刑事危机。

那么，辩解的恰当时机是什么时候？当事人意识到其可能面临刑事危机时，就应当准备好充分的辩解，以及与辩解对应的证据材料，预想案件最不利的处理结果，做出最大的努力。当准备好了辩解后，就要尽早向办案机关解释说明，使其辩解体现在询问笔录、讯问笔录中。一般而言，在多次询问笔录、讯问笔录中，越早做出的笔录内容越可能被采纳，因此越早做出的对当事人不利的笔录内容越可能被裁判者采纳。因此，当事人必须在适当的时机作出适当的辩解，恰当的时机就是充分准备好辩解后，接受调查的时候。

第三章
CHAPTER 03

当事人的危机应对常态

协助当事人处理刑事危机，我们需要了解当事人在面临刑事危机时的常见表现，他们在缺乏足够专业的指导下，依靠自己的认知、自己获取的诸多意见作出的自认为正确的应对方式方法。了解这些有助于律师预测当事人在刑事危机利弊选择下的本能表现，从而针对其不同表现给予量身定制的指导，取得他们的信任，帮助他们妥善处理刑事危机。

第一节
刑事危机下的辩解

面对刑事危机时，不同当事人的文化水平、生活环境、成长经历、认知水平、个人性格不同，以及具体个案的罪责不同、当事人面临调查的压力不同等，当事人进行辩解的表现会截然不同。随着诉讼各个阶段案件形势的变化，同一个当事人的辩解也可能会发生变化。当事人在刑事危机之下的表现往往是复杂、多变的，就连他们自己对自己面对刑事危机时的表现，往往也难以准确预测。只有经验丰富的办案人员，才能作出相对准确的预判。笔者根据有限的办案经验，总结刑事危机下当事人的下列几种常见表现。

一、辩解的态度

刑事危机下当事人辩解态度的表现主要有以下几种：(1)部分当事人以零口供抗拒调查，既没有供述也没有辩解；(2)部分当事人虽然回答了无关痛痒的问题,但对于案件犯罪事实及当事人所涉的犯罪事实,全部予以隐瞒;(3)部分当事人避重就轻供述部分犯罪事实,但隐瞒部分犯罪事实,尝试避免事态扩大,试图减轻罪责;(4)部分当事人未区分供述和辩解,将供述当作辩解,积极主动供述全部犯罪事实,几乎没有辩解;(5)部分当事人不仅缺少辩解,还为了争取从宽处理结果,积极主动帮助办案机关搜集、整理证明自己有罪、罪重的证据材料。诸如此类,当事人的辩解态度很大程度上影响案件事实认定及法律适用、定罪量刑。

(一)以零口供抗拒调查

我们通常理解的当事人沉默权是这样的:“你有权保持沉默。如果你不保持沉默,那么你所说的一切都将作为呈堂证供。”这是美国刑事诉讼中的重要原则。我国当前刑事诉讼制度并没有明确赋予当事人沉默权,而是以中国特色的方式予以规定。《刑事诉讼法》第120条中规定:“犯罪嫌疑人对侦查人员的提问,应当如实回答。但是对与本案无关的问题,有拒绝回答的权利。”司法实践中,不论是否有沉默权,我们都不建议当事人一直以“零口供”来抗拒调查。一方面,“零口供”会错失、浪费辩解的机会及可以在询问笔录、讯问笔录中固定有利辩解的机会;另一方面,“零口供”则意味着案件事实真相完全交由被害人、证人解释,办案人员也容易往不利于当事人的方向揣度案件事实真相。

例如,杨某涉嫌开设赌场罪案:

办案机关将杨某抓获归案,审讯过程中杨某的表现如下:

问:我们是××市公安局的民警(出示工作证件),现依法对你进行讯问,你应当如实回答我们的提问,对与案件无关的问题,你有拒绝回答的权利。你听明白了吗?

答:我听明白了。

问:你的个人情况?

答:你们都有。

问:我是在核实你的身份信息,请你配合?

答:(沉默)

问:你的身份证号?

答:我不想说。

问:你是何时因何事被刑事拘留的?

答:(摇头,沉默不语)

问:希望你如实交代自己的违法犯罪事实,争取法律的宽大处理,清不清楚?

答:(点头)

问:我们再问你几个问题?

答:(沉默不语)

问:你还有什么要补充的吗?

答:(沉默不语)

问:你以上所讲属实吗?

答:(沉默不语)

问:你是哪一年到哪一年当的付某某他们"×××直播间"的超管?

答:你就记"沉默不语"。

问:以上笔录你看后和你所讲是否一致?

答:看后一致。

该案当事人所表现的就是最为典型的"零口供",当事人没有供述,也没有辩解,办案机关没有获得任何有用的案件信息。司法实践中,还有另外一种"零口供"方式:当事人对无关痛痒的问题配合调查,但对与案件有关的,尤其是关系到他涉案的信息,一概否认,都回答"我不知道""我不清楚",让办案机关无法获得有用信息,这也是比较常见的"零口供"情形。

(二)隐瞒全部犯罪事实

在接受调查、面临刑事危机时,当事人看似配合调查,说了很多话,未以沉默、零口供的方式对抗调查,但本质内容都是辩解他没有实施、没有参与犯罪事实,没有犯罪行为。因此,当事人看起来陈述了很多案件事实经过,但隐瞒了全部的犯罪事实真相,看不出犯罪事实。

例如,梁某涉嫌非法转让、倒卖土地使用权罪案:

梁某是某村的村委会副主任,梁某、张某等三人成立了××实业有限公司,梁某是该公司持股33.3%的股东。××实业有限公司承租了该村的一块土地,建设厂房后出租,后将××实业有限公司的全部股权作价3800万元转让获利,连带××实业有限公司承租的该村土地使用权一并转让。后来,该地建厂房被行政机关查处,行政机关立案调查后,将××实业有限公司涉嫌非法转让、倒卖土地使用权罪的相关犯罪线索移送办案机关。办案机关以梁某、张某等××实业有限公司三名股东涉嫌非法转让、倒卖土地使用权罪为由刑事立案调查,并传唤梁某到案接受调查。在询问笔录中,梁某的表现如下:

问:说一下你的职业情况?

答:我从2002年左右在××村委会上班,现在担任村委会副主任,主要负责组织、财务、办公室等工作。

问:你今天来××分局有什么情况要向我们提供吗?

答:我来配合调查我们村××地块的违法用地问题。

问:你把事情经过讲一下。

答:……当时我就与张某等三人成立了一家公司××实业有限公司,成立时不需要注册资本,所以占股当时并没有说明。2017年6月,××实业有限公司通过正规拍卖渠道获得这块地的使用权。当时以××元每年每平方米的标准向村里交租。这个公司成立后主要由张某去运作。后来张某就建了厂房出租。再后来,张某就让我们转让股权给侯某等人,这些建厂房、出租、转让的事情都是张某去操作的,我不参与。

问:是什么人允许你们在这块地上建厂房的?

答:这方面我不清楚。

问:建厂房是谁去建的?

答:张某去找人建的。

问:你有没有出资?

答:我没有出资。当时张某说要缴纳复垦保证金给政府,所以我以我老婆××的账户支付了70多万元。

问:厂房出租谁去签的合同?

答:我没有见过合同,一般是张某去操办的。

问:你当时出资70多万元去缴纳复垦保证金给政府,金额这么大,为什么很多事情你都不清楚?

答:我就是出一点钱当作投资想赚一些钱。其他的事情都是张某去操作的,我知道张某有很多生意经验,在我们村有很多物业,所以我比较相信他,就投资了他的项目。

问:这块地的租金是怎么计算的?如何缴纳?通过什么账号缴纳?

答:当时我记得,××实业有限公司跟我们村的约定是,如果这块地用于农业用途,那么缴纳租金的标准就是2000元每年每亩。如果这块地用于经济发展,就按照25元每年每平方米的标准缴纳给村里。

问:讲一下张某和另外一名股东的情况?

答:……

问:当时为什么要和张某一起成立××实业有限公司去参与投标?

答:当时投标资格是需要成立公司的,我参与这件事情就是想看看能否赚一点钱。

问:你们转租厂房有没有签合同?

答:当时我们建了一个微信群,现在删除了,当时有人在微信群里发过××实业有限公司将厂房出租的合同,但是我没有详细去看,具体内容不了解。

问:你是否清楚这块地的用地性质?为什么在这块地上建简易厂房?

答:我是清楚这块地的用地性质的。后面建简易厂房的事情,应该是张某和厂房承租人的私自行为,我没有参与他们的开发建设,我也没有承诺可以建设等事宜。

问:你是否参与了厂房报建等手续?

答:没有。

问:这块地上面建筑期间,村委会是否有去现场告知不准建厂房等事项?

答:有的,我了解过。村委会发现这块地上有人私自建简易厂房,有到现场发告知书等工作,但后面如何处理我不清楚。

问:这块地的水电如何报装?

答:他们是如何报装水电的我不清楚,我没有参与。

问:这块地已经涉嫌非法转让、倒卖土地使用权,你针对此事的态度如何?

答:作为村委会工作人员,我会制止该行为,尽力恢复原来的用地性质用途。

问:你有没有参与××实业有限公司的各种经营活动?

答:都没有的,我只是入股了××实业有限公司,××实业有限公司的土地申报和经营运作,我都没有参与。

问:你作为××实业有限公司的股东,有无分红或者收益?

答:公司从来没有分过红,没有收益,我在公司也没有职务。

问:你是否加入了一个共同处理××实业有限公司事项的微信群?

答:是的,好像叫"××公司工作群"的微信群。

问:这个微信群的群成员有谁?

答:我、张某还有另一个股东×××。

问:这个微信群的作用是什么?

答:主要用于××实业有限公司的业务交流的,包括水电、税务等。

问:说一下这块地是什么土地用途? ××实业有限公司的这块地是什么性质?

答:我不清楚,我觉得能建厂房的应该属于工业用地。

问:你不是在村委会担任副书记、副主任一职吗? 为何不清楚自己村里土地的用途和性质?

答:我是分管财务和组织的,土地这一块我不清楚。

问:你有无参与××实业有限公司厂房的报建和建设?

答:我没有参与。

问:你是否为××实业有限公司的厂房报建和建设提供便利?

答:我没有。

问:有没有公职人员在土地方面为××实业有限公司提供便利的情况?

答:没有。

该案××实业有限公司以在承租的土地上违规建厂房出租并将公司股权转让的方式转让、倒卖土地使用权,作为××实业有限公司三名股东之一,梁某无疑具有作案嫌疑,是潜在的犯罪嫌疑人。在接受调查过程中,梁某表面上看起来陈述了很详细的事实经过,但并没有提及其个人参与犯罪的事实细节,显然,他对案件事实有诸多隐瞒。

又如,周某涉嫌故意伤害罪案:

办案机关指控认为:200×年,徐某带领周某等人购买多把砍刀和三角锉刀,于同年9月1日××时许,指使巴某等十余人驾乘面包车,携带砍刀、三角锉刀等作案工具前往××大酒店埋伏等候柳某。在酒店大堂内发现柳某后,巴某等十余人对柳某进行围砍,致柳某受伤倒地,后经送医院抢救无效死亡。十几年后周某被抓获归案,在被调查时虽然没有对抗调查,但拒不承认犯罪事实。

问:我们民警在采集你的信息时,发现你因为涉嫌故意伤害罪被××市公安局××分局列为网上逃犯,你清楚这件事吗?

答:我现在知道了。

问:那你知不知道你是因为什么事情被××市公安局××分局以故意伤害

罪列为网上逃犯的？

答：我不知道。

问：你以前是否去过××市？

答：有。1998年我……

问：你在××市是否做过违法犯罪的事情？

答：没有。

问：是否认识外号叫"巴某"的男子？

答：我不认识。

问：你是否认识一个叫柳某的男子？

答：我不认识。但我2002年国庆节回来听社会上风言风语讲一个叫柳某在××市被人砍死了。但我没有具体了解柳某是什么时候在××市什么地方被人砍的，什么原因我也不清楚。

问：周某，我们公安机关如果没有调查、没有证据，不会从发案到现在过去这么多年仍然追查你。我们希望你认真考虑清楚自己的问题，争取坦白从宽，你听明白了吗？

答：你们公安机关调查吧，我连柳某、"巴某"等人都不认识，也跟他们没有关系。

问：你是否有参与故意伤害别人的违法犯罪行为？

答：我没有。

问：今天带你去辨认的××酒店你有什么想法？

答：我没去过那个酒店，我当时很少来这边。

问：你当时去过××酒店吗？

答：没有去过，也不认识这家酒店。

问：周某，你现在是用一个谎言掩盖另一个谎言，事情虽然过去20年，但是对于一个正常人来说，发生这件事情是深刻的，你也后来知道柳某的结果怎样，你明显在狡辩？

答：我说的是事实，也狡辩不了。

问：周某，你现在所交代的，我们不满意，你依然还没有把事实讲出来。

答：我是按事实说的。

问：经过差不多一个月羁押，你是否愿意交代违法行为？

答：我已经按事实说了。

问:我们掌握的证据,你是有参与柳某被故意伤害的事情的,你有何解释?

答:我并不知情,怎么参与?

问:200×年9月1日是谁开车送你们去××酒店的?

答:我没有去过××酒店。

问:周某,公安机关带你去过原来××酒店给你辨认,××酒店及对面的环境跟200×年时比变化不大,已经帮你加深了印象,你还不承认吗?

答:我不是不承认,没去过就是没去过。

问:你2001年有没有去过××酒店?不是你说没去过就没去过,狡辩是没用的,你认真想想?

答:人已经被你们抓了,我去狡辩有什么意思呢。

问:你们砍完柳某后去了哪里?

答:我没有去,不知道那个事情。

问:你200×年为什么突然回××?

答:我一个人回去玩。

问:你200×年时你根本不是搭客为生,你在做什么你最清楚。

答:我都是按照事实说话。

问:你到现在为止都认为自己说的都是事实吗?

答:是的。

该案周某面对涉嫌故意伤害罪的重大刑事危机,虽然没有以“零口供”、沉默等方式对抗,但始终辩解没有参与、不清楚相关故意伤害犯罪事实。该案的事实真相,要么确实如周某所言,他没有参与、不知情,要么就是周某隐瞒了全部事实。周某虽然隐瞒了全部的事实,却无法回应诸多疑点以及多名证人、同案人的不利证词。最终,法院还是判决周某犯故意伤害罪,判处有期徒刑15年,剥夺政治权利5年。

(三)隐瞒部分犯罪事实

当事人面对刑事危机,表面上看起来比较配合办案机关的工作,但实际上却隐瞒部分事实真相。具体而言,隐瞒部分事实的表现分为两种:(1)在单一犯罪事实时,隐瞒该犯罪的部分事实,或者关键事实细节,以证明当事人无罪或者罪责比较轻微;(2)在多宗犯罪事实时,当事人隐瞒被指控的部分犯罪事实、部分犯罪金额、部分罪名的犯罪事实等。

例如，谢某涉嫌职务侵占罪案：

被害单位控告：2014 年至 2018 年，谢某在担任其公司总经理期间，利用职务上的便利，在承接项目期间，编造项目需要中间人介绍费等事由，将自己的亲戚、朋友毛某、邓某、曾某及关联公司列为代理商，从中套取公司资金上千万元，并占为己有，涉嫌职务侵占罪。后办案机关对谢某涉嫌职务侵占罪立案调查。在接受调查过程中，谢某第一次接受调查问话时，承认部分事实，但否认借用亲戚、朋友的名义收取介绍费，认为是合作销售获得的应得提成，是其个人按照规章制度应得的合法收入。

问：你是否认识邓某？

答：邓某是公司中间商（销售商）。

问：为什么用他的账户来结算？

答：邓某是公司的中间商（销售商），因为客户是邓某介绍的，在安装过程中出现的问题或者有其他的需求都需要邓某出来沟通处理，所以公司给邓某的中介费也是按进度结算。

问：你与邓某之间有没有经济来往？

答：有，有时她跟我借钱，有时我向她借钱。

问：调查发现你家属×××等人的银行账户多次收取邓某的钱，请你解释一下这些是什么钱？

答：这些钱是我和邓某一起销售公司产品赚回来的钱。

问：你讲讲如何与邓某合作销售的？

答：邓某负责跑客户和公关，我就从后面支持他们。所以成功销售公司产品后邓某收取一部分的利润，剩余的钱就转到我提供给邓某的账户，我提供×××等人的账户给邓某用来收取一定比例的分红。

而后，办案机关对邓某进行调查询问时发现，实际上邓某没有承接公司的项目，邓某只是将银行卡借给谢某使用，邓某并不清楚谢某使用账户的情况，不了解邓某的卡被用来收取公司的钱。再后来，谢某才供认“其实是我自己销售公司产品后利用邓某来作为中间商收公司的差价。邓某会将收取的利润转到我向他们提供的账户上”。

事实真相逐渐清晰：谢某作为公司的总经理，利用职务之便利，以公司需要代理商（中间商）发展业务为由，虚构邓某作为中间商，并控制邓某的个人银行账户，收取公司支付给中间商的配合费（介绍费）。

（四）如实供述犯罪事实

当事人认罪的讯问笔录是对其定罪量刑的重要证据。大部分当事人归案后都会配合调查，如实供述犯罪事实，或者都曾经配合调查、作出供述犯罪事实的讯问笔录。其中部分当事人无须办案人员的长时间"普法教育"就积极配合调查，如实供述犯罪事实；部分当事人则经过办案人员较长时间的耐心"普法教育"，认清形势，基于利弊选择才作出如实供述的决策。

例如，吴某涉嫌侵犯公民个人信息罪案：

办案机关根据线索，在吴某家中找到他，并传唤至办案机关接受调查。办案机关在吴某的电脑、手机以及交易记录中找到800多条个人信息的交易记录。到案后，吴某总共接受了9次询问和讯问，每一次接受调查时，吴某都彻底地供述了他买卖9万多条个人信息的犯罪事实。

问：吴某，希望你考虑清楚，如实将自己相关违法犯罪行为交代清楚，以争取宽大处理，你听明白了没有？

答：我明白了，也会如实把自己的违法犯罪行为交代清楚。

问：你先简单说说自己的违法犯罪行为？

答：我从2022年3月开始……

问：你是否有侵犯公民个人信息的行为？

答：有的，我有获取过公民的快递信息。

问：你说一说你是怎样获取公民的个人信息的？

答：我是通过别人获取公民的个人信息，包括公民的身份信息、手机号码、住址、快递单号以及快递物品的明细……后就有人主动联系我出售一些公民快递的信息，我就找对方购买，然后再转手卖给别人。

问：你所购买的公民快递单信息是否都有保留？

答：在我的手机内只保留小部分，其他的交易信息已经删除了，那些交易信息是系统自动删除。

问：你们交易那些公民快递单的信息有何用途？

答：我不知道，我只是从中赚取差价。

问：你是什么时候开始通过出售其他公民的个人信息获取利益的？

答：是2022年3月开始的（具体日期我不记得了）。

问:你是用什么软件交易泰某币的?

答:用××钱包交易的,软件名称“×××”,登录密码“5……”,账户名称:……,UID:7……。

问:你的××钱包“×××”现在能否正常使用?

答:可以正常使用,现时账户资产有“泰某币”USDT - TRC20 约13453.790869个,约等价人民币90140.39元。

问:你的××钱包账户里面的资产是哪里来的?

答:是我从事售卖快递面单信息得到的利润。

问:这些利润是如何获得的?

答:我从下家手中收购快递面单,然后转卖给上家,我赚取中间差价。

问:你转卖一个快递面单信息能获得多少利润?

答:大概一个面单信息能获得0.3元至1元。

问:吴某,你说下从开始转卖快递面单至今,一共转卖了多少快递面单信息?

答:大约转卖了9万多条快递面单信息,具体数量记不清楚了,所有获利都在××钱包里面。

问:你为何记得这么清楚总共交易买卖过9万多条快递面单信息?

答:我是根据自己在××钱包“×××”软件系统个人账户资产里面“泰某币”的数量计算出来的,每条快递面单信息我赚取中间差价折算成人民币0.5元至1元不等。

问:你转卖的9万多条快递面单,是哪些形式的快递面单?

答:有些是快递面单照片,有些是文档,都是下家提供的资料,我只是在中间转卖而已。

问:吴某,你在××钱包“×××”账户有无提现过资金?

答:暂时没有。

问:你是以什么方式侵犯公民信息的?

答:我之前都讲过了,就是在网上购买他人的快递信息,然后以每条信息赚0.5元的差价卖给别人从中获利。

问:每次你购买到公民快递信息后,是否有查看过数量和信息内容?

答:数量我没有认真查看,每一条快递信息里面有:收货人姓名、快递单号、收货人电话、收货地址等。

问:你自己有无投钱跟别人兑换“泰某币”?

答:没有的。

问:别人有无赠送“泰某币”给你?

答:没有。

问:那你有无跟别人兑换过或在系统提现过?

答:都没有。

问:你当时是否知道买卖快递面单信息的行为是属于违法犯罪的?

答:知道一些,但不完全了解。

问:那你明知道买卖快递面单信息是属于违法犯罪的行为,为什么还要做?

答:主要还是自己的法律意识淡薄,加上当时因为受到疫情影响暂时没有找到工作,在出租屋一时糊涂就做这个了。

问:你还有什么需要补充的?

答:我现在已经如实交代自己的违法犯罪行为,也知道错了,希望政府和法律能给我宽大处理的机会。

该案件中,办案机关掌握了犯罪线索,将吴某传唤接受调查,并在吴某的手机、电脑中找到800多条个人信息的交易记录,吴某的行为已经构成侵犯公民个人信息罪,但还属于第一档的量刑档次。

办案机关不知道吴某究竟交易了多少个人信息,也不知道该如何计算吴某交易的个人信息数量。吴某主动供述了全部犯罪事实,帮助办案机关确定计算他犯罪数额的方法。即按照泰某币的数量折算成人民币是9万多元,吴某买卖的个人信息就是9万多条。

吴某账户内的泰某币可以计算出买卖的个人信息数量,但账户内的泰某币是否都是犯罪所得,是否全部可以用于计算犯罪数额等,还需要排除合理怀疑,律师还有较大的辩护空间。办案机关逐渐深入核查:“怎么记得那么清楚买卖了9万多条个人信息”“账户内的泰某币的来源”“有没有花钱购买投资泰某币”“有没有和别人兑换过泰某币”以及“有没有人向吴某赠送过泰某币”等问题,目的就是确定吴某的行为量刑档次。吴某积极供述全部犯罪事实,不断确认他账户内的泰某币都来自买卖个人信息所赚取的差价,从来没有花钱购买、没有人和他兑换过、没有人赠送过,这些泰某币就可以直接计算出他买卖个人信息的数量是9万多条。

吴某完全如实供述，帮助办案机关排除所有怀疑，认罪态度积极，得到办案人员的充分肯定，一直处于取保候审阶段。在审查起诉阶段，经办人告诉他认罪认罚则量刑建议为有期徒刑 3 年 6 个月，如不认罪认罚则量刑建议会超过 3 年 6 个月。吴某想要的是适用缓刑，但经办人认为，本案事实清楚，证据确实充分，吴某的犯罪数量不能适用缓刑。

在很多案件中，当事人如实供述对案件妥善处理很有必要。在大多数情况下，以放弃辩解换取取保候审是值得的，最后的结局也有较大概率是适用缓刑，不会被羁押、判处实刑。但取保候审与适用缓刑的裁判之间不能画等号，甚至检察院建议适用缓刑与法院最终判决适用缓刑之间，也不能画等号。一旦出现这种情况，当事人就很被动：检察院在法定量刑档次内提出多少年有期徒刑，以及是否适用缓刑的量刑建议都可以，而当事人几乎没有辩护空间；在法院审判阶段，法院在法定刑幅度内判决多少年、是否适用缓刑都可以，是否采纳检察院的量刑建议也都可以，当事人几乎同样没有辩护空间。如有经验丰富的律师予以指导协助，则可以最大程度避免出现这种被动局面。

（五）主动证明己方罪责

部分案件中，当事人不仅会如实供述被指控的犯罪事实，还会主动交代指控之外的违法犯罪事实，甚至还会主动帮助办案机关搜集、固定、提取证明自己有罪、罪重的证据。当事人因涉嫌某一犯罪归案后，主动交代办案机关尚未掌握的其他犯罪事实，加重自己的罪责，这表面上违背了利弊选择的理性。但实际上，对处在特定审讯情境下的当事人而言，他在自己的认知水平范围内，根据所掌握的案件信息及案件形势，作出的是当时自认为最优的利弊选择，这无可厚非。这种主动交代带来的结果有一定的不确定性，确实很多案件当事人积极认罪态度和配合调查的行为，换来了宽大处理的结果；也有部分此类案件出现了不太理想的裁判结果。例如，当事人因一单合同诈骗被审讯，主动供述办案机关没有掌握的其他合同诈骗的犯罪事实；因涉嫌一宗盗窃被抓获后，主动供述办案机关没有掌握的其他几十宗盗窃犯罪事实或抢劫犯罪事实；因涉嫌受贿罪被采取措施后，主动供述办案机关没有掌握的其他受贿、行贿等犯罪事实，结果显然会面临更不利的判决。

例如，祁某涉嫌走私淫秽物品罪案：

祁某委托杜某走私淫秽书刊，由祁某在境外网站购买淫秽书刊，杜某负责将淫秽书刊走私入境。货物到达境内后，杜某制作账单通过微信发给祁某，祁某支付通关费（约××元人民币每千克），杜某再通过国内快递将货物寄送给祁某。杜某被抓获后，供述了祁某也是买家之一。办案机关根据收货地址找到祁某，对祁某进行审讯时进行思想教育，宣讲坦白从宽、抗拒从严的司法政策。祁某听完办案人员的利弊分析后完全配合办案机关的工作，积极主动帮助办案机关搜集、固定自己构成犯罪的证据以及犯罪数量的证据。

起初，办案机关对被查扣的书籍是否全部来自境外，祁某如何采购、如何进口，走私进来的书籍数量有多少并不清楚。办案机关对祁某采取保候审措施，同时要求祁某将过往的购买记录、网店的销售情况，全部予以统计清楚，并要求祁某将其支付宝记录、微信收款记录、银行流水、网店销售记录、支付给杜某运费的记录、支付给台湾书商的付款记录、与台湾书商的聊天记录、与杜某的短信和微信聊天记录等证据材料，全部整理、打印，提交给办案机关，充分配合办案机关完成工作。祁某积极配合，帮助办案机关完成了侦查工作。这些祁某主动提供、签认、梳理的证据材料，足以证明他构成走私淫秽物品罪，且法定刑是10年以上有期徒刑。

当事人认罪态度很好，供述很彻底，积极配合办案机关将案件事实查清楚。当事人最终不仅要为他的涉案行为负责，也要为他作出的供述、提供的证据材料负责，还需要为根据他的供述、他提供的证据材料所呈现出来的法律事实负责。从实事求是的角度来看，这无可厚非，无所谓对错，这是当事人在特定审讯情境下的利弊选择，而不是价值判断。

最终，法院判决祁某以牟利为目的，走私淫秽的书刊入境，其行为已经构成走私淫秽物品罪。祁某归案后如实供述自己的罪行，自愿认罪认罚，退还部分违法所得，可酌情从轻处罚。判处祁某犯走私淫秽物品罪，判处有期徒刑11年，并处罚金8万元，裁判当天祁某即被收押。

二、辩解的稳定性

当事人辩解稳定性的表现可以分为几种：稳定认罪、稳定不认罪、从不认罪到认罪、从认罪到不认罪以及在认罪与不认罪之间反复。这五种表现都很常见，可能同时体现在一个案件中的不同当事人的表现中，也可能体现在某一个当事人在不同讯问笔录、不同诉讼阶段的表现中。

(一)稳定认罪

司法实践中,当事人可能由于各种原因始终稳定供述犯罪事实,愿意认罪认罚。如交警部门设卡查办的醉驾案件,当事人往往会稳定认罪;如被监控录像全程拍摄下来的盗窃案件,当事人也往往会理性选择稳定认罪,争取从宽处罚的机会。如当事人心虚,认为办案机关已经掌握了全部犯罪事实,证据已经很充分,没有辩解的空间,担心抗拒从严,只好坦白从宽。

例如,官某涉嫌故意杀人罪案:

官某归案后稳定地供述全部的案件事实,且始终表示认罪认罚,请求司法机关对他从宽处理,给他改过自新、重新做人的机会。

问:在讯问过程中,全程都将进行录音录像,你是否清楚?

答:我清楚了。

问:你现在的精神状态如何,是否能正常回答问题?

答:我现在的精神状态很好,能正常回答问题。

问:你的个人基本情况?

答:我叫官某……

问:你因何事被刑事拘留?

答:我涉嫌故意杀人罪被刑事拘留。

问:你将杀害被害人的详细经过讲一下?

答:好的……

问:为何你有想杀害她后自杀的想法?

答:因为当时我们有说好要一辈子在一起,而被害人并没有履行承诺,背叛我们的感情,所以我便有了想杀害她后自杀的想法。

问:在此期间,你个人的生活状态及精神状态如何?

答:在此期间,我的个人生活状态及精神状态都是正常的,我能正常地社交及生活,只是每当我想到我和她的问题,我就会控制不住自己。

问:你杀害被害人的时间及地点?

答:我杀害被害人的时间是在2023年1月19日23时30分左右,地点在被害人家她的房间内。

问:当时你是如何潜入被害人家中的?

答:大概案发当晚22时许……

问:当时你进入被害人家里期间是否有被人发现?

答:没有。

问:你上楼时为何事先要脱了鞋子?

答:因为我怕上楼穿着鞋子有声音会被人发现。

问:在被害人打开房门时,你是如何做的?

答:在被害人打开房门后,我就冲进去房间找她理论,随后我将她杀害了。

问:你是如何杀害被害人的?

答:……

问:你总共刺被害人几刀?

答:总共 5 刀。

问:分别刺中被害人身体什么部位?

答:第一刀没有刺中,其他 4 刀都是在刺在被害人的脖子上,两刀刺中她的喉咙,其余两刀分别刺中被害人左右颈动脉。

问:你为何刺被害人的脖子?

答:因为刺脖子的死亡率高。

问:你作案时使用的剔骨刀有何具体特征?

答:那是一把长约 26 厘米的剔骨刀,刀刃大概 15 厘米左右,刀柄是木质的,刀柄长约 11 厘米。

问:你作案时使用的剔骨刀是从何而来的?

答:那把剔骨刀是我于 2022 年 11 月通过自己手机某宝账号购买的,价格是五六十元,但购买的具体时间忘记了。

问:你为何要在某宝上购买剔骨刀?

答:因为剔骨刀比较锋利,而且买时我就开始想伤害她了,所以才在某宝上买那把剔骨刀做准备。

问:你作案时的刀具现在何处?

答:当时因为慌乱,刀就在现场,我没有拿走。

问:你离开时是否有确认被害人已死亡?

答:我没有确认,我就看了看被害人后就迅速离开了。

问:你逃离被害人家后又去了哪里? 继续讲。

答:好的……

该案官某归案后，将杀人事实经过全部如实供述，每一次讯问笔录都稳定一致。会见时，他也坦言其对杀害了被害人的犯罪事实是清楚的，没有什么可以否认或辩解的。他表示当时冲动下做出错事，现在很后悔，所以他选择坦白从宽，希望自己的坦白能保住一条命，换来改过自新、重新做人的机会。即便最终法院判处他死刑，他也是罪有应得，没有意见。

（二）稳定不认罪

当事人面对刑事危机时，坚决、稳定地不认罪，始终作无罪辩解。这种案件当事人往往给自己的行为找到了合理的辩解，他坚信自己的行为不构成犯罪，或者对指控始终不服气、不接受。总体而言，这种案件常见结果有两种：一是认罪态度差，被酌情从重处罚；二是获得比较好的结果，甚至无罪的结果。

例如，某报关员涉嫌走私普通货物罪案：

境内A公司及其境外母公司AA公司、境内B公司及其境外母公司BB公司，进行四方交易。交易的本质是境内A公司向境内B公司销售货物，但是他们采用保税区"一日游"的方式，将境内贸易变成了进出口贸易。境内A公司将货物销售给境外的AA公司，境外的AA公司将货物销售给境外的BB公司，境外BB公司再将货物销售给境内的B公司。只是所有出口、进口报关资料都由境内A公司和境内B公司准备，后交给报关公司的报关员负责报关。实际上，出口和进口资料，都是由A公司的行政文员制作好发给报关公司的报关员，报关员核算后将进口部分资料发送给B公司，B公司负责联系盖章，然后将资料回传给报关员，报关员再进行报关。为少缴税款，A公司与B公司合谋，让A公司行政文员准备进口报关材料时，按照出口价40%的价格制作进口报关资料。案发后，A公司及其直接责任人、B公司及其直接责任人被指控低报价格走私，涉嫌偷逃税款30多万元。

报关员也被侦查机关带走配合调查询问。此时，报关公司、报关员面临极大的刑事危机，稍有不慎，就可能被认定为低报价格走私普通货物罪的共同犯罪，被追究刑事责任。报关员作为直接经手人，他的表现对他自己以及报关公司的刑事危机处理都会产生至关重要的影响。

问：讲一下你在××报关公司的工作情况。

答：我在××时间入职××报关公司，主要业务是和公司客户对接，核对客户进口、出口报关资料，将资料录入"单一窗口"系统，完成我权限内的申报工作,后续由有报关员证的人员完成正式申报工作,我的工作就是在正式报关前录入工作相关资料。

问:你有没有考取报关员证书?

答:我从事报关业务,还没有考取报关员证,但是基本的报关知识学习了。

问:你是否知道A公司和B公司?

答:我知道,A公司有出口××产品给AA公司。这两家公司在我们报关公司办理的报关业务,我具体跟进这块报关业务。

问:你讲一下具体报关业务情况。

答:好的。出口是A公司销售给AA公司,进口是BB公司销售给B公司。每次都是A公司的行政文员通过微信将出口的相关资料,以及B公司要进口的没有盖章的购销合同、进口发票、装箱单等材料发给我,我再将进口的资料通过邮件发送给B公司核对,需要他们安排境外BB公司在购销合同、发票、装箱单上盖章。我收到盖章的资料后,才可以办理进口手续。

问:A公司是谁给你出口、进口资料的?

答:是A公司的行政文员××,他是A公司和我对接的人。

问:你在为A公司办理出口业务和为B公司办理进口业务时,有没有什么异常情况?

答:我在办理上述业务时,发现A公司出口和B公司进口的货物是同一批,先出口到保税区,同一天B公司办理一般贸易进口手续,但是进口的价格普遍比出口的价格低很多。

问:为什么会出现这种情况?

答:我不清楚,出口和进口手续都是A公司的××提供的。我按照他们确认的材料申报进口,至于为什么会出现进口价格远低于出口价格的情况,我就不清楚。他们要这样交易,又如实向报关公司提供进口单证等材料,我就按照他们提供的材料办理。

问:进口价格是谁确定的?

答:价格是B公司自己确定的,他们提供的购销合同和发票上面都有价格,他们盖好章,我按照他们提供的资料向海关申报就可以。

问:申报价格是真实购买货物的价格吗?

答:我作为报关公司的接单人员,我理解的情况是他们公司提供的价格应该是真实的。B公司也和我们公司签订过报关委托书,我们也明确要求他们提供的情况真实、完整、单货相符。我作为报关员,没有能力核对他们单证的真实性。

问:我们发现同样一批货,为什么A公司出口报关单上价格比B公司进口报关单上价格高?

答:这个情况确实不太符合常理。正常情况下,同一批货不应该这样,客户应该不会亏本卖东西。但他们两家是什么关系,为什么出现这个情况,我只是报关文员,确实没有考虑过这个问题,我只是按照他们提交的资料,向海关申报,海关方面也没有提出这个问题,所以就没有当回事。

问:你们报关公司还有谁知道B公司进口价格低报这件事情?

答:我不清楚别人知不知道。

问:你为什么看到价格异常还帮他们报?

答:海关查到B公司进口价格没有如实申报,这个事情也有一段时间了。根据统计,B公司进口价格确实比较低,但我作为报关文员只是按照他们提供的购销合同等单证录入报关系统,办理报关业务,至于他们的真实价格材料我没有见过,当时我也没有想那么多,想着这种情况也没什么大不了,所以没有引起重视。

问:B公司盖章确认的价格是真实的吗?

答:我认为是真实的吧。我上次也确认了B公司代理委托报关书,我们要求委托的客户公司必须如实提供资料,所以我认为他们已经盖章确认的资料上的信息都是真实的。

问:你有没有见过货物的真实价格资料?

答:没有见过,我只是在进口环节帮忙收集报关随附购销合同、发票、装箱单这些资料,这些材料都是B公司自己作为进口方确认的,我只是负责报关的文员,资料的真实性他们负责提供就可以。

问:但是A公司出口价格比B公司进口价格高,你觉得正常吗?

答:价格不一致我也发现了,只是我觉得这是他们公司之间的事情,海关也没有管这个问题。

问:为什么B公司的进口价格一直低于A公司出口价格?

答:我不好说,我理解货物到保税区办理进出口业务,货物不用出口到境外再进口,这也是保税区的便利性。但是出口和进口业务是分开的,价格是这几家公司自己商定的,我作为报关文员,只是接收他们提供的资料,符合报关要求就可以。

问:你在办理业务时,有没有想过A公司出口给AA公司的出口价就应是B公司从BB公司购买的价格?

答:我刚才说了,出口和进口业务是分开的,我不知道出口价格是不是进口价格,我理解出口是出口,进口是进口,进口价格也是由B公司盖章确认的,我就认为这个进口价格就是B公司购买的真实价格。我只是按照他们提供给我的进口资料办理海关申报业务,而且我理解的这种情况是可以的,海关没有管过,包括后来徐某发微信问我,价格不一致有没有什么风险,我都觉得没有什么风险,我内心都是这么认为的。B公司多少钱购买的,那是B公司的事情,所以我就没当回事。

问:A公司将进口资料和出口资料都发给你,你需要审核哪些内容?

答:资料上的内容都是A公司制作好的,我只是审核看每份资料中的数据是否一致,比如进口资料有购销合同、发票、装箱单等,我还要审核这三份资料上货物的品名、数量等信息是否一致,不能出现不一致的情况。

问:进口价格你是否需要审核?

答:不需要。进口价格和出口价格都是A公司制作好的,我只需要核对我刚才说的情况,各种资料之间不要有矛盾的地方。

问:你们报关公司或者你在帮助A公司、B公司办理出口、进口业务,有没有额外多收取费用?

答:没有,都是收取正常报关费用的,公司和我都没有额外收取费用。

问:你在报关公司作为专门从事报关业务的人员,是否知道一般贸易应当如实向海关申报成交价格?

答:我于2020年××月进入报关公司上班做报关文员,主要工作就是核对报关资料,提供给报关员报关,申请报关单,我知道一般贸易进口要如实向海关申报成交价格的。

问:这毕竟是同一批货物,出口、进口两个价格,而且进口价格明显比出口价格低,你觉得正常吗?

答:保税区"一日游",产品先出口再进口,就相当于货物出口了,再进口回来,我理解进口价格多少是双方企业的事情,也不是非要和出口价格一致或者进口价格就一定要比出口价格高吧。毕竟买卖是双方企业的事情,他们公司多少钱买就按照多少钱向我提供资料报关,我们报关公司也有和公司签代理进口委托书,委托书已经提供给你们了,它是明确要求公司提供真实资料的,所以我一直理解报关价格就是B公司购买的真实价格。

问:我们希望你能如实回答我们的问题,这么明显的价格不一致情况,难道你就没有想到B公司在低报价格进口××产品,偷逃税款吗?

答:我2021年接手A公司和B公司的业务后,出口价格一直是高于进口价格的,我真的以为价格不一致是这几家公司之间的交易问题,而不是故意低报价格,偷逃税款。

作为办案机关锁定的重大嫌疑人员,报关员无疑面临重大的刑事危机。报关员始终坚持无罪辩解,认为他不知道低报价格进口的事情,深信交易的价格都是真实的,他们只是提供报关服务,收取正常报关费用,没有参与走私普通货物犯罪。最后,该案办案机关没有对报关公司及报关员刑事立案,仅将境内A公司和境内B公司的相关责任人员抓获,追究他们走私普通货物罪的刑事责任。该案是充分体现当事人稳定不认罪的典型案例。

(三)从不认罪到认罪

在遇到刑事危机的初期,很多当事人往往还存在一点侥幸心理,不愿意认罪。这既可能是他对案发概率可能性低、取证难度的自信,也可能是源于他对其行为不构成犯罪有理论自信,还可能是源于对自己对能摆平刑事案件的能力和关系网的自信。诸如此类原因,当事人对于避免被追究刑事责任抱有侥幸心理,因而不会马上认罪。但是,归案后经过办案人员的普法教育、利弊分析等各种审讯方式方法,当事人心理防线被突破后,就可能会认清形势转而认罪,从不认罪转为认罪。

例如,林某涉嫌假冒注册商标罪案:

林某在其店铺内销售假冒××欧等著名品牌注册商标的手表,办案机关根据举报线索,在被害单位委托的打假人的带领下,对该店铺进行突击搜查。办案机关在现场查扣了大量假冒产品。林某得知店铺被查扣时,主动到该店铺找公安民警了解情况,然后就被公安民警带回公安局接受调查。

林某在第一次、第二次、第三次接受讯问时,都没有如实供述自己的罪行,他认为自己并没有实施违法犯罪行为,没有销售相关假冒商标的商品。直到办案机关将被查扣在案的假冒产品拿出来,并明确告知林某,即便林某不供述,现有证据也足以证明其销售假冒产品的行为,拒不认罪会从严处理。在接受普法教育后，林某承认自己确实通过该店铺销售了一部分高仿手表。

本案林某经历了从不认罪到认罪的过程，引发其是否构成自首的争议，即林某自动投案但第四次讯问时才如实供述自己的犯罪事实，是否构成自首？

辩护律师认为，案发当天林某主动返回涉案店铺了解情况，并配合办案机关调查，系主动投案；投案后，经过普法教育后如实供述了主要犯罪事实，也未再翻供，属于自首。

公诉机关认为，自首应同时符合主动投案及如实供述两个条件。律师提交的证人证言仅证实林某得知自己店铺被查后仍主动回到档口，属于自动投案。但林某到案后，在前三次供述均没有如实供述自己的犯罪事实，故林某不构成自首。

法院裁判认为，自首是指犯罪以后自动投案且如实供述自己罪行的情节。其中，“如实供述自己的罪行”是指犯罪嫌疑人自动投案后，如实交代自己的主要犯罪事实。犯罪嫌疑人自动投案时虽然没有交代自己的主要犯罪事实，但在办案机关掌握其主要犯罪事实前主动交代的，应认定为如实供述自己的罪行。本案林某明知公安人员在查处涉案店铺，仍主动返回档口向公安人员投案，是自动投案，但林某在归案后没有如实供述自己的主要犯罪事实，而案发当天公安人员已当场缴获涉案赃物，故林某不是自首。

该案林某经历从不认罪到认罪的转变，其虽然有主动投案的意愿和行为，但由于缺乏对罪与非罪、罪责大小、是否认罪的知识和经验判断，导致未能妥善处理刑事危机，未能争取到自首情节。如尽早得到专业意见指导，林某可能争取到更好的结果。

（四）从认罪到不认罪

当事人归案后经过办案人员的普法教育后如实供述了犯罪事实。但当事人在后续某一个时间节点就开始不认罪，认为其没有实施犯罪、涉案行为不构成犯罪。司法实践中，这种从认罪到不认罪的情况普遍存在。部分原因可能是当事人的认罪笔录形成过程不合法，如遭受刑讯逼供等非法取证行为；部分原因可能是当事人不甘心认罪结果，还想充分行使辩解权利，争取更好的处理结果；部分原因可能是当事人发现认定其犯罪的证据并不充分，还有辩解的空间；部分原因可能是当事人无法承受被定罪量刑的结果，无论不认罪的辩解是否有效，都要努力为自己进行无罪辩解。不管什么原因，当事人从认罪到不认罪，要推翻其曾经的认罪供述，难度是比较大的。

例如，刘某涉嫌抢劫罪申诉案：

1997年7月3日、10月29日、12月12日，某市新某镇、赤某镇连续发生三起抢劫杀人案，作案手法残忍、性质恶劣。这名凶手每次都选择在深夜、人烟稀少的地方作案，当时侦查技术手段有限，破案难度极大，案件迟迟未破，且连续发生三起。一时间，小镇出现连环杀手的消息让附近居民人心惶惶。警方很重视，立即对附近区域加强外来人员的清查、布控工作。1998年1月3日晚上，湖南某市过来打工的刘某和工友发生纠纷，治安联防队员搜查时，发现刘某身上有一些摩托车钥匙，刘某又没有摩托车，因而将他扣留。天亮后，刘某被扭送到当地派出所。1998年1月4日开始，民警对刘某进行讯问。几天时间里，刘某交代了盗窃、抢劫共二十几宗的犯罪事实，其中包括伙同张某等三人在1997年4月、7月、10月、12月实施的几起抢劫杀人的犯罪行为。几次讯问笔录都稳定认罪，讯问笔录显示刘某详细供述了每一次犯罪的事实经过。然而，从一审庭审开始，刘某就不认罪，刘某认为并不是他做的，他从来没有抢劫杀人，认罪的讯问笔录是其遭受殴打所致。庭审笔录显示：

刘某：我有证人能证明案发时我不在现场。

法官：现在进入法庭调查，就公诉人提供的证据进行审理，被告人提供的证人在庭后调查。

法官：那你在公安机关提审时为什么交代了那么多犯罪事实？

刘某：我没有交代，他们打我，我才交代，他们没有打我，我就没有交代。

法官：那公诉人提审时，你交代了没有？

刘某：我没有交代，公诉人提审时，让我把对公安说的读一遍，我就读了一遍。

一审开庭草草结束，庭后也没有办案机关对刘某提出的证人线索进行补充调查取证。一审法院裁判刘某犯抢劫罪，判处死刑立即执行。二审法院改判刘某死刑，缓期二年执行。裁判生效后，刘某不断申诉，服刑完毕后，其也继续申诉。刘某始终认为，在侦查阶段所做的讯问笔录都是遭受刑讯逼供所导致的，他不认罪，他没有抢劫杀人犯罪行为。直至现在，刘某都还在申诉中。

该案当事人刘某经历了从认罪到不认罪的过程。由于侦查阶段有多次刘某认罪的讯问笔录，且刘某全部都签名确认，后续辩护过程中，刘某及其律师都无法提供证据证明其遭受刑讯逼供等足以推翻其有罪供述的线索、证据及理由，辩护意见没有被采纳。在申诉时，申诉复查的经办人也要求刘某提供证据证明其遭受刑讯逼供，要求刘某提供证据证明其有罪供述讯问笔录不合法、不真实。然而，当年的审讯工作没有同步录音录像，无法核查其是否遭受刑讯逼供等非法取证行为。法院能做的唯一核查工作，是让侦查机关出具情况说明，以及找到侦查人员进行询问，确认侦查机关和侦查人员对于审讯刘某时有无对刘某进行刑讯逼供。侦查机关给出的答复是，侦查人员审讯刘某的过程合法合规，并无刑讯逼供等非法取证行为。

（五）在认罪与不认罪之间反复

部分当事人由于各种原因，在认罪与不认罪之间不断反复。如当事人在不同刑事诉讼阶段的认罪态度不同，在侦查阶段、审查起诉阶段、一审阶段、二审阶段认罪态度反复，辩解内容反复；或者在同一个刑事诉讼阶段就已经出现认罪态度反复的情况，如当事人在侦查阶段的多次讯问笔录中出现认罪与不认罪的反复；在审查起诉阶段出现认罪与不认罪的态度反复；在法院审判阶段当庭翻供后又如实供述等。当事人辩解不稳定，会让其辩解的可靠性大打折扣，而且对自首情节的认定会产生较大影响。

例如，纪某涉嫌容留卖淫罪案：

纪某主动投案，在侦查阶段承认知道酒店有人卖淫的事实，但其在一审庭审中又否认知道酒店容留卖淫人员卖淫的事情，一审法院作出了有罪判决，且没有认定其自首情节。二审法院将案件发回重审。在重审一审阶段，纪某再次表示认罪，承认知道酒店有人卖淫的事实。

该案当事人态度反复，导致其能否认定自首，成为本案的重要争议焦点：

重审一审法院认为，被告人在原一审庭审中，当庭翻供，因此被告人仅有主动投案的情节，没有如实供述的情节，不能认定为自首。即使在重审一审中再次认罪，也不能认定为自首。

重审二审法院认为，根据最高人民法院《关于处理自首和立功具体应用法律若干问题的解释》（法释〔1998〕8号）“犯罪嫌疑人自动投案并如实供述自己的罪行后又翻供的，不能认定为自首；但在一审判决前又能如实供述的，应当认定为自首”的规定，本案被告人应该认定具有自首情节。具体理由如下：

其一，对于“一审判决前”该如何理解，法律并没有明确规定。重审一审法院对此法条依文义作出了相对严格解释，即本案已经过一审、二审，现在是发回重审，已经不是一审判决前。但从《刑事诉讼法》所规定的编、章、节之分类来看，第三编“审判”之下分为：第一章“审判组织”、第二章“第一审程序”、第三章“第二审程序”、第四章“死刑复核程序”、第五章“审判监督程序”，由此观之，所谓“一审”“二审”等主要是指审判程序而言。本案虽为发回重审案件，但依《刑事诉讼法》第239条“原审人民法院对于发回重新审判的案件，应当另行组成合议庭，依照第一审程序进行审判。对于重新审判后的判决，依照本法第二百二十七条、第二百二十八条、第二百二十九条的规定可以上诉、抗诉”的规定，本案仍为依第一审程序所审理。

其二，对“一审判决前”作何解？是指第一审程序判决前，还是作进一步限缩解释为第一次依第一审程序判决前？在对相关法条适用理解发生争议而又无其他据以释明时，可依有利于被告人之原则予以判定。

其三，就本案重审的原因来看，此前二审发回重审的原因乃系原一审违反法定程序，而非原审事实不清或者证据不足，和被告人是否翻供亦无直接关系。

其四，如不作上述限缩解释是否会违背自首制度之立法本意？自首制度设立的本意，系基于鼓励犯罪分子主动归案使犯罪调查容易进行的政策性理由，以及由于悔改而减轻其人身危险性的缘故。因此，从根本上说依有利于被告人之原则所作判定，并不违背自首制度之本意。

其五，此种判定是否会形成错误司法导向浪费司法资源或造成另类不公？因对被告人定罪追责，举证责任应在公诉机关，同时，证据也不能仅仅依赖于被告人的供述，法律既然赋予被告人可以行使辩护权，就不能要求被告人自证其罪。此乃刑法之基本原则，不应以任何理由或者借口予以剥夺。至于公平问题，在量刑时予以区分对待便可得以体现，即对于始终都能如实供述者，在从轻或者减轻的幅度上可以从宽把握，而对于其间有翻供反复者则可相应从严掌握。

最终，裁判认为，被告人纪某的自首情节成立，依法可以从轻处罚，但在从轻幅度方面，可与自动投案后自始至终如实供述者予以适当区分。[1]

---

〔1〕 参见深圳市中级人民法院刑事判决书，(2014)深中法刑一终字第1018号。

三、辩解的合理性

当事人辩解是否合理的区分判断并不复杂，我们只需要根据常理常情、以客观中立的旁观者角度来评判当事人辩解的内容是否可能即可。如果客观中立的旁观者认为辩解的内容是可能发生的，那就属于合理的辩解，反之则不能称为合理的辩解。合理的辩解虽不一定会被采纳，但辩解的合理性是其被采纳的必要条件，具有合理性的辩解才更容易被采纳。司法实践中，当事人作出不合理辩解的情形比较普遍，在刑事诉讼中，不合理往往意味着不真实，不合理的辩解往往难以被采纳。

（一）辩解不合理

当事人一旦被抓获归案，难免会通过避重就轻，甚至编造谎言来解释、掩盖其行为。作为趋利避害的正常人，这种表现可以理解，法律上也认可当事人的辩解权利，特别规定“犯罪嫌疑人、被告人的供述和辩解”的证据种类。换言之，当事人可以如实供述犯罪事实，也可以进行充分辩解。但我们办案中总是会不断告诫当事人，辩解是必要的，但合理的辩解才是有用的，才更可能被采纳，请不要低估办案人员的判断力，编造完全不符合常理的谎言只会白白浪费辩解的机会。

例如，黄某、毛某涉嫌制造毒品罪案：

两人被指控明知道制毒分子制造毒品仍然向他们高价转卖制毒物品，涉嫌制造毒品罪。这些制毒物品是通过黄某居中介绍从其他地方购买的。介绍者的罪责更轻微，罪名定性也可能不同。毛某和黄某对于各自的作用、角色各执一词，都想成为居间介绍者。在讯问笔录中，黄某辩解认为他自己才是介绍买卖制毒物品的人，但毛某则认为她自己是介绍买卖制毒物品的人，黄某才是以高价卖制毒物品的人。然而，办案人员发现毛某的账户收到了制毒分子支付的100万元。对这100万元该如何解释，成为黄某、毛某角色认定、罪责大小的关键问题。黄某辩解并不知道这100万元是什么钱，毛某则作出了诸多辩解。

问：你介绍制毒分子购买制毒物品后，有没有得到什么好处？

答：没有得到任何好处。

问：那制毒分子××转给你的100万元人民币算什么？

答：那不是我的，是我代黄某收取的货款。

问：为什么100万元人民币在你的银行账户里？

答:因为黄某一直都没找我取回那100万元,我多次告诉他,让他过来将货款取走,他都没有过来。我见放了那么长时间都没有来取回,所以我就将钱存入银行了。

问:你既然说是人家的钱,你有权处理吗?

答:黄某一直都没有来取,我贪心想赚点利息才将100万元存入银行,如果黄某回来跟我要,我随时可交还给他。

问:据我们调查得知,你后来还将那100万元用于购买房产是吗?

答:是的,但黄某来取回的话我会交还给他的。

问:你收到100万元到现在已经两年多,黄某为什么还没过来取?

答:不知道。

该案中,毛某辩解他只是居中介绍买卖制毒物品的人员,但对于他收到制毒人员支付的100万元的问题,其辩解明显不符合常理,从客观中立的旁观者角度即可判断出来。因此,这样的辩解显然没有说服力,注定不会被采纳。最终,毛某被认定为制造毒品罪的共同犯罪,我们辩护的黄某则被认定为非法买卖制毒物品罪。

又如,关某涉嫌合同诈骗罪案:

在该案中,对于参与涉嫌犯罪行为的上海××国际物流有限公司的老板是谁这个问题,办案机关从多个角度进行了多次讯问。关某虽然都坚持了自己的辩解,但辩解并不合理,难以被采信。

问:说说上海××国际物流有限公司的情况?

答:上海××国际物流有限公司的股东是××企业发展有限公司,法定代表人是蔡某,我不知道实际控制人是谁,反正实际控制人不是我。

问:上海××国际物流有限公司的营业执照、公章、银行账户由谁管理?

答:我不知道。

问:上海××国际物流有限公司的员工有哪些?

答:我知道的有徐某、李某、沈某等,徐某是我的朋友,其他人我都是做业务的过程中接触到,我和他们也不熟。

问:那上海××国际物流有限公司的老板是谁,或者说该公司的实际经营人是谁?

答:上海××国际物流有限公司的法定代表人是我朋友蔡某,蔡某只是挂名的，上海××国际物流有限公司跟他是没关系的，老板是谁我说不上来，因为这个公司本来乱糟糟的，虽然该公司的场地租赁费用、员工工资等费用是我付的，但我又不在上海，公司的具体事情我也管控不了，所以不能说我是老板。

问：上海××国际物流有限公司和你有什么关系？

答：我再次强调一下，上海××国际物流有限公司不是我实际控制的，我只是把和××公司（被害单位）交易的货物存放在上海××国际物流有限公司的仓库中。

然而，关某虽辩解其不是实际控制人，但上海××国际物流有限公司的法定代表人、员工全部作证，一致证明关某是公司的实际控制人；且关某承担员工工资、场地租赁费用等，导致该辩解明显不太合理，难以被采纳。

关于该案另一个关键问题，即涉案公司浙江××汇有限公司的实际控制人是谁，办案机关也多次讯问关某。关某起初辩解不知道该公司的情况，后辩解是他父母经营管理的，但很显然也不合理。

问：你为什么要和被害人说去找浙江××汇有限公司购买涉案货物？

答：因为被害人说要急于套现，当时说要找人买，我就找到了这家公司。

问：谈谈浙江××汇有限公司的基本情况？

答：浙江××汇有限公司是在××市国际塑料城，我只知道这家公司的副总经理叫卢某，其他情况我不清楚。

问：浙江××汇有限公司是由谁负责经营的？股东有哪些？

答：浙江××汇有限公司股东是我父亲、母亲，父亲是总经理，母亲是法定代表人。

很快，办案机关找到关某的父母调查，发现其父母年龄很大，早已退休。他父母也明确表示，浙江××汇有限公司的老板是他儿子，他们两个人只是挂名的总经理和法定代表人。浙江××汇有限公司的副总经理卢某接受调查时，也明确表示，关某聘请他经营管理公司，关某才是公司老板。关某的辩解明显不合理，很快就被证伪，这意味着他其他的辩解内容的可信度也会受到严重影响，裁判者也会先入为主地认为关某肯定实施了违法犯罪行为才会作出如此不合理的辩解。

（二）辩解较合理

在刑事危机处理过程中，我们会不断向当事人强调辩解时必须坚守最基本的要求，那就是合情合理、自圆其说，不要异想天开，挑战普通人的一般认知，挑战办案人员的常理常识，否则辩解不仅不会产生积极作用，甚至会把案件事实"越描越黑"。司法实践中，部分当事人在经过刑辩律师的充分辅导后，就往往可以拥有较强的辩解能力，能迅速作出合理的辩解，帮助形成辩护方案。

例如，王某涉嫌诈骗罪案：

办案机关指控认为，2014 年被害人叶某通过朋友认识犯罪嫌疑人王某，王某对叶某称自己是澳门××集团有限公司老板，准备在中国大陆地区销售其公司生产的××牌香烟，双方经协议由叶某做××牌香烟××市总代理，叶某于同年 5 月 21 日向王某转账 200 万元作为项目定金。至被害人向办案机关报案为止，王某未能履行双方协议，且其在协议中承诺的有关××香烟销售及代理的内容并不符合我国关于境外香烟品牌在国内销售的相关规定，被害人支付的 200 万元定金被王某用于个人消费支出。因此，王某涉嫌诈骗罪，应当追究其刑事责任。

王某则辩解认为，他从未虚构事实、隐瞒真相，两人真的想要进行香烟销售的合作，只是由于政策等各方面原因，合作协议一直未能落实。王某从未欺骗、承诺一定可以获得境内的销售许可。双方在洽谈签约时都清楚，××香烟在内地销售的许可申请不一定可以获得通过。叶某明知道既可能申请成功也可能申请不成功，如果申请成功，则叶某可以成为经销商；如果申请没有获得成功，则可以要求王某退款。双方基于该认识、经过慎重考虑签订协议，叶某同意进行投资，缴纳诚意金，双方都不曾陷入错误认识。多年来，双方也一直为履行协议实施了诸多履约行为，所谓诈骗无从谈起。案涉合作诚意金之所以没有退还，一方面是叶某没有提出退还的要求，另一方面是双方对这笔资金进行了其他约定，当作对澳门××集团有限公司的投资款，叶某成为澳门××集团有限公司的股东。

被害人叶某陈述认为，王某欺骗他一定可以让他成为××市的总代理，他基于信任才投资的，但王某始终没有申请到××香烟的境内销售许可，也一直不退钱，因此王某诈骗了他 200 万元，要求追究王某诈骗罪的刑事责任。

王某的辩解与叶某的陈述相比，王某的辩解具有一定的合理性，被害人叶某的陈述不太合理。双方七八年来始终保持良好的朋友关系及合作伙伴关系，没有任何证据显示叶某提出退还诚意金的要求，这期间双方还有其他数千万元的资金往来和生意合作。如被害人所言,王某实施了诈骗却没有逃匿,王某也有诸多公司、股权、房产、车辆等在境内,双方还有数千万元的资金往来和其他生意合作,叶某却从来没有采取任何维权行动,并不合理。王某相对合理的辩解为本案辩护留下一定的空间。

四、辩解的一致性

在刑事危机下,当事人的辩解随着案件形势变化可能发生改变。立案前后、被羁押前后、庭审前后等不同阶段,以及面对家属、律师以及办案人员等不同对象,当事人的辩解也可能发生变化。司法实践中,当事人供述前后矛盾的情况很多,前后稳定一致的情况也很多。前后自相矛盾的辩解理论上不可取,可能会消解本来可信度高、有助于无罪或者轻罪裁判的辩解,但迫于辩护策略、方案的变化,有时作出前后自相矛盾的辩解也无法避免。前后稳定一致的辩解往往更可信,但这种可信是一把"双刃剑",如前后一致的辩解得出有罪、罪重的结论,则对辩护非常不利;如前后一致的辩解都证明无罪、罪轻,则对辩护非常有利。

(一)辩解前后矛盾

当事人提供的辩解前后矛盾,出现多个不同的辩解版本,甚至不同的辩解之间存在本质区别、相互矛盾。这样的辩解可能会让裁判者认为当事人不老实、不如实交代、抗拒调查,或者认为当事人"欲盖弥彰",肯定实施了相关犯罪事实。除非迫不得已,否则不建议作出前后矛盾的辩解。

例如,张某涉嫌运输毒品罪案:

张某携带装有毒品的双肩包坐车到某市汽车客运站下车后,马上被接到线报的办案机关抓获归案。办案机关从他随身携带的行李箱中搜出了大量毒品。据此,张某被指控涉嫌运输毒品罪。

张某的主要辩解是他不知道行李箱里面的是毒品,应构成非法持有毒品罪。结果,在法庭审理中就出现被告人张某在接受审判长讯问时"被吊打"的尴尬一幕。

问:你对起诉书指控的事实和罪名(运输毒品罪)有无意见?

答:有意见,东西是别人叫我带过来的,但运输不属实。

问:那你对罪名有什么意见?你认为构成什么罪?

答:非法持有毒品罪。

问:你认为你构成非法持有毒品罪?

答:是的。

问:所以,你知道行李箱里的是毒品,是吧。

答:不知道。

问:你不知道行李箱里面的东西是毒品,为什么又认为你构成非法持有毒品罪?

答:我被抓后才知道里面的东西是毒品。

问:你认为自己不知道里面的是毒品,为何又当庭认为你构成非法持有毒品罪?

答:毒品确实在我行李箱里,我被人利用,所以没办法,我不敢说无罪。

张某的辩解明显存在矛盾:一方面,张某认为自己不知道行李箱中的物品是毒品,是别人给他让他帮忙带过来的,他出于好心帮忙携带,因此不构成毒品犯罪。另一方面,他又认为自己是构成犯罪的,作罪轻辩护,认为不应该构成运输毒品罪,构成非法持有毒品罪。然而,不知道行李箱中的物品是毒品,则当然不构成运输毒品罪,也不构成非法持有毒品罪。张某既否认知道行李箱中的物品是毒品,又承认其构成非法持有毒品罪,该辩解自相矛盾,注定是失败的。

(二)辩解前后一致

前后一致的辩解理由往往更加可信,但前后一致的无罪辩解相对比较少见。很多简单案件中当事人始终稳定一致认罪认罚,最后案件也按照认罪认罚的程序推进,这种案件当事人辩解往往前后稳定一致。在作无罪辩护的案件中,当事人作出稳定一致的无罪辩解理由是比较难的,因为这对当事人自身素质要求比较高,一般人难以做到;大部分当事人在办案程序推进中会变得动摇,而作出各种形式的有罪供述。稳定一致地作无罪辩解,不仅要求当事人足够聪明,还要求他具备很强的信心、决心和意志。信心来自对他没有参与犯罪行为或者他的行为不构成犯罪的自信,决心体现在他对于认罪认罚、从犯认定、退赃退赔等从宽处理的方式均不接受的坚定,意志体现在漫长煎熬的刑事诉讼过程,甚至当事人被长期羁押状态下,明知无罪判决很难,还能坚持的毅力。

例如,李某涉嫌职务侵占罪案:

李某对其被指控的职务侵占罪从未认罪,始终能稳定、一致地作无罪辩解,每一次接受审讯,他都条理清晰地回答办案机关提出的问题、解释案件事实经过,且都围绕“我认为我没有犯罪”这个主题进行。

问:你因何事被逮捕?

答:我因涉嫌职务侵占和挪用资金被逮捕。

问:你的到案经过如何?

答:……后来我就被抓获了。

问:你是否知道你被公安机关追逃?

答:知道。

问:你什么时候知道的?

答:2017 年某一天,××打电话跟我讲过我被公安机关网上追逃的事情。

问:你为什么知道被公安机关追逃还不回来投案?

答:首先因为小孩还小,需要我照顾。另外,我丈夫也不同意我回来,他说先跟公司其他股东谈妥再说,所以我一直没有回来,但我一直想要回来将事情讲清楚的。

问:你是想回来投案?

答:我是想回来把事情讲清楚。

问:你是否有违法犯罪行为?

答:我认为我没有犯罪行为。因为……

问:根据《刑事诉讼法》规定,被告人自愿如实供述自己罪行的,承认指控的犯罪事实,愿意接受处罚的,可以依法从宽处理。你清楚吗?

答:我清楚了。

问:你说说××公司的情况?

答:……

问:为什么将公司 1.5 亿元转给了××管理服务有限公司?

答:因为公司借了××管理服务有限公司 1.5 亿元,用于缴纳土地出让金,所以需要偿还。

问:根据调查,购买××号房产的资金,部分来自公司账户,你是否清楚?

答:我不清楚,资金都是董事长安排的。

问:黄某是什么人,为什么他会转这么一大笔资金到你的××银行账户?

答:我不确定是否认识黄某,我不记得为什么有这些款项转到我的账户。

问:为什么《技术管理及咨询合同》上的合同金额是 3000 万元这么高?

答:我不知道。

问:公司有没有支付这份合同的金额?

答:已经支付出去,我是按照合同正规流程审批的,公司的高管都签字了的。

问:李某,你现在对这件事情是什么看法?

答:我认为我们和其他股东开发这个项目是有签订合作协议的,他们只有收益分配权,我们负责项目建设、经营管理,在建设、经营管理过程中如何使用资金和他们没有关系。

在接受讯问过程中,李某对大部分问题都进行耐心解答,对少部分问题则回答不清楚、不记得,但始终坚持认为她在经营公司过程中的资金调配行为不构成犯罪,辩解前后稳定一致。该案李某的行为是否构成犯罪存在较大争议,李某前后稳定一致的辩解有助于案件的辩护。

又如,黄某涉嫌组织、领导传销活动罪案:

黄某在每一次讯问笔录中,几乎对每一个问题都对答如流,而且回答篇幅动辄几百字、上千字,回答内容很丰富,但全部内容都是向办案机关解释他所创设的这种商业模式、经营模式,推广介绍他的商业模式、经营模式,不断强调和解释他的行为不属于组织、领导传销活动,他的行为是无罪的,他公司的经营模式是合法的。

问:说一下你的个人情况?

答:……

问:××商城网站如何进入?

答:有两种方式可以进入:……

问:简单描述一下××商城网站是做什么的?

答:按照我们的1.0版本以及基础升级版,它是一个商业大系统的综合门户,大致包含以下几个方面的主要内容:

1. 这是一个开放的共享的……第三方消费营销平台和工具。

2. 大系统包括一款线上商城、用户登记管理、销售记录等功能和板块。拥有……

3. 商业大系统可以用于连接各种专业、专行的工具、资讯、商城,以及用户消费、销售活动的信息共享、登记、记录、结算等。

4. 1.0 升级版在等待新 3.0 版本时，得到了原国务院经济发展中心和工商总局的指导，做了很多升级修改，改进了别人误解的一些技术运算方式。自 2017 年以来，经过了多次调试后，现在具体运行情况处于什么阶段和状态，有待登录才知道。

5. 商业大系统还有其他相关内容有很多，包括：……

问：怎样注册会员？

答：注册会员的流程和步骤如下：1. ……，2. ……，3. ……，4. ……我们注册会员的原则是：入会自愿、退会自由。

问：会员有什么类型？

答：……（省略 500 多字）

问：会员升级有什么条件？

答：……

问：怎样才能成为代理？

答：……（省略 400 多字）

问：为什么设立这个平台？

答：因为……（省略 400 多字）

问：消费是怎么返还的？

答：……（省略 600 多字）

问：请举例说明。

答：……（省略 1100 多字）

问：奖励制度是怎样的？

答：系统平台对参加的人……（省略 500 多字）所以，从奖励的来源、本质属性，奖励比例等均不属传销的范畴。

问：现在是中午吃饭休息时间，请你休息和吃饭 30 分钟。

答：好的。

问：刚才那个问题你是不是需要补充？

答：你们公安系统工作人员，应该完全正确理解非法传销的定义内涵和要件，你们应该正确向我们传播和普法推广。在禁止传销条例和刑法关于非法组织领导传销活动罪条款中，形成非法传销需要四个基本要素：（1）有获得非法利益的意图、动机、目的；（2）以层级传递方式、以虚假信息、欺骗手段方法，向下线销售不符价值的产品；（3）以团队合作形式计酬，共同骗取被害人损失作为计酬来源、收益；(4)造成最终消费产品的消费者财产损失。然而，在我们公司这个平台每个参与消费、经营销售的用户都是自愿的，在平台上的交易是自愿的，既获得需要满足，又可以比任何传统方式、平台都获得更多的平台共享金分享分红。而推广分享人员所推广分享的是平台资讯，由平台发给推广费、广告费，并非从消费者买家赚取任何收益，反而正是作为推广分享人，给消费者推广分享平台资讯，让他在平台上的任何消费都可以赚到平台所收获的共享金的70% ~80%这些利益，是最大受益者，是推广分享人带给消费者幸福感、获得感，并不是推广分享人欺骗消费者获取非法利益。平台有消费需求就有商机，有商机商家就可以进来销售自己的产品、服务。推广分享人推广分享给商家用户会员，商家用户会员如能达成交易，成交的平台使用费、服务费，在传统市场或平台上，从来没有收回任何一分钱，反而在我们平台还可以参与共享金的分享，花出去的营销费用还可以赚回来。综上所述，任何一方在我们平台上的合作创业所获得的共享金分享（返还），不管是形式，还是本质、来源和属性均不涉及非法传销的本质和法律规定。

然而，经过这两天来你们的讯问，你们在明知法律规范的情况下，不但不断地引导我承认平台形式的传销层级特性，并且确认你们早已在公开调查到侦查阶段，都已经清楚认识了我们的系统设置在技术上已经形成了前面的层级关系，在你们心目中已经认定属于非法传销，但在这漫长的过程中，特别是国家政策规定执法部门应该有普法的义务，结果我作为系统规划人，在普惠千万老百姓，有目共睹的情况下，都未曾收到你们的任何一次指导意见或整改通知，我表示此次的执法涉嫌钓鱼执法、逐利违法。

并且根据你们传递来的信息，和你们对我的询问方式，我们已经知道你们对我团队人员的询问取证都采用这样一个以先入为主的方式，引导他们一个个承认传销的结果。这是不道德的，也违背法律精神和职业操守，更是在党和国家政策明确、法律清晰的情况下，对党和国家政策、法律法规的疏忽和亵渎，对人民群众合法利益的损害和剥夺，对我们就是一次钓鱼执法、逐利执法。

特别是我们公司平台自成立运行到现在已经5年，从来未曾停止过一天的正常运作，没有一件属于平台的主体权责的投诉纠纷。到现在受益者都几百上千万，首先是普通老百姓、消费者，其次是经营困难急需转型升级、去库存、创新的企业、商家，带动了几千亿元的消费市场，创造了千百万的创业就业机会，挽救了数十万家濒临危机甚至倒闭的企业、商家，为社会、国家直接间接创造各种税收数十亿元甚至上千亿元。到今天为止每天分享两亿多元人民币共享金,系统平台一直正常运行,各项数据指标均符合设计标准和要求,待分享的共享金还有近150亿元。这些都是平台损失单方利益,贡献给参与合作创业的伙伴,特别是最大的消费者群体,是没有资金、技术、背景、人脉获得社会变革的其他创业条件,身处最底层、贫苦无助而又最受牵挂的贫困、贫苦老百姓。在我们公司平台没有需要任何特别的文化、技能、专业、资金、资源、人脉、背景就可以以自己的消费资源成为消费者,无任何条件零成本零门槛就可以参与平台共享创业,收获自己的额外消费就可以赚钱。改善生活、经营、脱贫致富,助推全民小康的进程,共同分享全民小康的国家战略胜利成果。

此外,你们的问讯和交谈是作了假设推定:一是因为怕我们携款潜逃;二是在调查中了解到可能有用户进行了虚假交易,因而立此传销案拘捕我们,打击我们平台。

(1)事实上,我们投入这项事业,认为是社会、经济、国家发展战略规划科技、信息、人文思想发展的一种潮流趋势方向,更加是新时期以来在主席的英明领导下,倡导不忘初心、牢记使命,全心全意为人民服务的大好时代。我与我所带领的公司创业伙伴,都是冲着平台的良好理念而来,其中大部分都是成功的企业家,有抱负有理想有情怀的良心成功人士,自带履责保证金,领基本工资,承担辛苦的工作职责,有投资参与的,也未曾索取任何一分钱回报。在公司经营如此良好的情况下,也没有任何一个人提出一分钱的分红,工作上兢兢业业,无私奉献,没有任何的奢侈腐化的消遣消费,一心一意扑在工作上,为理想和目标奋斗。所以,你们的怀疑和推断是非常的无谓,更加可以说以贼人之心度他人之怀,相对于法律规定事项来说更是假定罪责,前置推定,这是违法执法。

(2)在调查中你们肯定已经发现了一些虚假交易,甚至看得出你们是有意地引导他们陈述和表达形成虚假交易的事实。不管怎么样,我们合作各方都是在统一的宪法和法律制度下,每一个参与主体不管是自然人还是法人,都具有他们的独立的法律主体和相关的权责。在我们的规则、制度内,我们按平台的规则制度尽责管理;在国家法律框架下,我们都应该遵循法律制度,所以我们管理中发现虚假交易的都确认违规后给予冻结、封存账号等手段和方法处理。到现在为止,也有一批违规的被处理的用户。在法律框架下,我们也做了法律宣传和提示、警示,甚至教育引导,此外我们也无能为力。但在你们的引导性谈话和问讯中,你们都是完全知悉和掌握了一些具体的情况,在你们调查了解中既没有普法、教育、引导、帮助,更没有将事实情况通报告知我们管理平台。特别是到今天,你们认为这样有可能形成违法犯罪的情况下,居然也没有预先的整改制止通知,反而任由他们发展成你们今天拿来作为我们非法传销的证据,这是无限责任延伸,是莫须有的罪名。如果按此原理推断,你们作为具有国家赋予的执法能力和权力的部门和人员,首先应该承担失职、渎职、纵容的违法责任。

问:你现在说身体不舒服,就刚才那个问题,你刚才还有三点意见,待下次笔录补充吧?

答:好的。

问:你的上述供述是否属实?

答:属实。

该案中,黄某每一次接受审讯,都侃侃而谈、滔滔不绝,始终辩解其行为不构成组织、领导传销活动罪,其创设的公司经营模式不属于传销,要求认定其无罪,作出无罪的裁判。这么坚决、坚定又如此"健谈"的当事人实属罕见。即便最后在除了他之外所有的高管、员工都认罪认罚的情况下,他仍然坚定认为公司的经营模式不是传销,他不构成组织、领导传销活动罪,态度之坚定、供述之稳定,非常少见。

五、辩解的有效性

刑事诉讼具有"一次性"的特点,各方都需要按照既定的程序、时间、步骤从事诉讼活动,形成固定格式的材料。当事人的辩解主要体现在询问笔录、讯问笔录中,询问笔录、讯问笔录一经当事人签名确认,就可以作为呈堂证供;一旦当事人未在接受询问、讯问时作出充分合理的有效辩解,就错失了在关键证据上固定其有效辩解的重要机会,这样的询问笔录、讯问笔录不仅无法发挥积极的辩解作用,还可能会产生负面的效果,让当事人其他的合理辩解的可信度被消解。

(一)无效辩解

在当前刑事诉讼制度中,当事人没有法定的沉默权,当事人的沉默往往会被认作对抗调查、拒不认罪、应当从严处理的表现。而且,当事人沉默、答非所问的表现也往往会被各诉讼阶段的裁判者作出对其不利的解读或揣测。因此，我们不建议当事人沉默，白白浪费有效辩解的机会。但当事人有辩解的权利、辩解的举动，也不一定有作出有效辩解的能力。司法实践中，我们发现很多案件中当事人的辩解都是无效的，如辩解轻易被证伪、辩解内容前后矛盾、辩解不符合常理、辩解明显缺乏理据、辩解未针对指控的内容、辩解内容没有突出无罪或罪轻的重点等。此类辩解往往很难发挥有效的辩解作用。

例如，张某等人涉嫌诈骗罪案：

> 张某提出办案人员没有给他充分时间进行核对、修改笔录，在办案人员要求下，仓促签字，因此，讯问笔录内容没有经过认真核对，他对讯问笔录内容不予认可。裁判认为，"对于部分被告人反映笔录未经认真核对的问题，经查，各被告人均系心智成熟的完全责任能力人，均应对在笔录上签名的意义有清晰的认识，而事后又称未认真核对而予以否定笔录中的供述，不能成立"。[1]

当事人提出他没有认真核对笔录、当时办案人员不允许他们仔细核对，这类辩解几乎都是无效的。司法实践中，裁判几乎都会持与该案相同的裁判观点认为，被告人作为一个成年人，笔录签名后却说没有好好核对，辩解理由不成立。

（二）有效辩解

面临刑事危机的当事人，尤其是已经被刑事立案，甚至被羁押的当事人，往往确实实施了一些违法犯罪的行为，能否进行有效辩解，对其行为的罪与非罪、重罪与轻罪、罪责大小、犯罪情节等认定至关重要，然而作出有效辩解往往不容易，很考验当事人的能力，也考验律师的专业判断能力、沟通能力、诉讼经验等综合能力。在绝大部分案件中，在律师的梳理、研究、解释、辅导下，当事人才能形成相对周延、有效的辩解。

在刑事危机处理过程中、结果尚未确定前，律师提供的主要是法律意见和经验判断意见，能否发挥积极有效的作用，实际上是未知的。当事人的辩解是否有效，也没有得到验证。即便是同一个案件，不同裁判者眼中罪与非罪、此罪彼罪、罪责大小的观点是不同的，不同律师制定的辩护方案是不同的，不同律师眼中当事人有效的辩解内容和方向也是不同的。根据办案经验，当事人有效的

---

〔1〕 广东省东莞市中级人民法院刑事判决书，（2019）粤19刑初243号。

辩解应当具备以下几个要素：

其一，辩解符合常理，能被正常理性人理解和接受。法律代表了特定时期大多数人的价值观、是非观。“天方夜谭”的真理，往往不会被接受，符合大多数人认知的“谎言”，反而有可能被采纳。因此，当事人的辩解不论是否符合案件事实，首先需要符合常理，能被正常理性人理解和接受。

其二，辩解能自圆其说、言之有理，而不是强词夺理，能得到相关证据印证则更好。司法实践中，部分当事人的辩解很容易被证伪，这样的辩解很难发挥积极作用。部分当事人则以将责任推卸给同案人或者案外人的方式辩解，形成当事人与其他同案人或者证人各执一词的局面，此时，如何采信一方面取决于各方的陈述内容能否自圆其说、言之有理，另一方面取决于各方的陈述是否与其他证据相互印证。部分当事人则习惯于将责任推卸给无法查证的“幽灵人”，这样的辩解有时确实能发挥一定的作用，但大多数案件中可能都会被认为是无效辩解。因此，如果当事人的辩解能自圆其说、言之有理，且能与其他证据相互印证，尤其是与客观证据或无利害关系证人的证言相互印证，则辩解更有效，被采纳的可能性更大。

其三，辩解能针对控方指控的事实、逻辑、证据链条，形成对指控内容的强有力的质疑，直接“威胁”到指控内容。司法实践中经常出现当事人辩解时承认自己实施犯罪行为，但同时供述其他的人员也参与了犯罪行为，或者供述受其他人的雇佣等情节。这种辩解有利有弊，有利的一面是能为自己从犯情节争取一定的辩护空间；不利的一面是往往不能动摇指控的内容，只会增加共同犯罪人的数量，甚至可能因为同案人的落网而增加罪数。当事人作出这种辩解后，其他同案人是否会被追究刑事责任暂不确定，需要取决于其他案件的证据状况，但当事人自己的刑事责任是确定的。

其四，辩解能前后稳定、一致，不会出现前后矛盾、自相矛盾的情况。当事人前后作出几个截然不同版本的辩解，往往是比较忌讳的，因为这会导致其原本有效辩解的可靠性被消解。

其五，辩解能配合辩护方案。当事人的辩解是律师确定辩护方案的重要依据，也是律师绕不开的问题。司法实践中，当事人辩解和辩护方案之间会不可避免地相互影响。一方面，律师充分听取了当事人的辩解后，才能逐步确定辩护方案；另一方面，当事人从律师那里获得法律知识、诉讼经验、量身定制的辩护方案后，其辩解会自觉向辩护方案“靠拢”，表现出来就是其辩解会发生一定程度的变化。从辩解有效性角度,如当事人的辩解能与辩护方案遥相呼应,则该辩解无疑更加有效。

有效辩解的构成要素是多样的,上述几点只是笔者根据办案经验总结出的部分要素。具备上述一个或者多个要素的辩解,我们可以初步认定是能为自己争取一定辩护空间的辩解,如全部要素都具备,则该辩解是很有效的。

值得注意的是,辩护方案、辩解意见的形成往往不是也不大可能是一蹴而就的。因为司法实践的现实是,办案机关调查取证的过程是渐进的,办案机关指控的事实会越来越清晰、证据会越来越充分、逻辑链条会越来越完善,办案机关会不断地针对当事人的辩解进行相应调查取证,以核查其辩解是否成立。当事人的辩解也需要结合证据变化予以调整或补强。因此,当事人有效辩解的形成是需要在律师的辅导下逐渐细化、丰富和强化的,有效辩解的形成离不开丰富的办案经验和专业知识,离不开律师的有效辅导。

第二节
刑事危机下的本能

法律争议纠纷往往影响每个当事人的利益,每个当事人的举动会影响他自己及其家属的切身利益,因而法律纠纷能直接展现人在利弊选择下的本能选择,刑事危机更是如此。律师依靠法律专业知识和丰富的办案经验协助当事人妥善处理危机,但律师毕竟不是当事人本人,刑事危机能否妥善处理,取决于律师的表现,但更关键的还是取决于当事人本人的表现。当事人本人的表现又在很大程度上取决于律师的辅导,律师辅导的有效性,又依赖于律师对当事人及其家属在刑事危机下诸多本能表现的深度认知。办案机关顺利调查事实、固定证据,将案件办成铁案,既依赖于办案人员的专业知识和办案经验,还依赖于办案人员对当事人在刑事危机下利弊考量下本能选择的认知和把握,知己知彼,才更可能突破当事人的心理防线,让其认罪配合调查,进而顺利破案。

从心理变化、本能诉求、应对策略选择以及自我人设形象塑造等方面都可以发现,正常理性人在刑事危机下的本能反应,首先都是想尽办法为自己的利益着想,希望能妥善处理刑事危机,获得对自己最有利的结果,其次是为自己家属的利益着想,寻求对家属最有利的结果。

一、刑事危机下的心态

在刑事危机下相关当事人的心理活动是有规律可循的，通常表现为：他们可能会倾向于“自欺欺人”，虽然认识到有可能违法违规，但不至于达到刑事犯罪程度，会错误低估自己面临的刑事危机严重性；在意识到可能会被调查时，他们往往认为自己过往清清白白，或者没有任何证据能证明他们的犯罪行为；可能会心存侥幸，认为自己没有刑事危机，不至于调查到自己头上，不会被追究刑事责任；可能会盲目乐观，认为自己应该不会被调查，即便被调查，自己的人脉、资源都可以摆平，相信根据自己现有的渠道，能掌握事态发展，能妥善解决；可能会坚定抗拒，无法接受被追究刑事责任的后果；诸如此类。而一旦真正接受调查，由于确实有相关违法犯罪行为，他们的辩解行为和策略选择会受到较大的束缚。可以说，刑事危机下的心理活动，是每个人的文化水平、生活环境、成长经历、认知水平、个人性格等多种因素综合影响导致的必然结果。

（一）不知危机

当事人由于认知能力有限，完全没有意识到其过往实施的某些行为会被认定为犯罪，或者虽意识到有可能违法违规，但不认为有刑事危机。对于抢劫、杀人、强奸等传统犯罪，当事人对罪与非罪、罪责大小的判断比较清晰，基本就能判断自己的行为是否构成犯罪、罪责多大，能快速意识到其面临的刑事危机。对于大部分非暴力凶杀案件，尤其是经济犯罪，当事人往往只是意识到其行为充其量只是不合规而非刑事犯罪，不愿意相信已经涉嫌刑事犯罪，因而没有意识到刑事危机。如在黑社会性质组织案件中，大部分当事人都不认为自己属于黑社会性质组织成员，即便他们听到“扫黑除恶”专项活动马上就要开展，他们也不会意识到自己就属于“扫黑除恶”的对象，甚至听到要调查他们的消息，很多成员会认为自己只是打份工，怎么可能参加黑社会；即便是组织者、领导者，他们会认为虽然自己有大量灰色业务或者非法业务，但只是通过各种手段做生意赚钱，不至于被认定为黑社会性质组织。即便面对“扫黑除恶”的众多宣传和专项行动，很多组织者、领导者、参加者往往没有意识到自己已经卷入“扫黑除恶”的风暴。

例如，麦某涉嫌敲诈勒索罪案：

麦某作为村委会主任，在多年前曾经协调过一起村民与梁某之间的纠纷。梁某在当地承包了一块地用来种植林木，在其运送林木的过程中，当地村民以梁某的车队压坏道路为由，阻挠林木运输，要求梁某支付赞助费给村委会及其下属各个自然村用于公益建设。梁某找到当地的说话有分量的某甲帮忙协调，在某甲的协调下，梁某支付给某甲22万元好处费，支付给村委62万元，其中还有1.6万元转账到麦某的个人账户。作为村委会主任的麦某将这62万元分配到各个自然村用于公益建设。该件事就此平息。后来，某甲被指控涉嫌组织、领导黑社会性质组织罪，其中一单具体犯罪事实就是该黑社会性质组织对梁某敲诈勒索85.6万元的犯罪事实。麦某从来没有意识到他也会构成敲诈勒索罪，且是主犯。实际上，他已打听到这件几年前的事情被办案机关翻出来，打听到某甲这个涉黑案专案组调查、法院裁判认定的其中一单犯罪事实就是梁某支付85.6万元被敲诈勒索一事。显然，麦某作为主犯参与敲诈勒索的犯罪事实，已经被另外一起组织、领导黑社会性质组织罪的生效裁判确认，办案机关很快就会追究麦某的刑事责任，且麦某的辩护空间被极大压缩。然而，麦某仍然没有意识到他已经身陷重大刑事危机，正常工作生活，结果，他很快被追究刑事责任。

（二）心存侥幸

当事人面临刑事危机时，往往存在侥幸心理。被刑事立案前，可能会认为不至于案发，不至于被追究刑事责任；被刑事拘留前，认为只要他不说、不招认，办案机关就不知道、不敢刑事拘留，等办案机关找到证据再进行处理；在被抓获归案接受讯问时，当事人也可能心存侥幸，认为其对部分不利事实采用“不知道”或者否认的回答，就能蒙混过关，却没有预料到，众多参与人中总有人会如实供述，会将当事人参与的事情全部说出来；在裁判生效之前，总是认为只要找关系疏通，就有机会大事化小、逃避法律制裁。司法实践中，当事人诸如此类的侥幸心理难以消除，而侥幸心理往往会让其作出错误的判断和决策。

例如，麦某涉嫌抢劫罪案：

办案机关指控，某年某月某日14时许，被害人李某某、冯某、范某到被告人麦某、王某、李某、张某四人共同承包经营的鱼塘钓鱼。15时许，被告人麦某、王某、李某、张某等人以三名被害人偷鱼为由，强行将三人带至该鱼塘附近的楼房内并索要数万元的赔偿。其间，被害人冯某先后几次遭到被告人殴打，麦某、王某、李某、张某四人通过围堵楼房门口、车辆通道等方式限制被害人的人身自由。20时许，三名被害人被迫当场交付了3.5万元后离开。

麦某在接受调查时,先对该事实予以否认,后才慢慢承认部分事实。

问:某年某月某日,有三名外地人在××镇××鱼塘被村民索要赔偿费的事,你知道这回事吗?

答:我知道这回事。

问:当年这个鱼塘是谁在养鱼?

答:是王某向镇政府承包养鱼的。

问:当时是谁提出要三名钓鱼的人赔偿的?

答:我不知道是谁。

问:你有没有参与被村民扣留的三名钓鱼者的协商赔偿?

答:没有。

问:是什么人与三名被村民扣留的钓鱼者协商赔偿?

答:是王某、李某、张某。

问:鱼塘是王某承包的,为什么李某、张某也参与协商赔偿?

答:因为他们两人是王某的亲戚,所以帮他出头。

问:你是否清楚他们是如何商谈的?

答:不清楚。

问:他们在哪里协商?

答:他们协商时我不在现场,我不清楚是在哪里协商的。

问:这笔钱给了谁?

答:我不知道。

问:这件事后,你有没有分到好处费?

答:没有。

问:你当时是以什么身份参与这个事情?

答:首先我和王某的交情不错,所以一方面是以熟人的身份,另一方面我又是村支书,村里面有什么要解决的,我也有义务过去帮忙。

在起初接受讯问时,麦某否认了很多不该否认的事情,作出了被轻易证伪的辩解。实际上,麦某本是该鱼塘的承包人之一,其他三名合伙人接受调查时会全部如实供述;麦某当时有在现场协调的事实,公安机关的执法记录仪视频可以证实;涉案的3.5万元被用于鱼塘的运营,其他三名合伙人也作了如实供述。诸如此类基本事实,完全能调查清楚,但麦某心存侥幸,认为其他三名合伙人肯定会帮他隐瞒合伙人的身份。他未意识到侥幸心理丝毫不影响案件事实查明,反而让他失去了充分、有效辩解的机会。

(三)盲目乐观

当事人盲目乐观认为其没有刑事危机,不会被追究刑事责任。当事人的乐观来源于多个因素,既可能是当事人对自己的行为是否构成犯罪有乐观的自我评估,认为其没有犯罪行为;也可能是当事人对证据收集难度的评估,认为不太可能有证据证明其犯罪事实;还可能是当事人对其人脉、资源、关系网的自我评估,认为自己能通过找关系化解刑事危机。总之,当事人基于各方面的信息作出错误的乐观判断,认为没有刑事危机,可以化险为夷。

例如,谢某涉嫌组织、领导黑社会性质组织罪、抢劫罪、诈骗罪案:

谢某是当地的村支书。村里和谢某有过合作、关系比较密切的两个人及其团伙成员都被抓获归案,被指控涉嫌组织、领导、参加黑社会性质组织罪等罪名。谢某打听到其中一些被指控的犯罪事实与自己也有交集,谢某家属想让谢某出境“避避风头”,避免被牵连。然而,谢某自信地认为,自己是村支书,这些年没有做任何违法犯罪的事情,为村里做了不少贡献,即便与他人有过纠纷,也是在协调、解决村民纠纷中引发的,自己和那些被抓的涉黑人员只是朋友关系,不曾共同犯罪,因此,自己肯定没有犯罪,不会被追究刑事责任。然而,很快,谢某就被抓获归案。此时,谢某家属才了解到,在专案组的名单中,谢某一直都是黑社会性质组织的第三号人物。谢某的盲目乐观自信,对他刑事危机的处理并没有起到积极作用,反而令他在毫无准备的情况下被刑事羁押。

(四)坚定抗拒

刑事危机产生后当事人最初反应往往是否认犯罪、抗拒刑事调查。当事人这种否认、抗拒心理对辩护所产生的作用是不确定的。如果当事人始终抗拒调查,大多数情况下会对辩护产生不利影响。如果当事人盲目否认,连一目了然的事实都予以否认,则难免让裁判者产生负面的揣测,消解其本来可以提出的合理辩解的可靠性。如果当事人作出稳定、合理的辩解,则往往能助益于案件辩护。在刑事危机处理中,当事人是“运动员”,律师仅是“教练员”,当事人是否有积极争取最好结果的态度、行为、辩解,在较大程度上影响律师的发挥空间。当事人没有积极辩解的态度,律师难以发挥作用;当事人积极追求无罪、罪轻的裁判结果，律师才有可能协助当事人共同处理，寻求符合法律规定的无罪、罪轻辩解理由。

例如，王某涉嫌非法经营罪案：

王某系××物资贸易有限公司的会计，办案机关调查发现，李某、刘某团伙通过控制××物资贸易有限公司等一系列空壳公司，在无真实贸易交易的情况下，大量接受从上游其他犯罪团伙转来的资金，并在其控制的多家空壳公司之间快速多层转账，最后在某一个账户中沉淀一定比例，收取该部分资金的手续费后，利用中国人民银行审批开设的跨境双向人民币资金池业务，将巨额资金全部转移至境外。根据2008年公安部经济犯罪侦查局《关于刘××利用银行账户为他人转移资金行为定性问题的批复》的规定，"根据国务院1998年7月13日发布实施的《非法金融机构和非法金融业务活动取缔办法》第四条规定，刘××等犯罪嫌疑人未经国务院银行业监督管理机构及其派出机构批准，以营利为目的，大量使用虚假身份或冒用他人身份，注册成立无经营地址、无从业人员、无经营活动的'三无公司'在银行开立单位基本账户并开通网上银行业务，在没有真实交易的情况下接受性质不明的巨额资金，获取大量非法利益，该行为属于非法办理结算业务"。李某、刘某等人的行为应认定为从事非法金融业务活动，追究非法经营罪的刑事责任。王某作为该团伙的会计人员，主要负责公司的记账工作，并担任上述多家空壳公司的股东、监事等职务，王某按照李某、刘某的安排对相关公司进行记账工作，偶尔也参与资金转移的工作，应当追究其非法经营罪的刑事责任。

王某被抓获归案。王某面临刑事危机时的表现、处理刑事危机的方式方法，无疑会影响案件事实查明，影响对他的定罪量刑。该案中，王某始终认为，他只是做一份会计工作，并不知晓李某、刘某等老板们的具体经营活动，因此不构成非法经营罪。

问：你日常在公司上班负责什么工作？

答：负责报税、记账。

问：你是否清楚跨境双向人民币资金池的业务？

答：不清楚，这方面不是我跟进的。

问：那是谁跟进的？

答：李某、刘某。

问:他们分别负责什么?

答:李某是老板,他负责对接银行,刘某负责转账。

问:你公司及其国内外的关联公司汇出境外的大额资金的用途是什么?这些资金的具体来源是什么?具体的资金走向如何?

答:不清楚,要问老板李某和刘某。

问:你公司是否有控制境外银行账户?由谁负责掌控?操作流程是怎么样的?

答:有,由李某和刘某负责,我不清楚操作流程。

问:你公司及国内关联公司何时开始从事跨境双向人民币资金池业务?

答:我不清楚,要问李某才知道。

问:你公司是如何取得跨境双向人民币资金池业务的资质的?请你详细说明取得该资质要具备什么条件?

答:我不清楚。

问:你公司是否具备取得跨境人民币资金池的资质条件?

答:刘某有时请假不上班时,有叫我转账过大额资金汇出境外,我听刘某的指示转过几次,所以我们公司应该已经具备跨境双向人民币资金池的资质。

问:佛山××进出口贸易有限公司……对应的境外关联企业分别是什么公司?怎么控制的?

答:我不清楚,老板李某和刘某才清楚。

问:经调查,你曾经是佛山××进出口贸易有限公司、××物流仓储有限公司等公司的财务负责人,××电子商务有限公司的监事,是怎么回事?

答:财务负责人是挂名的,这些公司我都负责报税和记账,而××电子商务有限公司的监事我是完全不清楚的。

问:你是如何为上述公司记账和报税的?

答:因为这些公司都没有实际业务,所以我每个月都上税局系统进行零申报,如果要交税,老板李某会叫我报无开票收入。

问:上述总共25家公司你每个月基本进行零收入申报,你不会认为很奇怪吗?你认为李某靠什么支付你们的薪金报酬和公司租金?

答:我没有问过。

问:你之前所述,刘某曾经叫你帮助他进行大金额跨境汇出业务,具体是多大金额?

答:具体金额不记得了,应该是广州××信息科技有限责任公司转账的,具体可以查账。

问:你也曾经为广州××信息科技有限责任公司记账和报税,而且你说每个月都是作零收入申报,但却经你手1900多万元转到境外,你不会产生怀疑吗?

答:我只是一个普通打工的,老板安排我怎么做我都只能服从,而且我认为这个公司是有问题的,想辞职很久了,但是因为一直没有找到更合适的工作,所以就没有辞职。

问:你平时的详细工作情况是怎样的?

答:我平时的工作就是跑税务局,办理公司变更法人、申报税务相关业务的工作。

问:你公司频繁变更法人,又没有真实货物交易,你认为公司经营合法吗?

答:我只是听从老板的工作安排做公司的一部分工作,不知道公司有无存在违法的事情。

问:你在公司工作了多少年?你在公司的这段时间,有没有感觉到公司的业务存在违法的行为?

答:因为我岗位就是跑税务局,这些工作也是听从老板李某的安排,不知道存在违法的行为,如果我知道公司存在违法的行为,我是不会干的。

问:你如实交代,有无涉嫌非法经营的违法行为?

答:没有。我不知道我所工作的公司涉嫌非法经营,我是被抓后听你们跟我说我才知道。

问:李某其他公司的会计工作是你负责吗?

答:其他公司我只负责做账、报税,但涉及什么业务我就不参与,我也不知道。

问:不知道什么业务,你怎么做账?怎么报税?

答:除了××物流仓储有限公司,其他的都是李某叫我作零收入申报账、报税。

问:你是会计专业毕业的,在公司担任会计一职,你不需了解业务就可以做账报税的吗?

答:李某叫我零申报,就是说报税时填写业务额为零。

问:根据调查,××电子商务有限公司涉嫌非法经营,你是否知道?

答:我不知道。我知道就不会在那里工作了。

问:你如实交代,是否知道李某管理经营的公司涉嫌非法经营违法活动?

答:我真的不知道。

问:你如实交代,有无参与李某等人实施的非法经营违法活动?

答:没有。

问:你如何看待你的行为?

答:我只是一个正常的财务人员,我不知道公司有这些违法情况,我基本只负责××物流仓储有限公司的工作,其他的情况我不清楚。

问:如果对涉嫌的犯罪行为自愿认罪认罚,法院可以给你量刑从宽处理,你是否清楚?

答:清楚。

问:你涉嫌非法经营罪,对此你是否认罪认罚?

答:我不知情,我认为我没有犯罪。

在接受十多次审讯后,王某被以涉嫌非法经营罪移送审查批准逮捕,检察院审查后出具《不批准逮捕决定书》,认为"事实不清、证据不足,根据《刑事诉讼法》第九十条的规定,决定不批准逮捕犯罪嫌疑人王某"。后王某被变更强制措施为取保候审。取保候审期限届满后,王某未被继续移送审查起诉,王某所涉刑事危机得到妥善处理。

该案王某在刑事危机下的表现是其最终未被追究刑事责任的重要原因。但需特别注意的是,并不是当事人坚定认为自己无罪就能逃避法律追究的。如果当事人确实参与到犯罪行为中,犯罪事实清楚、证据确实充分,符合犯罪的主客观要件,无论当事人如何坚持无罪辩解,甚至抗拒调查,也几乎不可能改变裁判结果。如果当事人确实没有参与犯罪行为,或者案涉行为罪与非罪模棱两可、定罪量刑存在重大争议等情形时,当事人对自己无罪的坚持,才更可能起到积极正面的作用。至于当事人的案涉行为是否构成犯罪、罪与非罪的区分标准、罪责大小的认定等,当事人需要获得律师的有效法律帮助,才能有清晰准确的认识,从而妥善处理刑事危机。

在上述王某涉嫌非法经营罪案中,王某坚持认为自己无罪,最终王某被不批准逮捕,后续办案机关也没有继续将其移送审查起诉,王某的刑事危机得到妥善处理。但王某的上级刘某就没有那么幸运,虽然刘某面对刑事危机时,也坚决认为自己的行为无罪，他从来没有意识到涉案公司存在犯罪行为。然而，最终裁判还是认定刘某构成非法经营罪。

问：你是在××大学税务会计专业大专毕业，是吧？

答：是的。

问：你所任职的公司，收到大量的巨额转款，并经你手办理转出到境外公司，据你之前交代，这些都是无业务发生的转款，你作为会计专业人员，你觉得正常吗？

答：当时我没有想这些问题。

问：这些转账交易，你公司有无建立账簿？

答：没有。

问：你们公司具备跨境资金池资质吗？

答：当时申请只需要财务报表就可以，这些财务报表是老板指示我们这样做的，我觉得我们公司也不具有这样的资质，但我们是打工的，听从老板的指令工作，我不知道这是犯罪行为。工资这么低，如果知道是犯罪行为，我肯定不会干。

问：你觉得你任职的公司及控制的公司从事的业务与一般公司有什么不同？这些业务是否合法合规？公司员工对公司从事的业务有何看法？

答：我只知道银行有这样的业务，作为打工的我就按照老板说的去做，我也不知道是否合法合规。

问：你如何看待你向银行提供虚假材料申请跨境双向人民币账户的行为？

答：银行审核没那么严格，所以我们就这样做了。

问：李某接到汇款境外的业务，在其管理下的公司完成汇款境外的申请手续，全部都是由你完成的。你向银行提供虚假交易资料申请这些转款，怎么看待这样的行为？

答：我当时没有想那么多。

问：根据调查，作为××供应链管理有限公司等公司的法定代表人，你如实交代，有无参股，有无收取分红？

答：没有。

问：公司每月、每年的总盈利情况，你们财务部有无结算？

答：我不清楚。

该案王某和刘某面临刑事危机时表现出来的心理状态几乎相同，都是否认参与犯罪，坚持认为自己虽然做了一些工作，但都是听从老板的指示工作，并不知道是犯罪。但最终王某被认定案涉非法经营罪事实不清、证据不足，检察院直接不予批准逮捕，而刘某则被检察院批准逮捕，后被法院判决非法经营罪成立。由此可见，当事人妥善处理刑事危机的态度固然重要，但更重要的往往是当事人涉案程度，即实际参与程度。

(五)心虚束缚

面对审讯，大部分当事人往往会比较心虚。心虚源于他可能确实实施了一些违规违法甚至犯罪行为，至少是实施了一些当事人觉得会被负面评价的行为，而这些行为可能影响定罪量刑，导致他被追究刑事责任。当事人可能无法判断他参与、实施的行为对其定罪量刑的准确影响，担心因参与、实施的行为暴露而被追究刑事责任，进而感到心虚，导致继续作出其他辩解的底气不足。当事人辩解底气主要受其他证据以及当事人此前供述和辩解的影响。

其一，当事人此前供述影响当事人的辩解底气。当事人若此前作出过不利的供述、辩解，后续辩解就需要顾及此前的笔录内容。当事人经常会问律师"以前我是那样解释的，那我现在又这样解释，行不行?""可是我以前那样说过了，怎么办?"诸如此类的对话，这也是当事人心虚的表现。

例如，黄某涉嫌开设赌场罪案：

我们会见时将开设赌场罪的定罪量刑标准逐一向黄某耐心解释，《刑法》第 303 条第 2 款规定："开设赌场的，处五年以下有期徒刑、拘役或者管制，并处罚金；情节严重的，处五年以上十年以下有期徒刑，并处罚金。"最高人民法院、最高人民检察院、公安部《关于办理网络赌博犯罪案件适用法律若干问题的意见》(公通字〔2010〕40 号)中规定："利用互联网、移动通讯终端等传输赌博视频、数据，组织赌博活动，具有下列情形之一的，属于刑法第三百零三条第二款规定的'开设赌场'行为：……实施前款规定的行为，具有下列情形之一的，应当认定为刑法第三百零三条第二款规定的'情节严重'：(一)抽头渔利数额累计达到 3 万元以上的；(二)赌资数额累计达到 30 万元以上的。"因此，如果抽头渔利达到 3 万元以上或者赌资累计 30 万元以上，就属于开设赌场罪"情节严重"的情节，法定刑是"五年以上十年以下有期徒刑，并处罚金"。黄某想要在接下来审讯时认真辩解其获利数额和赌资数额问题，解释其获利数额是否达到

3 万元、赌资数额是否达到 30 万元的问题。黄某马上就问:“可是我前两次接受审讯时,都说了每个月获利 3500 元左右,持续了 10 个月,算下来超过 3 万元了,怎么办?”可见,黄某此前作出的供述和辩解,对后续的供述和辩解产生了一定的束缚。黄某如果后续翻供,辩解获利数额很少,会有心虚的表现。

当事人辩解底气不足,而律师又没有解答他的各种疑惑、帮他做好心理建设,当事人就很容易陷入被动、慌乱中,进而让其辩解变得拙劣、不合理、前后不稳定。为了解决这个问题,律师除了分析相关法律问题,还需要仔细评判当事人底气不足的原因,分析当事人辩解与其此前辩解、其他案件证据可能存在矛盾冲突的原因,以及当事人如果作出新的辩解会产生哪些影响等。实际上,很多时候当事人底气不足是因为他对罪与非罪、罪责大小、定罪量刑标准、其案涉行为的法律评价等理解不透彻,当事人在获得准确法律判断和诉讼经验意见后,无论其作出何种辩解,底气都会更足。

其二,其他证据影响当事人的辩解底气。同案人的供述、证人证言等其他涉案证据,会让当事人心虚,对当事人的辩解会产生较大影响。当事人若知道同案人已经供述当事人没有供述的事实时,就会心虚。当事人若知道对其不利的关键证据已经被调取,无疑也会心虚。当事人经常会问律师“如果他们说……怎么办? 怎么应对?”“如果××证据被找到,我怎么办? 要怎么应对?”这都是当事人心虚的表现。对大多数当事人而言,他们的心虚会束缚他的辩解,敏锐察觉到当事人的心虚,有助于办案人员审讯当事人、判断案件事实真相、搜集调取证据。

二、刑事危机下的诉求

刑事危机下当事人的诉求很简单,首先,就是不被法律追究,只要有一点机会都会努力争取,希望自己能免于被追究刑事责任;其次,如果不能不被法律追究,那么就希望获得更多从轻减轻处罚的机会,追求最轻微的裁判结果;最后,当事人希望祸不及家人,即便当事人家属实际上也是犯罪行为参与人,当事人也往往会毫不犹豫地保护家属,避免家属被追究刑事责任。即便家属免不了被追究刑事责任,当事人也会尽力保护他们避免被认定更多的犯罪事实、更多的罪名。司法实践中,当事人为了实现这些诉求有可能会用尽各种方法。

（一）避免被法律追究

面临刑事危机时，相关当事人往往很紧张，他们即便知道自己的行为有问题，可能触犯刑法，也往往会想尽一切办法逃避法律责任，避免被追究刑事责任。只是，没有受到有效的专业辅导，他们基于避免法律追究的诉求可能会病急乱投医，或者寻求通过行贿等方式来解决，进而招致更多、更大的刑事危机。

明白当事人的这种诉求，有助于判断当事人的诸多辩解是否真实可信，也提示律师可能的执业风险并加以防范。因为一旦面临刑事危机，当事人内心最想要的就是让律师帮助他们不被追究刑事责任。为了达到这一目的，有些当事人甚至主动要求律师帮助他们毁灭证据、伪造证据、妨害作证等。

（二）争取最优结果

当事人无论在任何时候都希望得到最优的案件处理结果。如果无法逃避法律追究，当事人无疑会退一步寻求最轻微的案件处理结果。被刑事立案后，如果有可能争取侦查机关撤销案件，当事人当然希望能争取到撤销案件的处理结果。审查起诉后，如果有可能得到检察机关不予起诉的决定，当事人当然会希望得到不起诉的决定。到法院审判阶段，如果有可能争取无罪判决，当事人当然会希望进行无罪辩护，争取无罪判决。如果难以进行无罪辩护，无罪判决希望渺茫，当事人会希望被判处最轻的罪名、认定最少的犯罪金额或数量、争取最多的从轻或减轻处罚情节，争取被判处最轻微的刑罚。

同理，当事人觉得被羁押非常难以接受，就希望能早点变更强制措施，免予被羁押。为了能获得取保候审的结果，当事人会暂时认为留下犯罪记录不那么重要，先把他办理取保候审释放出来更重要，因此他们可能同意进行认罪认罚、坦白从宽。真的取保候审出来后，当事人可能会考虑能否进行无罪辩护的问题，此时他们的期待值增加，觉得有犯罪记录是难以接受的，他们就会想努力尝试进行无罪辩护，争取不要留下犯罪记录。在刑事案件真的被撤销、被不起诉或者作出无罪裁判等理想结果后，当事人可能就会要求不要被行政处罚。

由此可见，在刑事危机下当事人的诉求虽然可能会不断变动，但永远在追求最优结果。律师要理解他们的这种诉求，不至于对他们给予过高的期待，避免对当事人在本能诉求下的表现产生失落感，律师出色地完成自己的刑事危机处理工作即可。

例如，张某涉嫌危险驾驶罪案：

张某和朋友一起喝酒，张某的朋友驾驶电动车与机动车发生事故，张某在劝架调解过程中，也驾驶了该电动车，驾驶距离是3米，就被机动车车主拉拽停下。机动车车主报案后，公安机关介入调查，报警人指认张某在事故发生后，也驾驶过无号牌两轮电动车。公安机关马上对张某进行了呼气酒精测试，结果显示184mg/100ml，再进行抽血酒精检测，结果显示214.9mg/100ml。公安机关以涉嫌危险驾驶罪对张某刑事立案。

张某委托刑辩律师作为辩护人，委托之初最大的期待就是能争取撤案。他的犯罪情节不严重，且处于取保候审状态，即便不委托辩护人，裁判也很可能是对他适用缓刑。我们提供专业的意见协助他妥善处理刑事危机，从行政处罚程序开始提出异议、申请听证等，认为他的行为不属于醉酒驾驶机动车。1年后，办案机关以“情节显著轻微，危害不大，不认为是犯罪”为由，对他作出撤案决定。虽然我们刑辩律师非常高兴，但当事人的情绪并不如预期，当事人认为，“撤案”在他的预料之中，他希望的是能不要被行政处罚，撤销吊销驾驶资格证5年的行政处罚。当事人的诉求变化、期待值增加，这都是正常现象，刑辩律师要能理解，并给出耐心解释和确定的意见，供他们决策参考。

（三）不想牵连家属

当事人自己存在刑事危机，其家属或者特别在意的关系人也有参与或涉及案件时，当事人往往会竭力保护其家属或特别在意的关系人，避免他们受到牵连。为此，当事人往往愿意认罪、愿意“包揽罪责”。这种“保护欲”是当事人的本能。部分案件中，办案机关可能会利用当事人不想牵连家属的本能，以家属的情况当作突破当事人心理防线的重要手段。律师也往往需要向当事人解答他家属所涉情况的法律意见，律师难以回避此类问题，只是需要特别注意沟通方式方法、沟通内容，充分防范执业风险。

例如，在电视剧《扫黑风暴》中，专案组为了突破“保护伞”区长董耀的口供，告知董耀他的妻子已经被专案组解救出来，并处于24小时保护状态，让他不用担心，董耀为此对专案组十分感激。专案组播放董耀妻子和小孩的录音。董耀的妻子说：“我们很安全，你放心吧，好好交代问题，争取宽大处理。”董耀的儿子说：“爸爸我好想你，我和妈妈等你回家。”董耀心理防线被突破，将自己所知道的全部案件事实都如实向专案组交代，专案组充分运用了当事人对家属的保护诉求来突破当事人的心理防线，让他心甘情愿配合调查。

实际上,刑事危机下的本能诉求,同样适用于当事人家属。当事人家属往往也会首先考虑想方设法地帮助当事人不被法律追究,在无法逃避法律追究时则寻求最轻微的裁判结果,当事人家属也不希望这件事情牵连到更多的亲友。

三、刑事危机下的策略

当事人的权利意识、法律意识、证据意识、辩护意识、心理素质,甚至人品、个性等不同,会导致他们面临刑事危机时的表现出现巨大差异,选择截然不同的自保策略,如认罪悔罪、拒不承认、极力辩解、避重就轻、出卖“队友”、污蔑“队友”等。当然,各种的所谓自保策略,只是他们根据现有信息自认为的最佳自保策略,该策略是否奏效,既取决于他们的真实涉案程度,也取决于他们在刑事危机下的表现,还取决于律师的辅导情况。

(一)认罪悔罪

面对非常资深、专业办案人员的审讯,绝大部分当事人会被突破心理防线,选择认罪悔罪,接受认罪认罚从宽政策,寄希望于通过自己的认罪、检讨,来换取办案机关的宽大处理决定。部分重要原因是办案人员深谙当事人在利弊考量之下的策略选择,并充分运用坦白从宽、抗拒从严的刑事政策和自由裁量权产生的效果。

试想,如果所有认罪悔罪的人与不认罪悔罪的人得到同样的惩罚,坦白从宽的政策没有鲜活的实例,抗拒从严的政策没有得到落实,认罪不认罪、配合不配合,案件处理结果都一样,反正只要认罪就一定会被追究应有的刑事责任,谁还会认罪悔罪呢?甚至可能会产生“坦白从宽,牢底坐穿;抗拒从严,回家过年”的误解。这种刚柔并济的政策自古有之,不仅在法律领域得到体现。如战争中杀降较大可能会导致更多敌方士卒宁死不降,己方士卒就需要付出更惨痛的代价才能赢得战争的胜利;怀柔政策辅之以强硬的手段,才更可能获得更多人的臣服。

办案机关掌握了是否追究当事人刑事责任、追究何种刑事责任以及罪责大小的较大自由裁量权,且经常在个案中适用坦白从宽、抗拒从严的政策,让当事人看到配合调查、认罪悔罪得到从宽处理和拒绝配合、抗拒被严惩的鲜活实例,这就会让当事人产生坦白真的可以从宽的期待感,抗拒真的会被从严处罚的恐惧感。当事人一旦在心中形成这种印象,其在认罪认罚可能被从宽处理和抗拒调查就会被严惩的抉择中，无疑会更加倾向于选择认罪认罚。

（二）拒不承认

我们办案中发现，虽然大部分当事人被调查时会积极主动配合调查、主动承认犯罪事实，但细究起来，每个当事人面临刑事危机时的优先诉求都是避免被追究法律责任，自然而然会首先考虑拒不认罪。在形势不明的情况下，"不见棺材不掉泪"是本能表现，无所谓对错。实际上，当事人从不承认到配合调查是有时间差的，可能很短也可能较长。部分当事人可能在意识到面临刑事调查时内心已经进行激烈的"交锋"，最后选择了承认、配合调查，进而接受调查；部分当事人可能一开始拒不承认、拒不配合调查，接受办案人员的普法教育后，就积极主动配合调查、主动承认全部事实；部分当事人可能接受审讯或被羁押后，经过长时间的思想斗争和普法教育，才逐渐从拒不认罪转为认罪认罚；部分当事人则始终拒不认罪。

例如，张某涉嫌敲诈勒索罪案：

张某面对讯问的主要问题都以"我不记得""我不知道"等作答，拒不配合调查，不承认其参与了涉案行为。

问：你因何事被羁押在此？

答：我因涉嫌敲诈勒索被羁押在此。

问：你有无敲诈勒索的行为？

答：没有。

问：根据民警调查，梁某于××××年8月11日向你转账2万元，办案民警已经向你展示银行转账流水，这2万元你怎么解释？

答：我不清楚，我根本不知道梁某曾经向我转账2万元这回事。

问：××××年4月至8月，麦某等人阻挠梁某开展工作，是不是你指使的？

答：我根本不知道这件事。

问：根据民警调查，麦某于××××年4月18日向你本人账户转账30万元，民警已经向你展示银行原始凭证，这笔钱你怎么解释？

答：我不记得了。

问：你是否认识梁某？

答：不认识。

问：张某，请你如实回答民警的提问，否则造成的法律后果由你本人承担，你清楚吗？

答：我清楚了。

问：根据民警调查，涉案的2万元、30万元都来源于梁某，你怎么解释？

答：我根本不知道这回事，我也没有收到过梁某的钱。

该案梁某施工被人阻挠这件事情，在当地尽人皆知，而且转账记录可以清晰显示资金流向，2万元还是直接由梁某转入张某个人账户的。这些是很容易查证的事实，但张某对此均予以否认，这是典型拒不承认、配合调查的表现。

（三）极力辩解

面临刑事危机时，除了以消极态度表示抗拒的策略外，很多当事人都会绞尽脑汁地想各种辩解理由，尝试对自己的行为作出一个合理合法的解释。相比于拒不承认、抗拒调查，极力辩解显然更可能有效。法律赋予当事人辩解的权利，当事人辩解形成的笔录在刑事诉讼法中称为"犯罪嫌疑人供述和辩解"。

例如，刘某涉嫌非法经营罪案：

办案民警持搜查证到刘某的办公室搜查，查获了60万元港币现金并予以扣押。刘某的辩解对于该笔60万元港币归属和来源的认定，对60万元港币的处置有重大影响。刘某先后给出了三种截然不同的辩解。

第一次辩解：刘某认为这些资金是他朋友何某放在他这里的，不是刘某的，需要归还给他的朋友。

问：你是如何被抓获的？

答：我是在某年某月某日17时左右，在××区××花园××号楼楼下被公安民警抓获的。

问：你被抓获时，现场有没有物品被扣押？

答：只记得扣押了我的手机、电子烟、车钥匙等。后来，民警带我到我的公司××有限责任公司办公室搜查。

问：民警于某年某月某日20时，持搜查证到××室搜查，在现场有无扣押了什么？

答：应该60万港元，其他的我记不清了。当时我有在扣押清单上签名，以扣押清单上的内容为准吧。

问：这些钱的来源？

答:这60万港元是一个客户何某的,他前几天交给我的,打算向我经营的在××路的××银行代兑点兑换人民币的。他说先将钱存在我这里,等到理想的兑换率后就通知我兑换成人民币给他。

第二次辩解:刘某认为这些钱是他经营的××仓储物流有限公司的资金,与本案无关,应当发还给这家公司。

问:根据你之前交代,你本人被扣押在案的60万元港币是何某的,民警找到何某进行调查核实。何某,××区人,男,××岁,电话号码……,此人是否就是你说的何某?

答:是的,此人就是我说的交给我60万港元的何某。

问:你交代这60万港元是何某的,除此之外,你与何某有无其他借贷往来?

答:我跟何某还有其他的借款,我跟他有签订借款协议。

问:根据调查,何某表示并无你所说的交给你60万港元的事情,你怎么解释?

答:那这60万港元应该是我经营的公司××仓储物流有限公司的,与本案无关,应该发还给××仓储物流有限公司。

第三次辩解:在庭审中,刘某面对审判长的讯问,辩解这笔钱是他找朋友何某借来的,是刘某借来的个人合法财产,不是违法所得,不应追缴。

问:刘某,当时公安扣押的60万港元是什么钱?

答:这是我问朋友借的钱。

问:向谁借的?

答:是向何某借的。

问:你借来用途是什么?

答:我本来是想要去香港买手表的。

问:这跟你在公安机关的供述不一样,你怎么解释?

答:一样的,第一次公安没有问我借谁的,后来我说了是向何某借的。

问:你在公安机关说是何某找你兑换的钱,你怎么解释?

答:这个港币我确实有说是先放在我这里,到时候我给他兑换成人民币。

问:你怎么帮他兑换?

答:我们那个时候有一家兑换点的。

问:这个兑换点是怎么回事?

答:……

该案当事人为了保住案涉被扣押的60万港元进行了极力辩解，在一种辩解被证伪后，又极力寻找更多的辩解理由。尽管前后出现了三种辩解理由，但他的辩解还是没有被采纳，法院裁判冻结扣押的60万港元，列入本案判项罚金执行范围。

（四）避重就轻

面对刑事危机，当事人趋利避害、避重就轻，亦是本能。当事人对其认为有利的内容予以供述，对其不利的则往往选择竭力隐瞒，或者轻描淡写，试图“蒙混过关”。即便形势所迫，当事人认为确实需要配合调查，承认犯罪事实，也选择性承认自己参与的不关键的犯罪事实，承认自己所实施的一小部分犯罪事实、犯罪金额，掩饰、隐瞒、否认其参与的罪责更大的涉案犯罪事实。

例如，郑某涉嫌走私普通货物罪案：

郑某出资成立天某公司，该公司由郭某实际经营管理，郭某任公司总经理，郭某自行招工、自行决定自己和其他员工的薪酬，郭某的妻子负责公司的财务。郑某很少到公司，只有在接待重要客户、重大业务洽谈时才去公司。后来，办案机关发现了天某公司的走私犯罪行为，指控该公司涉嫌走私普通货物罪，并将郑某和郭某、郭某的妻子等公司涉案人员抓获归案。

该案走私犯罪事实已经成立，相关证据非常充分，有无走私犯罪事实已经没有辩护空间。此时，谁是主犯、谁是从犯，就成为郑某和郭某两人争议的焦点，两人都想成为从犯。

郑某辩解认为，他只是公司的投资人，他投资的此类公司很多，投资的模式都是他出资大部分，然后由合作伙伴负责具体经营活动，天某公司只是他投资的几家公司中的一家，他基本不参与该公司的日常经营行为。郭某全面负责公司的经营管理，也是他组织安排公司实施走私行为。郑某对公司的走私行为知情，没有提出反对，放任了郭某经营公司过程中实施的走私普通货物行为，但郑某没有经手过任何具体的走私行为。因此，郑某辩解认为他需要负次要责任。

郭某辩解认为，他只是公司的员工，他并没有出资，老板郑某投资后看得起他，让他来担任高级管理人员并给予一定的干股。但说到底，自己只是一个打工者、受雇用的人，不是主要获益人，该公司是老板郑某的。而且，该公司的走私行为是在老板郑某的授意下实施的，最大的受益者是老板郑某。因此，郭某辩解认为，他应该被认定为从犯。

该案主犯需要面临10年以上有期徒刑，从犯则轻微得多。郑某和郭某对自己在走私犯罪过程中的参与度都避重就轻，讲述对自己罪责最小的“故事”。最终，裁判认为，郑某与郭某共同设立涉案公司，并利用该公司低报价格从事走私活动，郑某是该公司的投资人，并利用其社会关系为该公司拉业务，郭某具体负责公司经营和走私进口事宜。虽然两人的供述均存在避重就轻，推诿对方为走私行为的主要责任人的情形，但郑某、郭某二人均是在共同走私犯罪中的主要参与者和责任人，均起了主要作用，应对其所实施的全部犯罪行为负责，不存在主、从之分。

（五）出卖他人

面临刑事危机，当事人考虑的主要问题往往是如何实现自己的利益最大化、罪责最小化。如果作出对其他人不利的供述能减轻自己的罪责，可能变更强制措施免予被羁押，甚至有可能让自己免予被追究刑事责任等。在有利可图的情况下，相关当事人大多数情况下都可能会选择出卖“队友”，将他所知道的其他人的违法犯罪事实全部予以检举揭发。这里的“队友”就可能包括他的律师，以及其他归案或未归案的同案人等，甚至可能包括案外人。

实际上，面临刑事危机时，如果当事人自己能置身之外，他可能会努力将其他人的犯罪事实如实供述，以避免自己面临法律责任；如果当事人自己不能置身事外，需要承担刑事责任时，则多一个罪责更大的主体来承担主要责任，当事人就可能被认定为作用较小的参与者，面临较轻的刑事责任，其可能很乐意看到这样的结果；即便多一个刑事责任主体也不能减轻自己的刑事责任，也不排除部分当事人在不满、怨恨甚至仇恨的情绪下，产生“不能让其他涉案主体好过”的心态，将其他主体的犯罪事实也如实供述；如果被认定单位犯罪，则往往个人的罪责比较小，定罪量刑标准也可能与个人犯罪有较大区别，当事人可能都倾向于辩解这是单位犯罪，而不是个人犯罪；如果能通过检举揭发等方式获得立功情节，可从轻或者减轻处罚，当事人也往往会毫不犹豫地进行检举揭发，甚至通过买来他人犯罪线索进行检举揭发。

从辩护效果的角度看，如果当事人在没有受到律师有效辅导的情况下作出这个选择，后果有很大的不确定性，且往往不可控。从律师职业风险防范的角度看，律师要认识到当事人的利弊选择，要设想所有人都会公开律师与他们的谈话内容，要始终确保执业行为的合法合规。因为司法实践中，律师也可能会成为当事人及涉案人员的出卖对象。

其一,如实供述同案人的违法犯罪。当事人被抓获,如果供述同案人的犯罪行为对其罪责的减轻有利,他们可能会选择将同案人的违法犯罪事实全盘供述,将他所知道的其他同案人如何共谋、商议、实施犯罪的过程如实供述。为获得从轻、减轻处罚的情节,当事人可能会充分利用刑事诉讼中的立功制度,通过检举揭发他人的犯罪行为,包括当事人自己知道的他人犯罪线索,听说的他人犯罪线索,甚至通过买卖等非法手段获得的他人犯罪线索进行举报等,以各种方法争取立功情节,实现自己利益最大化。

例如,张某涉嫌运输毒品罪案:

张某因涉嫌运输毒品罪被判处无期徒刑,案件尚未审结,为获得从宽处理情节,他在看守所提交举报材料称:他本人听他的前妻周某说过,在199×年年初,周某的哥哥周某某伙同刘某在××市××村的果林里用菜刀将一名男子砍死,至今周某某和刘某都在逃。看守所随即将举报信以函件方式寄送××市公安机关。公安机关经过核查档案,发现确实在199×年2月××日在××市××村果林发生一宗故意杀人案,该案至今未破,与举报情况基本吻合。公安机关立即对相关知情人员进行调查。并迅速将周某某、刘某及相关知情人员抓获进行审讯,后周某某、刘某对犯罪事实供认不讳,张某由此获得重大立功情节。

其二,当事人指证律师。当事人被抓获,如果指证律师有利,他们可能会将他们与律师沟通的过程、结果,律师告诉他们的法律意见,甚至暗示他们的举动全部供述出来。即便有的当事人本身就是执业律师,在面临刑事危机时,如果供述其他律师能让其免予刑事责任或者得到其他宽大处理的结果,在特定的条件下,不排除他会“出卖”其他律师同行的可能性。此外,在很多公司犯罪的案件中,公司法律顾问往往成为“众矢之的”,公司老板、高级管理人员、员工都可能将责任推卸给法律顾问,认为公司的业务模式或者经营行为经过专业律师的合规评价,律师告诉他们不会有问题,他们才大规模开展的,他们没有意识到涉案的行为是犯罪。

例如,黄某等人涉嫌集资诈骗罪案:

黄某等人在供述中认为,他将公司的经营方案告诉法律顾问张某后,张某比较赞同他的方案。黄某在公司的各大微信群中把张某的上述观点分享给更多的用户,认为公司的业务符合未来社会的发展方向;张某是专业律师,告诉黄某在法律层面公司的某项业务行为不会违法，黄某才开始这种经营模式的。公司的员工也指认，法律顾问张某律师在微信群聊及上课时，向公司员工及客户表示公司的该业务行为并不违法。这些证词给律师张某带来重大的刑事危机。

又如，李某涉嫌辩护人伪造证据、妨害作证罪案：

根据裁判文书的记载，2009 年 12 月 10 日，龚某某向公安机关揭发他的律师李某在看守所会见龚某某时，为帮助龚某某开脱罪责，诱导、唆使龚某某编造公安机关对其刑讯逼供，并向龚某某宣读同案人樊某某等人的供述，指使龚某某推脱罪责。李某被定罪的证据，包括犯罪嫌疑人龚某某及证人马某等人的证词。证人马某被采取强制措施后，作证证明他和李某三次会见龚某某，会见前后听到李某向龚某某宣读了樊某某的部分笔录材料，“李某告诉龚某某只承认非法持有枪支罪和行贿罪，其他说不知道”，“李某小声教龚某某在庭审时说自己被警察刑讯逼供，并让龚某某假装演示被刑讯逼供的过程”，“李某告诉龚某某在法庭上接受李某的问话时就回答不知道，不要多说了，言多必失；李某对龚某某说龚某某在公安机关的供述对龚某某很不利，如果不推翻以前的供述必死无疑，让龚某某在庭上必须说被公安机关刑讯逼供了，说得越夸张越好。让龚某某说以前的供述都是因为被公安机关刑讯逼供形成的，以此来翻供，让以前的交代全部作废”。证人的上述证言，无疑是对李某定罪量刑的关键证据之一。

最终，裁判认为，证人马某等人的证言虽是在被限制人身自由的情况下所作，但其证言是公安机关依照法定程序收集，与本案具有关联性，且相互印证，具有证明力。一审判决李某犯辩护人伪造证据、妨害作证罪，判处有期徒刑 2 年 6 个月，二审改判为 1 年 6 个月。[1]

（六）污蔑他人

司法实践中，我们经常可以看到，同案人之间相互推卸责任，更进一步的表现是为了寻求自己的利益最大化，而抹黑污蔑其他人的情况。我们没有必要对刑事危机下当事人的表现抱持太大的期待，也没有必要为在刑事危机下当事人的策略选择感到意外，否则我们就会感到失落，甚至因遭遇当事人及其他涉案

[1] 详见重庆市江北区人民法院刑事判决书，(2009)江法刑初字第 711 号；重庆市第一中级人民法院刑事判决书，(2010)渝一中法刑终字第 13 号。

人员的“背叛”而措手不及。对于当事人来说更是如此，当事人不要过高期待其他涉案的“朋友们”的表现，否则很容易对同案人将责任推给自己甚至污蔑自己而感到悲伤或感到“被抛弃”。

例如，黄某、毛某涉嫌制造毒品罪案：

制毒窝点被公安机关查获，制毒人员落网。在审讯过程中，制毒人员徐某如实供述了他们通过黄某介绍，向毛某交易制毒原料的事实。那么，黄某、毛某参与的犯罪行为就决定了他们构成制造毒品罪还是非法买卖制毒物品罪：构成制造毒品罪的人，则面临“处十五年有期徒刑、无期徒刑或者死刑，并处没收财产”；构成非法买卖制毒物品罪的人，则面临“处七年以上有期徒刑，并处罚金或者没收财产”。此时，他们两人都别无选择，大家都会往非法买卖制毒物品的方向辩解，而把直接与制毒人员沟通、交易的行为和责任推卸给对方。其中毛某的策略选择就是指证黄某是直接和制毒人员联系的人，自己只是介绍他们认识的中介。

问：你把和徐某交易盐酸羟亚胺的情况说一下。

答：2016 年 7 月左右，有一天徐某过来聊天，讲到用盐酸羟亚胺做毒品会更方便，问我能不能帮忙找到，我当时就想到之前来我店铺推销过东西的自称是江苏盐城人的黄某，当时他讲过能找到盐酸羟亚胺，我就答应帮徐某问问。后我打电话给黄某，他说能找到，我就说有人要找盐酸羟亚胺，我介绍他们认识，他们自己去谈。然后我就把黄某的电话给了徐某，让他们自己去联系交易，至于他们具体的交易数量、价格、具体过程等情况，我都没有参与，都不知道。过了一段时间，徐某去接货前说钱不够，要我中间担保一下，货回来后再给剩下的钱。他运盐酸羟亚胺回到广州后几天，徐某就拿了 100 万元人民币的现金给我，都是刚从银行出来的 10 万元人民币一捆包装的，具体的数量也不知道的，我接到这些钱后马上就打电话给黄某，他当晚就来店铺拿走。他们之间的交易我没有参与的，我只是介绍而已，也没赚钱的。

问：黄某的情况？

答：他自己介绍是江苏盐城人，自己来我档口推销货品的，我知道他的手机号码是……40 多岁，身高大约 1.65 米。

问：你有否告诉徐某去哪里接这批盐酸羟亚胺？

答：没有，是他们自己联系交易，自己确定接货地点的，我都不知道。

问:你有否拿过一个手机给徐某,叫他去接盐酸羟亚胺?

答:没有的。

问:这批盐酸羟亚胺有没有回到过你的店铺里存放过?

答:没有的。

问:介绍徐某买盐酸羟亚胺后,你有否得到好处?

答:没有。

由此可见,面对涉嫌制造毒品罪的重大刑事危机,毛某选择将责任都推卸给黄某,认为真正与制毒人员徐某交易盐酸羟亚胺的人员是黄某,毛某仅从中介绍他们认识,由他们自行联系、自行交易,毛某没有参与他们的交易,也没有因此获得任何好处,相关的交易都没有经过毛某。

面对同样的涉嫌制造毒品罪的刑事危机,黄某也作出了类似的辩解,认为他只是介绍了盐酸羟亚胺的货源给到毛某,毛某具体销售给别人,具体销售给谁不知道。黄某介绍了盐酸羟亚胺的货源给毛某,获利 2.2 万元,没有其他好处,他也没有向制毒人员买卖过盐酸羟亚胺。

问:你与毛某之间有什么不法交易?

答:我曾经介绍过毛某买过一次盐酸羟亚胺。

问:具体情况说一下?

答:在 2016 年的下半年,具体的时间我记不住,当时毛某打电话问我能否找到盐酸羟亚胺的货源,说要 10 桶左右,我当时在某地,就马上去找之前朋友介绍认识的刘某……谈好这些事后,我就将刘某提供的一个电话号码给毛某,叫他带好现金去交接,至于具体的交接地址在哪里我不清楚,由他们之间去谈,我也没去现场。还有就是具体交易多少桶我也是不知道的,他们在交接现场确定,我只是做了他们交易盐酸羟亚胺的中介,再就是毛某这批货是安排谁去接或是卖给什么人我都不清楚。

问:你是否知道盐酸羟亚胺是什么东西?

答:我知道盐酸羟亚胺是易制毒物品来的,属于一类管制的。

问:这次的交易你从中赚取了多少的非法利润?

答:我从中赚了 2.2 万元人民币。他们交易完后,毛某在某化工城旁边一个地方给我现金的,毛某当时说他也没赚到钱,至于是不是真的我不清楚。

问:这次的盐酸羟亚胺毛某卖给了谁?

答：我真的不知道。

从审讯笔录看，毛某和黄某各执一词，都认为自己只是居间介绍的人，真正交易盐酸羟亚胺的人是对方，罪责更重的是对方，而不是自己。同样一个事情，出现两个故事版本，必然有一个更加符合事实真相，有一方污蔑了“队友”，企图让对方承担主要的刑事责任。我们作为黄某的律师介入，经过仔细的梳理和图文并茂的解释说明，最终证明黄某辩解的事实经过才符合真相，黄某才是居间介绍的人，毛某才是真正将制毒物品销售给制毒人员的人。最终，检察院和法院都支持了我们的辩护意见，认定黄某仅构成非法买卖制毒物品罪，判处有期徒刑 7 年，并处罚金人民币 100 万元；认定毛某犯制造毒品罪，判处无期徒刑，剥夺政治权利终身，并处没收个人全部财产。有期徒刑 7 年和无期徒刑存在天壤之别，我们也就可以理解毛某面对重大刑事危机时会“污蔑”黄某，将黄某指证为与制毒人员对接的人，而将自己置于居中介绍的次要地位。这是毛某在刑事危机下的策略选择，最终他的辩解策略不成功，但他充分努力辩解过，也更能接受裁判结果。

四、刑事危机下的人设

在刑事危机下，当事人、被害人、证人等都会有意无意地塑造自己的人设形象。被害人作为遭受违法犯罪行为伤害的人，会首先塑造自己遭受严重伤害的弱者人设形象，要求办案机关追究加害者的刑事责任；证人则会有意无意将自己置身事外，塑造自己是公允、未参与、没有法律责任的人设形象；当事人也会设置诸多人设形象。实际上，正在面临刑事指控的当事人，只要其足够理性，都无疑会塑造对自己最有利的人设形象。

（一）没参与的无辜者

当事人坚持认为指控的犯罪事实完全不属实，他从来没有实施或参与过涉案犯罪行为，他也不知道涉案犯罪事实，自己是被错误指控或者被诬告陷害的，自己完全是无辜的，要求办案机关为他主持公道，还他清白。或者当事人辩解自己只参与了和犯罪行为无关的部分，因此是无辜的。诸如此类，当事人塑造自己确实没有参与犯罪行为的无辜者形象。

例如，在刘某涉嫌参加黑社会性质组织罪、抢劫罪案中，刘某被指控构成两个罪，其中，抢劫罪发生时间是 2014 年年底至 2015 年年初。刘某及其律师提交了大量证据，证明2014年开始刘某已经有固定的工作，每天有固定的上班时间，没有参加黑社会性质组织、更没有抢劫。该案刘某的人设形象就是无辜者，他始终认为没有参与抢劫行为，要求认定其不构成抢劫罪。

（二）不知情的无辜者

虽然当事人客观上实施或参与了涉案的犯罪行为，但当事人认为自己不知道违法犯罪的事情，主观上不知情，没有实施犯罪的主观故意。如公司涉嫌犯罪的案件中，大多数员工都会辩解，认为他只是在做一份工作，赚一份辛苦钱，他的收入都是劳动获得的合法收入，他从来没有意识到公司的业务是犯罪行为，公司经营这么久也没有人来告诉他们公司的行为是犯罪，他不知道自己的行为帮助了犯罪。当事人据此塑造自己是在不知情的情况下卷入案涉犯罪行为，完全没有犯罪主观故意的无辜者形象。

例如，雪某集团涉嫌非法吸收公众存款罪案：

朱某是公司的理财师，他被指控构成非法吸收公众存款罪，虽然朱某承认自己在公司工作的内容主要是根据客户的要求推荐理财产品，并根据业绩获得报酬，但始终认为自己不知情，没有犯罪的主观故意，是无罪的。

问：你对雪某集团涉嫌非法吸收公众存款有什么认识？

答：我是在雪某信托做理财师的，雪某信托是有相应信托牌照的，我们理财师是根据客户要求向客户推荐理财App（是一种引流模式），不清楚雪某集团的理财产品发行等具体情况，也不知道雪某集团理财产品涉及的底层资产情况以及相关的交易是否真实，雪某集团涉嫌非法吸收公众存款犯罪我是不知情的。

问：你个人对你在雪某信托工作销售理财产品，从中收取佣金提成有什么认识？

答：我认为我销售理财产品所获得的工资和提成是我的合法收入，我的销售佣金提成是合法收入，我向客户推荐的理财产品均按照客户真实要求原则，且客户的认购行为均是客户的自身意愿和选择。

问：你是否愿意退出你的销售佣金提成所得？

答：我不愿意。

问：你是否认罪认罚？

答：我不认罪认罚。

（三）做了但应该无罪

当事人对指控的主要事实和行为都认可，承认确实实施、参与了案涉的事实，但提出行为本身不是犯罪行为、没有达到刑事犯罪的立案追诉标准、具有正当防卫、紧急避险、没有非法占有目的等其他无罪理由，主要为了说明他的行为有正当理由和依据，没有达到犯罪标准，不应该被评价为犯罪。由此，当事人为自己塑造积极配合调查且其行为本身确定不构成犯罪的人设形象。

例如，魏某涉嫌违规披露、不披露重要信息罪案：

魏某作为某财务造假上市公司的独立董事，被指控涉嫌违规披露、不披露重要信息罪。魏某作为上市公司的独立董事，相关年度报告、半年度报告的签字人，他均承认签名真实性，以及对相关年度报告、半年度报告数据真实性的承诺，但始终认为，他已经尽责，应该无罪。

问：你在××股份有限公司任职期间有无尽责？

答：我在××股份有限公司任职期间，没有参与××股份有限公司的虚假业务等，在本职工作中较多还是通过公司提供的数据去分析，但没有深入去核实数据，职业敏锐度不高。

问：你作为具有会计学教授职称、高级会计师资格证书的××股份有限公司独立董事，并且担任××股份有限公司审计委员会委员、主任，薪酬与考核委员会委员及提名委员会委员，为何从未对公司每年度出现的虚假业务、提前确认收入等行为作出任何质疑，你能否解释一下？

答：我在任职期间有对公司业务提出质疑，有些业务一笔就七八千万元，其中我印象比较深的是×××，我专门咨询罗某，罗某跟我说这是重点开发的客户，在××会议上认识的客户，当时罗某还跟我说公司要集中人财物来集中发展这笔业务。我也专门在网上自行核查过业务公司的资质，没有发现问题，当时还特别关注了证券公司（保荐机构）年审会计师出具的报告，也未发现该业务及收入存在什么问题，之后就没再进行深入核查。

问：根据调查，××股份有限公司存在大量违规担保，你在每年度审查过程中有无发现公司存在违规担保这一情况？

答：我在公司任职的过程中，有质询过公司是否存在违规担保一事，但公司高层郑某等人跟我说公司没有违规担保，也向年审会计师了解了担保情况和审计程序，而且每年审计时，公司的银行存单也确实在公司，所以我就没往深处去想了。证监会调查结果出来后我才知道连银行都有配合造假,每次年度审计时银行会将质押的存单借回给公司完成审计。

又如,林某涉嫌职务侵占罪案:

对于使用虚假的合同将公司资金挪到自己控制的关联公司这一事实,林某基本没有异议,但他认为这不是违法犯罪行为,这是正当的,他按照《合作开发协议》,在他应得的份额内拿属于自己的那份财产,没有损害其他股东的利益,也没有违反《合作开发协议》,当然不构成职务侵占罪。

再如,张某等人涉嫌开设赌场罪案:

俱乐部的几十人在赌博现场被人赃俱获,几十人赌博的事实比较清晰,证据也比较充分,很多被抓获的当事人都辩解没有参与赌博,只是旁观或者只是提供服务等,不构成开设赌场罪。

张某辩解认为,他自己没有赌博,是其他人在赌博,他只是一个发牌的人,因此,他不构成开设赌场罪。笔录内容如下:

问:你有无开设赌场的犯罪行为?

答:我认为我没有,我只是在那里上班做荷官,负责派牌和抽水。

问:那你知不知道那些人在俱乐部利用筹码打扑克的行为,是一种赌博行为?

答:我知道他们的行为是一种赌博行为,但我没有参与赌博,我只是在该俱乐部做荷官负责派牌和抽水,抽水的钱都是公司的,我只是在该公司拿工资和提成。

同案人李某则辩解认为,他不知道这些人在赌博,不构成开设赌场罪。笔录内容如下:

问:你是否知道那些客人在那里打德州扑克是赌博行为?

答:我不知道。我以为用现金玩的才是赌博,他们是打比赛的,又没有现金交易,所以我不知道他们的行为是赌博。

(四)做了但存疑无罪

当事人虽然实施了所指控的涉案行为,但认为指控的犯罪事实不清、证据不足、是否达到入罪标准存疑、其行为与危害结果之间是否有因果关系存疑、其供述的犯罪与指控的犯罪一致性存疑等。因此,他的行为不应该被认定为犯罪。当事人虽承认了他实施的主要行为,但提出影响罪与非罪的关键问题,试图为自己争取较大的辩解空间。此举塑造当事人认罪态度好,有认罪、坦白情节,但根据法律规定确实存疑、应当无罪的人设形象。

例如,许某涉嫌交通肇事罪案:

许某驾车撞到被害人,被害人几天后死亡,据此,许某被指控涉嫌交通肇事罪,追究刑事责任。许某对于撞到被害人的行为和事实是认可的,但是对于其行为和被害人死亡之间是否存在因果关系,许某认为存疑,现有证据不能证明其行为与被害人死亡结果之间存在因果关系,而且证据还显示被害人死亡可能由于其他原因引起。因此,许某撞了人,但可能没有达到刑事立案标准,应当认定其无罪。

又如,阮某涉嫌走私淫秽物品罪案:

阮某作了很多次认罪供述,都承认被查扣的这些淫秽书籍就是他的。然而,后来他翻供认为自己确实通过网站向境外购买过淫秽书籍,但他购买的不是这一批,案卷材料显示的购买时间、发货时间、入境时间、书本数量、书本的名称等都和他自己购买的那些有出入,他也无法确定他购买的那一批究竟有没有入关,什么时候入关,委托谁入关等信息。办案机关查扣的这一批是不是他的他无法确定,很有可能不是他的。因此,认定他构成走私淫秽物品罪,事实不清,证据不足。

在少部分案件中,当事人在侦查阶段作了有罪供述,承认自己实施的犯罪行为。但是后来作出了诸多辩解,称自己所供述的犯罪行为不是指控的这一单,自己实施的行为与指控的犯罪行为无关,并不是一回事,据此作无罪辩解。

例如,在张某涉嫌故意杀人罪案中,张某归案后在侦查阶段作出过多次认罪供述,承认自己确实杀过人,详细供述了杀人的具体时间、地点、被害人相貌等信息。后续张某辩解认为,他自己确实杀过人,这是事实,但不是指控所说的这个被害人,经过仔细辨认,张某自己当年杀的那个人跟案卷材料中的死者不同,案涉死者不是他杀害的那个人。因此,本案指控他杀害了这个被害人是错误的,认定他故意杀人罪的事实不清,证据不足。

(五)做了但是罪责轻

当事人承认自己实施的行为,但认为自己在犯罪中仅起次要的作用,或者被害人有严重的过错，或者自己有自首、立功、未遂、中止、坦白、退赔、谅解等各种从轻、减轻处罚的情节和表现等，塑造自己认罪悔罪但请求宽大处理的形象。这种情况在司法实践中是最常见的。即便当事人认为自己无罪，当律师分析后认为无法作无罪辩护时，大部分当事人都会转而塑造自己认罪悔罪请求宽大处理的人设形象，寻求从宽处罚结果。

当事人的辩解直接体现他的人设形象，人设形象也会对其辩解内容、辩解策略及辩解可信度产生重大影响。因此，当事人为自己塑造一个良好、适当的形象固然很重要，但没有必要刻意塑造，避免有过度的修饰痕迹。当事人的形象应该是建立在案件事实真相或者合理辩解上的自然表现，其形象务必与案卷其他证据材料相吻合，与其辩解内容、辩解策略相匹配。辩解策略不同，人设形象必然不同。

例如，李某涉嫌职务侵占罪案：

李某是公司的副董事长，与公司董事长是夫妻关系。董事长没有归案，李某被抓获归案。公诉机关指控李某采用虚假工程合同，侵占公司资金 2.36 亿元，构成职务侵占罪。该案李某先后聘请了很多经验丰富的律师为她辩护，提供辩护方案。李某的人设形象对其辩解会产生较大影响，理论上李某有多种人设形象选择。

其一，没参与的无辜者。李某可以辩解她只是挂名的公司副董事长，并没有参与公司实际经营，公司相关合同、审批材料上的签名并非她本人所签，不知道是谁签的，反正她只是一个家庭主妇，完全没有参与到案涉公司的日常经营中，因此她不构成职务侵占罪。

其二，不知情的无辜者。李某案发时不满 30 岁，社会阅历不足。她对房地产公司的运作、房地产项目的开发等都不了解，她听从丈夫的要求在相关文件上签字，并不了解文件本身的真实性、工程的真实性，对于案涉资金的性质、来源、去向、用途等都不清楚，所以她不知情，是无辜的，没有职务侵占罪的故意和行为，因此不构成职务侵占罪。

其三，做了但应该无罪。李某对公司运营情况很了解，实际上她具体参与了公司的日常经营管理，她知道相关合同虚假、工程款虚高等情况，但所有的这些行为都是为了项目运作，为了公司利益或者有其他合法目的，没有侵害公司利益、股东利益，本质上没有非法占有公司财产的目的，因此她是无罪的。

其四,做了但存疑无罪。案涉通过虚假合同、虚高工程款等手段将公司资金套走的事实,李某完全认可。但李某同时认为,她代表公司的大股东,也是公司的实际控制人之一,她和公司的资金往来是双向的而不是单向的。虽然通过虚假合同、虚高工程款等手段套取了部分公司资金,但她也向公司注入大量工程建设资金,而且她转入的资金更多。因此,根据单向资金往来的行为认定她构成职务侵占,将单向资金往来的数额认定为她侵占公司资金的犯罪金额,显然是错误的。在没有进行完整的双向资金往来审计的情况下,有无职务侵占的行为以及具体金额存疑,她应当无罪。

其五,做了但是罪责轻。李某承认其参与职务侵占公司资金的犯罪行为,但辩解认为她不是犯意发起人、主要获利人,她只是受雇佣的高级管理人员,应该认定为从犯,且具有自首、坦白、认罪认罚等从轻、减轻处罚情节。

李某理论上可以有不同的人设形象,具体辩解时可以同时存在相近似的人设形象,但很难全部兼容并存。具体如何选择,需要客观评判案卷证据材料,确保她的形象塑造要与在案证据状况,与辩解内容、辩解策略,以及案件辩护策略不冲突,且能相互配合。如果大量的员工都指证李某是公司老板娘,所有事情都听老板娘的,公司日常经营中都是老板娘吩咐员工做事情,而且在很长一段时间内,老板都不在公司上班,甚至老板长期在海外,公司的事情都是老板娘主持大局作出决策的。那么,如果她还坚持没有参与的无辜者、不知情的无辜者等形象,则难以被裁判者接受。因此,李某不应该违背这些事实和证据来塑造不利于辩护的人设形象。

当事人的人设形象应该尽可能稳定一致,否则配合辩解内容、辩解策略的人设崩塌不仅会大大减损辩解的说服力,还会在后续诉讼阶段甚至申诉阶段继续产生不利影响。一般而言,在刑事申诉阶段出现的新辩解、新人设形象,比较难以被采纳。

例如,刘某受贿罪申诉案:

刘某在一审阶段、二审阶段的供述及其律师的辩护意见,都认可其收取涉案钱款的事实,但认为这是礼尚往来。审判期间,刘某还主动退赃20多万元。最后,判决认定刘某构成受贿罪,受贿金额55万多元。刘某服刑完毕后对生效判决不服,想要进行刑事申诉。刘某认为,他是冤枉的,他虽然收了55万多元,但是这些钱都不是他自己用的,是帮单位代收的,而且款项也全部充入单位的小金库，用于单位开销，认定他自己构成受贿罪是错误的、不公平的。

当事人在一审、二审阶段提出其确实收了钱，但属于礼尚往来，因此不属于受贿。然而，在申诉阶段，当事人提出的是，他自己没有收钱，都是代表公司小金库收的，因此，单位收的钱不能被认定为个人受贿。原一审、二审阶段和申诉阶段，当事人的人设形象前后完全不同。显然，他的申诉理由难以被支持。

第三节
囚徒困境中的抉择

当事人面临刑事危机，在信息不对称的情况下，他们作为理性人会根据利弊选择来决定是否配合调查、是否作出对自己、对他人不利的供述。“对一次性囚徒困境博弈来说，无论对手的行动可能是什么，最佳策略是简单地背叛。”〔1〕从当事人个人角度看，每个当事人都选择坦白从宽，获得认罪认罚、从宽处理结果，这是个人最佳抉择。但个人基于理性考量的最佳抉择，却可能是整个犯罪团伙的最糟糕抉择。每个当事人都选择作出对自己和对其他人不利的供述，则办案机关就可以通过他们的供述准确查明全部事实、搜集证据材料，导致所有人都难逃应有的罪责。如果他们每个当事人都不理性，拒绝作出对自己和对他人不利的供述，则可能最终犯罪事实无法查清，所有人都得到最轻微的处理结果，对于整个犯罪团伙而言，这无疑是最佳抉择。在刑事危机下，个人利益和团队利益不一致，个人最佳抉择和团队最佳抉择不一致，这种现象被称为囚徒困境。

一、囚徒困境的理论模型

囚徒困境的典型模型大致如下：犯罪团伙的两个成员被抓获归案，每个成员都被单独羁押，不能互相通气和交换信息。警察承认他们没有足够的证据证明这两个人对主要的指控负有罪责，他们打算以较轻的罪名判处二人各 1 年监禁。与此同时，警方许诺每个囚犯，如果他作出不利于同伙的证供，那么他将被释放，而他的同伙将被判处 3 年监禁。但两个犯罪嫌疑人都作出不利于对方的

〔1〕 杨懋、祁守成：《囚徒困境：从单次博弈到重复博弈》，载《商业时代》2009 年第 2 期。

证供,那么这二人都将被判处 2 年监禁。两个犯罪嫌疑人都允许有一段时间仔细掂量自己该怎么办,但在做出不可改变的决定前,他们不能知道对方的决定。同时,两个犯罪嫌疑人也都被告知,另一个犯罪嫌疑人也有同样的待遇。因此,每个犯罪嫌疑人只关心自己的福利——使自己服刑的时间最短。

	B 拒绝与警方合作	B 作出对 A 不利的证供
A 拒绝与警方合作	A 1 年,B 1 年	A 3 年,B 0 年
A 作出对 B 不利的证供	A 0 年,B 3 年	A 2 年,B 2 年

两个犯罪嫌疑人可以这样推理:“假如我作出不利于对方的证供,而对方却没有,那么我可以逍遥法外(不必受 1 年的囹圄之灾)。假如我作出不利于对方的证供,对方也这样做了,那么我将坐两年牢(而不是 3 年)。在这两种情况下,不管我那朋友怎么做,我作出不利于对方的证供都是有利的,都会少坐 1 年牢。”麻烦在于,另一个犯罪嫌疑人可能正要做出完全相同的结论。如果双方都是理性的,那么双方都要作出不利于对方的证供,这样双方都要坐两年牢。但只要双方都拒绝作出对对方不利的证供,每个人都只坐 1 年牢。[1] 因此,犯罪嫌疑人都认为作出了最理性的选择,实际上却不是对两个人利益最大化的选择。

“一次性(one - shot)囚徒困境博弈不会产生合作解(co - operative outcome),因为背信使博弈双方之间形成了一个纳什均衡(Nash equilibrium)。然而,倘若博弈是重复的,博弈双方就可能采取一种简单的‘一报还一报(tit - for - tat)’战略(以合作求合作,以背信还背信),从而产生了合作解。”[2] 在囚徒困境下,只有重复的博弈,双方才会“一报还一报”,在前一次的刑事危机中,对方保护了他,在这一次刑事危机中,自己也可能为报恩保护对方,这才有了囚徒困境下囚徒的合作可能。然而,对绝大多数当事人、绝大多数案件而言,两人同处在同一个刑事危机中,都会是唯一的一次。因此,在这不会重复的刑事危机处理中,当事人都倾向于认为配合办案机关,作出对对方不利的陈述才是对自己最好的决策。只要双方存在利益冲突,就容易产生不信任,双方合作的可能性

---

〔1〕 参见[美]威廉·庞德斯通:《囚徒的困境》,吴鹤龄译,中信出版集团 2015 年版,第 145 页。
〔2〕 [美]弗朗西斯·福山:《公民社会与发展》,俞弘强译,载曾荣湘编选:《走出囚徒困境:社会资本与制度分析》,上海三联书店 2003 年版,第 86 页。

就急剧下降。“博弈理论中正规的‘囚徒困境’模式，预示了一种非合作的平衡态——在不存在强制性管制的威胁时发生的，它从理性最大化的角度强调个体自主的绝对性。”〔1〕

二、囚徒困境的实践样态

“囚徒的困境不只是一个故事，它是一个精确的数学结构，也是现实生活中的一个问题。”〔2〕真实的司法实践中，囚徒困境理论也被广泛运用。例如，共同犯罪的审讯问题。办案人员往往会选择分化瓦解策略，逐一突破同案人的心理防线，获得认罪口供，查明案件事实。又如，行贿人和受贿人的审讯问题。不少贿赂案件在案发前，受贿人意识到可能被调查，风声比较紧，因而与行贿人进行充分沟通，形成攻守同盟，认为这个事情“天知地知，你知我知”，只要双方都不承认存在行贿受贿往来，即便有证据证明双方有资金往来，也可辩解为借贷往来等行为，甚至暂时将受贿款项退回给行贿人当作借款已经还完的证据，抑或双方补充签订借条，证明双方的资金往来并非贿赂犯罪，诸如此类的处理方案。行贿人和受贿人在案发之前往往会认为，这样双方就可以全身而退。然而，大量司法实践证明，这种攻守同盟在当事人面对审讯时的利弊选择考量中，往往不堪一击。办案机关略施小计，就可以快速瓦解攻守同盟。

我们在影视剧中也经常可以看到对犯罪嫌疑人审讯、突破其口供的方式，类似于，“提醒你一句，你主动交代和我们查实后你再承认，性质完全不同”“今天我像这样给你提问，就是想给你机会和自尊，有些事情，如果一定要从我嘴里说出来的话，恐怕，你连回答的机会都没有了”。类似审讯手法，就是囚徒困境理论的实践运用。

与囚徒困境的理论模型相比，司法实践中囚徒困境下各方决策产生的对应结果与理论模型下各方决策产生的对应结果并不相同。当事人在具体案件中的抉择具有更多的可能性，所产生的效果并非与理论模型中的效果一致。主要原因在于理论模型中，警察除了是侦查人员，还扮演了裁判者的角色，有决定对两名犯罪嫌疑人根据他们的表现作出裁决的权力。但在真实的司法实践中，警

〔1〕［西］雅森特·佛丹纳：《集体行为理论的比较分析框架》，李智译，载曾荣湘编选：《走出囚徒困境：社会资本与制度分析》，上海三联书店 2003 年版，第 210 页。

〔2〕［美］威廉·庞德斯通：《囚徒的困境》，吴鹤龄译，中信出版集团 2015 年版，第 13 页。

察主要是侦查人员，其虽然对于是否构成犯罪的案件有自由裁量权，但一旦达到犯罪标准，他们几乎没有不追究刑事责任的权力，更没有量刑权力。

其一，单方配合，案件处理的无罪、罪轻结果是可能性而不是确定性。当事人配合调查，作出对其他同案人不利的供述，而同案人拒不配合调查时，司法实践中不一定会让当事人获得无罪的结果，获得无罪只是一种可能性而不是确定性。在理论模型中，只要当事人作出对同案人不利的供述，而同案人拒不配合调查时，当事人可以得到无罪的确定结果。但司法实践中，很多案件中当事人可能没有获得理论模型中的办案人员对其从宽处理甚至无罪的有效承诺。即使承诺有效，实际上也不一定经得起法律评判。当事人配合调查，作出对其他同案人不利的供述，还需要进一步了解他对自己的犯罪行为有没有进行有效辩解。在大部分案件中，当事人自己的辩解是影响案件裁判结果的重要因素，一味配合调查，指证同案人，忽视自身罪与非罪、罪责大小的有效辩解，不一定会如理论模型中获得较轻的裁判结果。

在电视剧《破冰行动》中，缉毒警察蔡永强和李飞抓了两个毒贩，对他们进行审讯时，就充分运用囚徒困境理论。蔡永强没有马上安排审讯，而是把两个人晾在审讯室一整晚，等到他们开始频繁打哈欠，状态最疲惫时，才开始审讯。毒贩“大虾”坐过牢，有审讯经验，属于多次“进宫”的老油条，毒贩“麻子”则显然没有应对审讯的经验。蔡永强对两人说谁积极合作爆出大料就能得到宽大处理，并使用一枚硬币说“只有一个名额，要不要来赌一把，字还是花？”然后“麻子”忍不住开口下注了“花”，而出来的结果却是字，“麻子”赌输了。蔡永强抛下他带走“大虾”，让“麻子”以为唯一宽大处理的机会只给了“大虾”。后蔡永强和李飞伪造了“大虾”的口供，让“麻子”误以为“大虾”已经招供，“麻子”彻底崩溃，然后“麻子”跪求给他招供的机会，请求从宽处罚。蔡永强和李飞成功突破“麻子”的心理防线，审讯获得成功。实际上，该案侦查人员只是利用囚徒困境作为审讯手段，利用该手段获得“麻子”的供述，经办人可以迅速破案，然后给予“麻子”认定坦白情节，仅此而已。警方的工作主要是破案，而不是定罪量刑。

其二，单方拒绝配合，拒绝配合的不一定会被严惩。当事人配合调查，指证同案人，不是对同案人定罪量刑的充分证据。当事人选择自己认罪，同时指证同案人的罪责，此时可以确定的是当事人自己构成犯罪，但同案人是否构成犯罪是不确定的，同案人的犯罪事实是否清楚、证据是否确实充分，需要进行重新审查判断。同理，即便同案人配合调查作出对其不利的证词，也不必然导致当事人面临较重的罪责。最终如何裁判，还需要取决于具体犯罪行为中各同案人的作用大小、罪责大小，以及有无立功、自首、退赔、从犯等从轻、减轻处罚情节。不会如囚徒困境模型中，只有一方拒不配合调查时，拒不配合调查的一方将面临严惩的结果。

其三，同案人都拒绝配合，结果不一定是都罪轻，也可能是都无罪。同案人之间选择合作、拒不交代，形成攻守同盟，则其案件最好的处理结果并不是囚徒困境模型中的判处轻罪处理，而是因事实不清、证据不足而无罪，同案人都难以被追究刑事责任，侥幸逃脱法律制裁。

其四，双方都配合调查，既可能从宽处理，也可能加重处理。在囚徒困境的理论模型中，双方都配合调查，都做出对对方不利的证供，两人都得到折中的裁判结果。但司法实践中，如果双方都配合调查，都竭尽全力作出对对方不利的证供，可能导致共同犯罪的犯罪事实、犯罪金额、罪名数量、犯罪情节等增加或者加重，虽然他们本来就“罪有应得”，但他们双方都配合调查，是办案机关挖掘更多犯罪事实、犯罪金额、犯罪数量以及更严重犯罪情节的重要条件。相比之下，双方都配合获得的从宽处理情节，对案件裁判结果的影响很有限。

三、当事人的三种结果

司法实践中，当事人经常会问“如果我全部供认，会怎么样？”“如果我坚决不认，会怎么样？”，这些问题实际上体现了当事人面临囚徒困境作出抉择时的困惑。总体而言，当事人在囚徒困境中选择配合调查，其自己的案件裁判结果可能有三种：免除罪责、减轻罪责、加重罪责。

至于具体个案中，当事人该如何抉择才能实现利益最大化，获得最优的案件处理结果，既取决于当事人自己的聪明才智，也取决于其是否得到律师的有效辅导。因此，在具体到个案的刑事危机处理过程中，律师需要为他们结合案件的具体情况，分析他们选择配合调查对案件调查和对他们个人定罪量刑的影响，供他们作出抉择时参考，帮助他们作出在具体案件事实、具体案件形势下的最优抉择。

（一）免除罪责

在囚徒困境下，当事人选择配合办案机关的调查，如实供述相关犯罪事实，愿意认罪认罚，请求宽大处理，在不少案件中确实可以获得宽大处理的结果。尤其是在贿赂案件中，在当前司法环境下，办案机关不仅考虑法律因素，也会考虑法律之外的因素，有时确实可以对配合调查的行贿人宽大处理，不移送检察机关处理。

例如，侯某涉嫌行贿罪、非法占用农用地罪案：

侯某因涉嫌非法占用农用地罪被抓获归案刑事拘留。在调查过程中，侯某的手机微信聊天记录被提取，办案机关发现了贿赂事实。再后来，办案机关抓获了相关部门公职人员，公职人员承认收受侯某给予的好处，为侯某提供帮助，公职人员被采取留置措施。后办案机关多次提审侯某，根据侯某手机聊天记录发现双方有现金40多万元的利益输送，以及多次礼品的贿送行为。办案人员对侯某进行坦白从宽、抗拒从严的普法教育，明确办案机关的主要目的是办理公职人员的贿赂犯罪问题，对于行贿人员可以考虑宽大处理。如果侯某配合表现好，甚至可以争取作违纪处理，不移送检察机关审查起诉，不追究其行贿罪的刑事责任。但如果侯某拒不交代，现有微信聊天记录以及受贿人的供述也足够对他进行定罪量刑，他将会被严惩。

经过思想斗争后，侯某作出妥协的抉择，如实供述为了谋取利益向相关公职人员贿送现金40万元及礼物若干的犯罪事实。几个月后，办案机关也兑现了承诺，让侯某亲笔书写《委托书》，侯某委托家属代为退缴违法所得："我是侯某，现因本人存在违法犯罪问题，我已经主动交代认罪认罚，现组织给我机会，对我宽大处理，本人也愿意配合退缴不当得利。由于本人现在看守所，请你帮我向组织代缴人民币×××××元，并将款项存入监委提供的指定账户，请务必帮我代缴该款项，对我有很大帮助。"侯某家属咨询律师的意见后，我们建议他们马上配合缴纳违法所得10万元。半个月后，办案人员再次提审侯某，让他在《悔过具结书》上签字。办案人员明确告知侯某的行贿行为已经得到从宽处理，作为违纪事实，办案机关不再追究其刑事责任。

该案中，侯某在利弊权衡下作出配合调查的抉择，办案机关也确实对其宽大处理，最后行贿案件没有移送检察机关。

又如，赵某涉嫌行贿罪案：

赵某作为某大型上市企业的实际控制人，涉嫌在企业经营过程中，向某领导贿送钱款××万元。某省办案机关找到赵某，要求赵某配合调查，并表示如果配合主动交代，可以考虑对赵某宽大处理。此时，赵某面临重大刑事危机，一旦处理不好，被定罪量刑的后果非常严重。赵某很紧张，急忙寻找律师提供法律意见，帮助他作出抉择，是否按照通知到某省办案机关的办公场所配合调查、是否如实供述行贿犯罪事实、具体该如何供述等。在律师的分析判断及协助沟通下，赵某选择相信该办案人员作出的宽大处理“承诺”，主动到办案机关配合调查，如实供述了相关行贿犯罪事实。办案人员也当面表示他们会充分考虑政治影响、社会影响，综合赵某的认罪悔罪态度，争取对赵某从宽处理。最终，赵某也确实得到宽大处理，未被追究行贿罪的刑事责任。

（二）减轻罪责

当事人选择配合调查，就可能具有坦白、自首、认罪认罚、立功等从宽处理情节，其罪责有机会减轻。在部分案件中，当事人作出对其他同案人不利的证词，可以让更多同案人来承担刑事责任，从而在共同犯罪中区分主从犯。配合调查的当事人可能被认定为从犯，或者在罪责承担中不会成为“第一被告人”，让自己的罪责更轻。在这种情况下，当事人供述出来罪责比他大的同案人越多，自己的罪责也就相对越小，同案人中的排序也就越靠后，更可能获得从轻、减轻处罚的结果。因此，当事人选择配合调查，是可能减轻其罪责的。在部分案件中，当事人配合办案机关的要求让其他同案人到办案机关投案自首或者说明情况，还可以被认定为立功表现，得到进一步的宽大处理可能。

例如，张某、欧阳某等人涉嫌销售假冒注册商标的商品罪案：

欧阳某等人被抓获归案后，在案发现场就如实供述了张某是公司股东、老板，负责公司的全面经营活动，他们和张某是亲戚关系，从老家过来投靠张某，帮张某打工、管理公司，负责采购、销售等业务。办案人员让欧阳某打电话告诉张某“消防来检查”，张某赶回到公司处理消防事宜时就被现场等待的办案人员抓获。最终，张某被认定为主犯，欧阳某等几名员工被认定为从犯，得到从宽处理。

（三）加重罪责

在囚徒困境下，当事人作出对同案人不利的指证，不一定能减轻他自己的罪责。如前文所述，同案人到案后可能供述更多的犯罪事实，或者主动供述从犯的其他犯罪事实，可能导致共同犯罪的犯罪事实、犯罪金额、罪名数量、犯罪情节等增加或者加重，也可能导致从犯的其他犯罪事实被查实，诸如此类原因，导致当事人罪责更大。

司法实践中，经常出现以下情况：当事人在囚徒困境下作出决策，将他参与、实施过的全部犯罪事实如实供述，作出对同案人的不利指证，虽然获得认罪态度好、坦白的情节，但当事人供述的同案人犯罪事实，也是当事人自己参与、共同实施的犯罪事实，甚至还可能超出办案机关所掌握的犯罪事实。那么，当事人供述的犯罪事实越多，他的罪责也就越重，这是很好理解的。因为一旦选择配合调查，供述同案人的犯罪行为，这就往往对供述的彻底性产生要求。同案人归案后也可能供述当事人没有供述过的共同犯罪事实，进而产生不利结果。同案人都选择作出对对方不利的供述，那么全部犯罪事实就得到共同犯罪人的供述印证，两人因而可能被认定更多的犯罪事实、犯罪金额、罪名数量，更重的犯罪情节等。

四、同案人的四种结果

实践中的囚徒困境下，当事人不论自己是否认罪，往往首先会供述出其他同案人，以及其他同案人实施的犯罪行为。当事人似乎觉得“有人垫背”就可以证明自己无罪或产生起码可以有其他人承担主要责任的错觉。该抉择的出发点无疑是自己利益的最大化，但司法实践中当事人此举的效果却是不确定的，供述出其他同案人不一定能证明自己无罪，也不一定能让同案人承担主要责任，更不一定能为自己争取到宽大处理的情节。被当事人作出不利供述的同案人可能会有四种结果：由于缺乏其他证据材料而无法被定罪；同案人在共同犯罪中罪责更轻；同案人与当事人罪责相当；同案人比当事人罪责更重。

实际上，司法实践中不论当事人是否选择配合调查，也不论当事人是否作出对同案人不利的指证，同案人的裁判结果也都是上述四种，仅从理论上分析可能的结果并没有个案的指导意义。至于具体个案中，当事人作出抉择后，同案人案件的具体裁判结果，既取决于当事人的表现，还取决于同案人的表现，以及同案人的律师的辅导情况。

（一）无法定罪

在当事人配合调查作出对同案人不利的供述时，首先配合调查的当事人自己已经面临刑事危机，如果他没有做充分有效的辩护，则其被追究刑事责任的结局是确定的，但被其供述的同案人是否会被追究刑事责任，则是不确定的，还取决于案件的具体证据状况。对任何个人的定罪量刑，都需要事实清楚、证据确实充分，仅凭借当事人的不利供述，如果没有其他证据予以印证，则同案人很可能不会被追究刑事责任。

例如，杨某涉嫌对非国家工作人员行贿罪案：

办案机关指控：2017 年 × ×月，杨某为了在其 × ×市国际花园 × ×号别墅顺利进行违建，找到装修施工的王某，商量装修加建别墅，并转账给王某 19 万元作为装修、物业关系费，为其别墅违建提供便利。王某向物业公司经理夏某行贿 13 万元，后贿赂犯罪事实案发，王某被抓获归案。再后来，杨某也因涉嫌对非国家工作人员行贿罪被抓获归案。

本案杨某的案发原因是包工头王某向物业经理夏某行贿的事实东窗事发。王某归案后并没有对其是否构成犯罪进行辩解，而是积极配合调查，承认他对夏某行贿的犯罪事实，但他将主要责任推卸给业主杨某。王某认为，他是在业主杨某的雇佣、在杨某的授意下、为了杨某物业的违建才向物业行贿的，因此行贿犯罪主要责任人员是业主杨某，自己只是受雇佣的从犯，恳请办案机关对其从轻处罚。最终，起诉书明确认定"王某与杨某共同商量行贿事情，且杨某指使了王某去行贿，王某是从犯，有自首情节"。

该案王某作出的选择是认罪，配合办案机关调查取证，搜集齐全的证据材料，并且供述业主是主谋，试图让业主来承担主要责任，达到他自己从轻、减轻处罚的效果。该决策产生的法律后果是：其一，王某自己的犯罪是既成事实，事实清楚、证据确实充分，而且是否会被从轻、减轻处罚，完全取决于办案机关的从宽尺度。其二，在王某的"指控"下，业主杨某面临严峻的刑事危机，杨某需要在律师的辅导下妥善地处理刑事危机，如果处理妥当，则杨某有可能不构成对非国家工作人员行贿罪，不会被追究刑事责任。由此可见，王某选择配合调查的确定后果是他自己的行为构成犯罪，争取从宽处理情节，只能接受对他自己的有罪判决，产生的不确定后果是杨某是否会被追究刑事责任。

杨某发现自己面临刑事危机后，马上委托律师介入，在律师的指导下收集、调取证据，并积极与办案机关沟通。律师先后尝试与经办王某案件的检察院经办人沟通、旁听王某案件的庭审、向王某案件的主审法官提交法律意见等。经过多次沟通，律师的努力产生了相应的效果。法院选择采取比较谨慎的态度，虽然控方指控王某和杨某共同商议向夏某行贿，但作为两个分开处理的案件，王某的案件中法院没有认定两个人共同商议行贿事实，仅认定王某行贿的事实。在王某的案件中，法院判决审理查明，“被告人王某在承接××工程期间，为实施违建，请托时任××公司经理夏某从中帮忙，后在××路口贿送夏某人民币××万元”，可以看到，判决书中并没有提到杨某的相关情况。最终，杨某被检察院决定不起诉，杨某的刑事危机得到妥善处理。

（二）罪责更轻

当事人面对刑事危机选择配合调查，作出对同案人不利的指证，不一定会导致有同案人来分担刑事责任而相应减轻自己的罪责。共同犯罪中各参与人的罪责大小取决于各方在共同犯罪中所起的作用大小。一方面，当事人是主犯还是从犯、罪责大小认定，最终要回归客观事实和证据材料，考证他们的参与程度，而与其配合态度没有关联，主犯再怎么配合调查都不会成为从犯，且主犯到案后无论如何供述，都难以作为加重从犯罪责的理由。另一方面，认定共同犯罪人的罪责大小除了考虑其在共同犯罪中的作用大小外，还取决于各共同犯罪人是否具有从轻等减轻处罚情节。因此，当事人选择配合调查，被其作出不利指证的同案人可能罪责更轻，还可能帮助查实当事人的犯罪事实和证据材料。

例如，袁某涉嫌非法集资罪案：

袁某是某公司的老板，袁某公司的行为涉嫌非法集资，他被众多集资参与人扭送到公安机关。袁某归案后对是否配合调查、如何配合调查、如何争取从轻减轻处罚情节等方面进行了认真思考，最终作出配合调查的抉择。袁某如实供述公司的实际经营情况，包括涉案理财产品、集资模式、人员结构、职责分工、投资者的明细、资金的去向用途等，还如实供述了他的几名下属负责的具体工作，并配合在公安机关现场打电话让他的几名下属都到公安机关配合调查。最终，袁某的几名骨干员工都听从袁某的指示到公安机关配合说明情况，在现场就被刑事拘留。该案虽然袁某因配合公安机关抓捕同案人拥有立功情节，但是作为主犯，他最后的量刑不会轻于其他员工的量刑。而同案人的到案，让办案机关通过同案人供述全面查清犯罪事实，让袁某在犯罪金额等方面的辩解空间不会变大。

（三）罪责相当

当事人配合调查，供述了同案人的犯罪行为，让同案人也来承担刑事责任，即便同案人的犯罪事实清楚，当事人如果没有作出充分有效的辩解，他的罪责也不会因此得到减轻。因为在共同犯罪中，当事人供述其他同案人的罪责，并不是法定从轻、减轻处罚的情节。当事人主动供述其他同案人的罪责，确实帮助办案机关查明案件事实，但对其自己定罪量刑的影响不大，两人可能会被认定罪责相当。

例如，杨某、孙某涉嫌非法倒卖土地使用权罪案：

经村民举报，公安机关初步调查发现，杨某和孙某共同出资300万元，以250万元的价格向该村第一生产队杨某民、杨某信等90名村民收购位于该村××山的山地。随后，杨某雇用他人将该山地平整，规划成70块宅基地，每块约45平方米。后杨某在没有取得相关许可手续的情况下，将上述土地以每块约20万元的价格非法倒卖给村民进行建房。经过××市自然资源局勘查测绘：杨某倒卖的土地位于××，总占地面积4000平方米，地类为村庄用地，根据《××市土地利用总体规划（2010—2020年）》，全部符合规划，尚未办理相关用地手续。公安机关将杨某抓获归案，重点审讯的内容是孙某有没有共同出资、有没有参与非法倒卖土地使用权、有没有获利，他们两人是什么关系，以及还有没有其他人参与非法倒卖土地使用权。

囚徒困境下，杨某要么作出对孙某不利的供述，要么仅承认自己实施的涉案行为。在这两个选项中，杨某毫不犹豫地选择作出对孙某不利的供述。他认为，孙某是出资人，自己没有资金，所有的资金都是孙某出资的，只因为自己是本村人，更好出面处理相关事宜，孙某才找到自己合作，以给自己30%干股作为对价，让自己负责具体管理、出卖地块，相关的卖地款也由两人瓜分。因此，杨某认为自己只要配合调查，就有机会让自己成为从犯，让孙某成为主犯。杨某放弃了罪与非罪、违法所得数额等关键事项的辩解，选择认罪并将主要罪责推卸给孙某。

孙某很快因涉嫌非法倒卖土地使用权罪被抓获归案，但最终的结果并没有如杨某所愿。孙某归案后，同样将主要罪责推卸给了杨某，孙某认为他确实出资300万元用于收购涉案的地块，但他是想要在这块地上建果品加工厂的，具体事项由杨某负责，他才给予杨某30%的干股。孙某一直在外地做生意，这块地的具体经营，他没有参与管理，也无法管理，杨某自己想把这块地独吞，还向孙某隐瞒了他将地块变成了宅基地卖出去这一情况，孙某完全阻止不了。最后为了收回投资款，才让杨某分一些钱给他，孙某自己没有倒卖土地使用权的行为。

该案杨某和孙某归案后，都选择了作出对对方不利的供述，试图让对方承担全部责任或者主要责任，让自己的罪责更轻。办案机关充分利用该心理，很快就查明案件事实，固定全部的证据材料。最终，两人的决策没有换来各自从轻、减轻处罚结果，也没有换来对方罪责更重的结果。法院裁判认定杨某和孙某均构成非法倒卖土地使用权罪，而且不分主次，两人的作用相当，对两人判处了相同的有期徒刑和罚金刑。

（四）罪责更重

当事人配合调查、作出了对同案人不利的供述，确实可能会让同案人获得更重的刑罚。但前提是，在共同犯罪中，同案人所起的作用确实更大。例如，公司涉嫌犯罪，员工被抓获归案后选择配合调查，供述公司其他管理人员的犯罪行为，员工则可以被认定为从犯，甚至可以因情节轻微而不被追究刑事责任，而其他主犯则因为员工的供述证据更充分，罪责更大。又如，从犯归案后大概率都会供述主犯的犯罪行为，可以让主犯归案并承担更重的罪责。

第四节
当事人与办案人员的博弈

面对刑事危机，当事人会通过各种方式追求利益最大化的结果，即最轻微的刑事后果。办案人员的诉求和职责是查明案件事实、固定证据材料，追究相关当事人的刑事责任。双方存在天然的立场矛盾，这种矛盾表现为当事人和办案人员行为之间的博弈。在大部分案件中，我们都可以发现这种博弈呈现出来的结果是：随着刑事诉讼的推进，案件事实真相越来越清晰，有罪无罪的判断越来越清晰，当事人辩解的理由越来越充分，只要当事人认为对其案件辩护有利，各种辩解理由会层出不穷。

一、事实真相越来越清晰

纵览当事人的询问笔录、讯问笔录就可以发现，大部分当事人在接受调查时都会趋利避害，担心自己会承担刑事责任，进而否认、抗拒调查。在各种审讯经验技巧的“攻势”下，大部分当事人都会逐渐招供，逐渐承认部分自己组织、策划、参与的事实。从否认、抗拒到逐渐交代案件事实，供述的案件事实越来越深入，慢慢展现全部事实经过，犯罪事实被“剥洋葱式”逐渐呈现，真相越来越清晰。办案机关对于罪与非罪必须有结论，因此不论事实真相如何，当事人的行为是否构成犯罪，办案机关都会让事实真相越来越清晰，罪与非罪有个“了断”，罪与非罪存疑也是另一种“真相”。

例如，余某涉嫌非法吸收公众存款罪案：

根据被害人报案，2019 年 × × 月至 2020 年 × × 月，李某、余某以投入资金总额的 1.5% 为月息，制定承诺保本固息方案让投资人认购基金产品，由李某组织人员进行股票买卖，非法吸收了十几名被害人资金合计约 3.6 亿元。李某未能归案，公安机关将余某抓获归案。在强大的审讯攻势下，余某的态度发生了从否认事实到逐渐供认犯罪事实的转变过程，事实真相逐渐呈现出来。

问：余某，你现在做什么工作？

答：我现在没有工作，我从 2018 年 4、5 月开始至 2020 年 12 月这段时间都是帮李某做事的，主要是扮演掮客的角色，拉拢投资人给李某。

问：你是如何拉拢投资人？

答：主要是通过证券从业人员、银行工作者或其他掮客向我推荐有自有资金的个人。

问：李某为什么要主动找到你作为掮客找到投资人的资金再去进行投资？

答：这样李某可以放大自己的投资资金，从而获得更多的利润。

问：在这件事情上你是如何获利的？

答：没有获利。

问：那你长达两年时间为李某作掮客竟然没有任何收入，你认为合理吗？

答：我不想回答。

问：你提到是李某为投资人兜底，怎么合同约定又变成你来签字兜底呢？

答：我认为我只是帮李某代签合同，实际上也是由李某兜底的。

问：你和李某之间是否有相关协议或合同证明李某为投资人的投资进行兜底？

答：（沉默）

问：投资合同都由你来签订，那投资人是否知道实际资金操作人是李某？

答:我如果见到投资人都会告诉他们资金的实际操作人是李某,我的老板是李某,我不是老板。

问:那投资人为什么愿意跟你一个打工的签订数额如此巨大的投资合同,而且同意让你一个打工的人负责兜底,你认为这样合理吗?

答:投资有平仓机制,投资人会认为投资没有问题,由什么人来签订合同都无所谓。

起初审讯时余某始终否认犯罪,认为他只是推荐投资客。但在后续讯问中,余某逐渐供述更多事实细节,包括余某与李某等人的合作方式,以及他的获利金额。

问:你以前反映的情况是否属实?

答:不完全属实,害怕打击报复,我还隐瞒了一些事实真相。

问:你把事实再说一遍?

答:我 2018 年就投靠李某、李某某两人做证券市场的"市值管理业务",李某就让我负责去拉拢资金,然后我和李某、李某某三人商量,决定使用市面上常见的拉拢资金模式,就是我们通过签订还本付息的投资合同提供利息和保证金,去拉市场上的资金,进行股票投资获利。

回:那你是如何从中获利的?

答:我为李某配资,李某给我按照投资款大约万分之五利息差作为费用,李某前后给我大约有 100 万元人民币利息差,具体数额我没有细算。

该案余某和李某、李某某的合作关系,以及李某的获利方式、获利金额,余某在多次讯问中逐渐供认,案件事实真相才逐渐得到还原:余某与李某、李某某共谋吸收资金进行股票投资牟利,而余某获得利益的方式是赚取投资款的利息差,至于余某获利的具体金额,余某明显还有所保留。

同案人李某归案后,则印证了余某获利的方式,进一步厘清事实。李某的讯问笔录如下:

问:余某与你是什么关系?

答:他是帮我配资的,同时他也是我徒弟,跟我学股票买卖。他为我配资是没有签合同的,我承诺对他募集的资金兜底保本并每月支付固定的利息。

问:余某为你配资有多少报酬?

答：他的报酬就是我支付的利息与他支付给资金方利息的差额，但他具体给到资金方的利息是多少我就不清楚了，也不清楚他从中赚取了多少钱。

该案随着多次审讯，当事人否认的态度逐渐改变，配合调查，逐渐解释清楚了部分事实细节，而通过同案人的多次审讯，也从另一个角度查明事实，余某参与非法吸收公众存款的案件事实真相越来越清晰。刑事案件审讯过程是事实真相从不清晰到清晰的过程，只是有些案件的这个过程时间短，有些案件的这个过程特别长。这是当事人与办案人员之间的博弈过程。少部分案件中，即便当事人始终不配合，办案人员也能够通过其他证据，逐渐查明案件事实真相。

二、辩解理由越来越充分

纵观刑事诉讼过程可以发现，当事人往往会从一开始的茫然慌乱，到逐渐成为“老油条”，其辩解理由会越来越多，看起来越来越充分。一方面，他们会通过自己的学习、交流，寻找更充分的辩解理由；另一方面，在律师的协助下，当事人知悉了涉案罪名的相关法律知识、本案的争议焦点、定罪量刑的关键以及对他定罪量刑所需要达到的证据标准等专业辅导意见后，为了追求更好的裁判结果，当事人也可能会为自己寻找各种各样的辩解理由，让其辩解更加充分。

另外，律师在诉讼过程中不断研究法律、案例、案卷材料，为当事人寻找无罪或者罪轻的辩解理由，辩护意见会越来越充分。这些辩护意见的内容很快也会成为当事人的重要辩解。直到辩护方案确定、辩护意见定稿，当事人的辩解才会随之最终形成。

一个无罪案件的无罪辩解理由往往很多。真正的无罪案件，无论从哪个角度论证都是无罪的，只要有一个无罪的理由成立，就应该作出无罪的裁判。不同的角度就是当事人的不同辩解理由。在刑事诉讼过程中，当事人的辩解理由会随着诉讼进展而越来越多。当事人在接收到越来越多的知识、经验和信息后，会自觉将其补充完善到其辩解内容和细节中，让其辩解更加丰满，理由越来越充分，更加真实可信，这都是正常表现。

需要指出的是，当事人寻求越来越充分辩解理由的过程中，难免会发生辩解理由的变化问题。从辩护角度，善变的辩解可信度差，即便具有一定合理性，也会降低被裁判者采纳的可能性。尤其是刑事诉讼后期的各种无罪或罪轻辩解理由，裁判者往往会按照更严格的标准来审查。相反，裁判者更加相信合理且稳定、一致的辩解,尤其是当事人最初的那几次询问、讯问笔录中的辩解。但实际上很多案件当事人辩解理由发生变化在所难免,因为当事人的辩解能力逐渐提高,办案机关的调查也逐渐深入,律师也在不断研究寻找更好的辩护方案,为当事人提供相关法律辅导。当事人为寻求最优的案件处理结果,辩解理由发生变化也就在情理之中。在现有辩解理由明显无效和增加有效辩解理由导致辩解可信度有所打折扣之间,两害相权取其轻,当事人大概率会毫不犹豫地选择后者。

第四章
CHAPTER 04

当事人家属的危机应对常态

刑事危机下的当事人家属是比较特殊的群体。不论刑事案件是否有被害人，当事人家属注定成为刑事案件中的受害者，但他们却无法得到法律的任何救济措施。似乎因为当事人的犯罪行为，当事人家属“活该受罪”，这无疑让当事人家属也处于弱势的地位。如何保护、帮助当事人家属也值得我们思考。

从刑事危机处理角度，当事人家属往往对刑事危机的妥善处理有很大作用。作为家属，他们对当事人拥有天然的影响力。如当事人被羁押，当事人的所有决策都依赖于家属的最终定夺，家属几乎可以拥有一切决策的最终决定权。当事人也基本会接受这一现实，即便有时觉得家属的做法不理智，当事人也无可奈何、被迫接受，因为家属是被羁押当事人“唯一能依靠的人”。律师应当对家属在刑事危机下的诉求和表现有深刻的认识，否则难以进行有效沟通，更难以有效协助当事人及其家属妥善处理刑事危机。无论如何，律师都需要向当事人及其家属传达正确的危机处理方式方法，刑事危机的妥善处理，最终还是要回归事实、证据和法律。当事人家属的处理方式方法不当，可能会浪费很多可能争取更好结果的机会。

第一节
当事人家属也是受害者

当事人家属主要是配偶、父母、子女、兄弟姐妹，以及其他法律上并没有直接关系但与当事人关系特殊的特定关系人。当事人家属没有实施犯罪行为，也没有遭受犯罪行为的直接侵害，却因为当事人被追究刑事责任而直接受害。因此，当事人的刑事危机，也是其家属、家庭的重大危机。刑事案件处理结果影响家属的人生轨迹，影响其家庭的正常生活状态。因此，家属必须且不得不和当事人共同面对刑事危机，最大限度地妥善处理刑事危机。

例如，涂某涉嫌走私淫秽物品罪案：

涂某在我国台湾地区的网站店铺购买成人漫画，商家会安排物流，包邮到家，涂某下单付款后只需要坐等收货。所有的书都放在他家里，后其在网店上销售。办案机关查扣了一批进口的货物，然后根据物流单据上的地址，顺藤摸瓜找到涂某，将其抓获。涂某在家里尚未被带走时，经过办案人员十几分钟的普法教育，就选择配合调查，如实供述了全部的犯罪事实。涂某的家属在现场无比揪心，她深感自己的人生、家庭将面临重大变故，但她无可奈何，无法阻止涂某的供述。结果，这一批书在入境时被查扣，总共1200多本，最终法院判处涂某有期徒刑10年。他的家庭剩下全职太太和两个小孩，两个小孩分别是14岁和6岁。该案裁判结果对涂某家属和家人的打击程度可想而知。

又如，王某涉嫌故意杀人罪案：

王某因长期遭受家暴，在某次被家暴反抗过程中将其丈夫郭××杀害。“王某从梳妆台上拿起一只啤酒瓶砸郭××头部，接着又用破损的啤酒瓶插郭××头面部，然后趁机抢下郭××手中的电源线勒住郭××的脖子，至郭××失去知觉。当天6时许，王某回到房间看郭××时，发现郭××已死亡，随后王某打电话报警。经鉴定：郭××系被勒颈致机械性窒息死亡。”据此，一审法院判决认为，被告人王某故意非法剥夺他人生命，致一人死亡，其行为已构成故意杀人罪。王某犯罪以后自动投案，并如实供述自己的罪行，属自首，依法予以从轻处罚。且本案系因家庭纠纷引发，被害人对本案发生有过错，被害人家属对王某的行为表示谅解，依法可对王某从宽处罚。判决被告人王某犯故意杀人罪，判处有期徒刑15年，剥夺政治权利5年。而此时，王某有两个小孩，分别是12岁和3岁，这无疑是一个家庭悲剧。除了失去生命的被害人，两个小孩无疑也是刑事案件的受害者。

再如，周某涉嫌合同诈骗罪案：

周某已经40多岁，父母都身患重病需要赡养、陪伴，周某是独生子女，已婚未育。周某在某公司上班,系公司老板的得力助手,因涉嫌合同诈骗罪被刑事拘留,面临10年有期徒刑的刑罚。该案中,虽然合同诈骗罪的被害人是真正刑法意义上的被害人,但周某的妻子、父母,毋庸置疑也是无辜的受害者。

诸如此类,几乎每一个刑事案件发生,犯罪人的家属都会受到莫大的伤害。对于法律意义上的刑事案件被害人,法律明确规定赋予了被害人及其家属各种救济渠道。在精神层面,他们可以参与刑事诉讼程序,要求追究当事人的刑事责任,要求严惩、重判,甚至提出要求判处当事人死刑的诉求;在物质层面,刑事案件被害人及其家属可以要求当事人赔偿其经济损失,包括通过刑事和解、刑事执行阶段的追缴退赔、提起刑事附带民事诉讼或单独提起民事诉讼的方式等;在具体实施过程中,赔偿谅解可以作为当事人从宽处理情节的规定和实践也在很大程度上协助被害人及其家属维权。然而,对于涉案当事人家属因为当事人被追究刑事责任所造成无论是精神层面还是物质层面的伤害,家属都没有法定救济的权利,而且还往往因为系犯罪人家属受到莫大的责难。

第二节
当事人家属的常见诉求

刑事危机发生后,当事人及其家属的利益直接相关,都渴求妥善处理刑事危机,都在寻求对当事人及其家属利益最大化的案件处理结果,而每个案件、每个阶段的利益最大化处理结果都有所不同。因此,随着刑事诉讼的推进、案件形势的逐渐明朗、对裁判结果接受度变化,当事人家属的诉求也会变化。

如果案件各阶段的处理结果总是不理想,当事人家属的诉求期待就会越来越低。起初,家属可能会毫无原则地相信当事人是被冤枉的,要穷尽一切办法帮他洗脱冤屈,还他清白;如果发现确有犯罪事实,家属则会希望通过各方面的努力,帮助当事人逃避法律追究;如果无法逃避法律追究,家属会追求当事人没有犯罪记录,如公安机关不予移送审查起诉、检察院作出不起诉决定、法院作出免予刑事处罚判决等;如果这也无法实现,家属则希望当事人不要被羁押,能够取保候审或者适用缓刑等,免于被监禁;如果当事人变更强制措施无望,只能处于羁押状态,则家属会追求尽可能轻判的结果;如果当事人所犯的罪行可能判处死刑,则家属会追求保住当事人的命,避免被判处死刑立即执行即可。随着刑事诉讼的推进,当事人家属的诉求会发生变化,越来越理性,越来越贴近案件裁判现实。

如果起初案件结果比较理想,则当事人的诉求期待会越来越高。如果当事人侦查阶段被取保候审,则家属会希望可以获得公安机关撤案、检察院不起诉、法院判决无罪等处理结果;如果肯定要被起诉,则家属会进一步期待不要让当事人被羁押,希望能取保候审、适用缓刑,免予刑事处罚更好;如果案件比较简单,根据经验最糟糕的裁判结果也就是对当事人适用缓刑,则家属可能又会萌发进行无罪辩护的想法;如果通过认罪认罚获得了较轻的裁判结果,部分家属可能就会反悔,认为本来可以争取更好的结果,都怪当初律师建议认罪认罚。

"人心不足""欲望无穷"是人的常态,我们要理解并习以为常,同时也要基于此认识,做好执业的风险防范。同时,我们也要理解当事人在极度悲观的情况下,只要有一点希望就能得到安慰,在预定结果很糟糕的情况下,只要稍微好一点点的结果就能达到他们的预期。当事人的诉求期待会持续发生变化,可能越来越高也可能越来越低,律师只有妥善处理他们的诉求期待变化问题,才能保持与家属的良好沟通,取得他们的信任,更好帮助他们处理刑事危机。

例如,黄某涉嫌强奸罪案:

黄某是家中独子,父母都有很好的工作,黄某的父亲还是公职人员,黄某在读大学期间与女同学开房发生性关系后被女同学控告强奸。公安机关介入调查,对黄某以涉嫌强奸罪刑事立案并被采取取保候审措施。事发后,黄某的父母非常焦虑,很担心一旦被定罪,黄某的犯罪记录会对他未来的工作、生活产生重大影响。每当看到黄某因承受刑事案件的巨大压力变得焦躁时,黄某的父母就感到更大的压力。为了能达到理想的案件处理结果,黄某的父母动用了所有的资源,包括向公安系统、检察院系统、法院系统的专业人员以及众多律师,不断咨询求教,寻求他们能提供的各种帮助,希望能让公安机关不移送检察院审查起诉。

尽管黄某家属通过各种方式、各个渠道,进行了多次沟通,也付出了巨大的成本,最终案件还是被移送检察院审查起诉。此时,撤案已经没有机会,黄某的父母转而希望案件能获得检察院不起诉的结果。黄某的父母继续通过各种方式,与被害人家属沟通、通过被害人家属的亲朋好友等人与被害人家属沟通,希望以赔偿获得他们的谅解,促成案件妥善处理。为此,黄某的父母还愿意变卖房产筹集资金赔付给被害人,只要被害人愿意接受和解,赔偿金额都好商量。结果被害人及其家属都不愿意与黄某父母谈赔偿和解的事宜。无奈,黄某只能将希望寄托在律师的身上,希望专业能力可以在本案中发挥作用。

我们作为律师参与案件,研究案卷材料后发现,本案在是否构成强奸罪的定性上,确实存在较大争议,我们认为不宜认定为强奸罪。在研究指控逻辑后,我们向检察院提交了理据充分的辩护意见。最终,经过长达一年的耐心等待,检察院作出了事实不清、证据不足的不起诉决定。在收到不起诉决定书的那一刻,黄某和他的父母终于解脱了,不仅在经济压力方面解脱,更在精神压力方面解脱。在绝大多数案件中,当事人家属都会有此类表现,愿意为了挽救当事人到处奔走,甚至变卖财产。

又如,周某涉嫌合同诈骗罪案:

周某家属的诉求和心态,在整个刑事诉讼过程中不断发生变化。案发后家属很渴望周某能逢凶化吉,能有无罪裁判的结果,家属也不认为周某打工的行为构成合同诈骗罪;在周某被羁押后,家属希望能变更强制措施为取保候审,有罪无罪没有取保候审重要了,结果取保候审诉求不被支持;在审查起诉阶段,周某家属已经认识到无罪不太可能,转而渴望得到尽可能轻微的量刑建议,家属希望能认定从犯,判处有期徒刑 3 年,但检察院不同意,未能达成认罪认罚。检察院提出如果认罪认罚,建议量刑有期徒刑 7 年,家属认为太重了,难以接受。一审法院判处有期徒刑 10 年,家属情绪几近崩溃,后悔当时阻止当事人认罪认罚。二审阶段,家属的诉求再次降低,只希望能轻判一点。家属多次表示:“我现在只想让他能减轻点,我知道减轻的幅度不会太大,但也要争取,能减轻一年是一年,甚至直接认罪认罚我也同意,反正 10 年太多了,无法接受。”然而,无论二审结果如何,家属的诉求和心态大概率又会再发生变化。

本案中,周某家属的心态和诉求发生了多次变化,实属人之常情。司法实践中,几乎在每一个案子中,当事人家属都会有这样的诉求,都会有类似的心态和诉求波动。

第三节
当事人家属的常见表现

刑事危机下，当事人家属的诉求几乎都差不多，那就是想方设法帮助当事人妥善处理刑事危机，争取对当事人及其家属利益最大化的案件处理结果。围绕该诉求，家属的表现会随着诉讼进程、案件证据状况等不断发生变化，从慌乱到镇定，从病急乱投医到求助于专业人士，从怀疑过度、谨慎过度到逐渐具备对错好坏的辨别能力，从无法接受到慢慢妥协，到被迫接受裁判和裁判后的现状。不同当事人的个性不同、能力不同，他们的表现也各异：有的家属始终处于慌乱状态，无法接受当事人被追究刑事责任的现实；有的家属迅速变得冷静和理性，懂得充分调动包括律师在内的各种资源，理性处理当事人的刑事危机；有的家属则走了很多弯路后，才逐渐变得冷静理性；有的家属即便走了很多弯路，最终都无法回归正确、理性的解决方式，甚至因案件结果不理想，而怨天尤人。刑事危机对于当事人家属而言，是一次无比残酷的法律实践课，也是一次无奈的成长，他们必须为最终的案件处理结果埋单。

一、慌乱无措

当事人面临刑事危机时，家属的第一反应往往是慌乱、不知所措。尤其是刚刚被羁押时，家属的感受用“晴天霹雳”“天塌下来”等词语来形容毫不夸张。当事人如果因涉嫌重罪被羁押，对家属而言如同灾难正在降临一样。在灾难面前，缺乏训练演练的人，第一反应就是慌乱，慌乱中求生存。

例如，吴某涉嫌运输毒品罪案：

吴某妻子通过试管手术，经过多次努力，耗费了大量金钱，终于成功怀上双胞胎。但在临近生产前，吴某因运输毒品罪被人赃俱获，可能被判处死刑。

不论吴某所涉犯罪行为的是非对错，就此案而言，我相信最大的受害人无疑是吴某妻子，以及即将出生的双胞胎。该案是吴某家庭、家属的灭顶之灾。可以想象，得知这个消息后，吴某家属的状态，是怎样的悲伤慌乱，这注定是一个悲伤的故事。

二、谨慎过度

当事人发生刑事危机后，部分家属表现得很谨慎，对于任何办案人员提出来的诉求都持过于谨慎的态度，认为办案人员让他们配合做的事情都很可能是对当事人不利的，连办案人员送达相关文书他们都不敢配合签名，甚至认为律师也可能不怀好意。这也可以理解，当事人家属缺乏相关知识和经验，缺乏判断力，无法判断相关行为的法律后果，在慌乱无措中担心出错，进而变得格外谨慎。

例如，黄某涉嫌妨害公务罪案：

黄某被办案机关带走刑事拘留，黄某的家属并不清楚什么情况，接到派出所通知家属去领拘留通知书的电话后，家属立即赶到派出所。办案人员告知"你弟弟已经被我们拘留，因为妨害公务，这是通知书，你签一下"。家属当时不知所措，不知道发生了什么，不肯签字，扭头就走。看着家属远去的背影，办案人员也无可奈何，只能直接寄到犯罪嫌疑人家属的身份证地址。家属离开派出所后，找到律师咨询，问怎么样可以帮助她弟弟早日释放出来。然而，黄某家属什么情况都不了解。

问：你弟弟发生了什么？

家属：不知道。

问：什么罪名？

家属：警察说妨害公务。

问：拘留通知书有没有，拿来看一下。

家属：没有，没拿回来。

问：什么时候被抓的？在哪里被抓的？因为什么被指控妨害公务的？

家属：不知道。

问：是刑事拘留还是行政拘留？

家属：不知道。

问：人现在羁押在哪里？在派出所，还是在看守所，还是在拘留所？

家属：不知道。

黄某家属过于谨慎，过于警惕办案人员，什么情况都没有了解到。律师只能建议家属再次到派出所与办案人员联系，了解案件基本情况，具体以什么罪名、羁押在哪里、什么时候开始羁押等案件基本信息，再决定是否有必要委托律师。即便要委托律师，有了这些基本信息后，律师才方便开展工作。

三、怀疑过度

当事人家属经常会怀疑是办案机关徇私枉法，或者是对手与办案机关合谋形成利益勾结，专门针对当事人采取行动，诬告陷害，追究当事人刑事责任。因此，他们常常会说“对方找了关系”“对方找了人”“有人想整当事人”之类的话。我们不排除个别案件存在相关因素，但不论是否存在此类因素，最终对犯罪嫌疑人、被告人定罪量刑还是需要落实到事实、证据和法律上，即便真的存在这些因素，当事人及其家属除了积极寻求专业帮助，也难有其他更好的选择。

例如，谢某涉嫌强奸罪案：

公安机关指控认为，谢某（17 岁）于 2022 年 11 月 10 日通过网络平台认识了被害人黄某某（女，时年 11 岁，未成年人），两人在网上谈恋爱，确定恋爱关系后，谢某引诱黄某某发生关系。当日下午被害人表哥见到被害人在自己家中后联系其母亲，被害人母亲经过查问了解女儿被强奸的经过后报警。办案机关认为，谢某明知被害人未满 14 周岁，引诱被害人发生性关系，其行为已触犯《刑法》第 236 条之规定，涉嫌强奸罪。

谢某家属起初始终无法接受强奸犯罪的事实，认为这是谢某与被害人两人自愿发生的性关系，不可能是强奸，而且明显是对方想要陷害谢某，并从谢某这里获得赔偿款。谢某及其家属起初有无罪辩护的想法，认为可以争取无罪判决。主要理由是：“一是女方已经不追究谢某刑事责任。二是谢某也是未成年人。三是女方带谢某到她二姨家里去，女方积极主动，对性关系的发生是自愿的，是两人恋爱过程中发生的行为，谢某没有采用暴力等方式强行与被害人发生性关系。”

我们耐心解释，本案确实存在一定争议，双方确实确立恋爱关系，自愿发生性关系。但是，谢某已满 16 周岁，被害人未满 12 周岁，这对谢某很不利。

首先，被害人未满 12 周岁，根据法律规定，应当认定谢某明知对方是幼女。最高人民法院、最高人民检察院、公安部、司法部《关于依法惩治性侵害未成年人犯罪的意见》（法发〔2013〕12 号）中[1]规定：“19. 知道或者应当知道对方是

---

〔1〕 该司法解释于 2023 年 6 月 1 日废止，由《关于办理性侵害未成年人刑事案件的意见》替代。

不满十四周岁的幼女，而实施奸淫等性侵害行为的，应当认定行为人‘明知’对方是幼女。对于不满十二周岁的被害人实施奸淫等性侵害行为的，应当认定行为人‘明知’对方是幼女。对于已满十二周岁不满十四周岁的被害人，从其身体发育状况、言谈举止、衣着特征、生活作息规律等观察可能是幼女，而实施奸淫等性侵害行为的，应当认定行为人‘明知’对方是幼女。”

其次，谢某的年龄已经超过16周岁，不适用《关于依法惩治性侵害未成年人犯罪的意见》（法发〔2013〕12号）“27.已满十四周岁不满十六周岁的人偶尔与幼女发生性关系，情节轻微、未造成严重后果的，不认为是犯罪”的规定。

当律师会见谢某了解案件事实经过，并向家属耐心解释事实经过及法律规定，即便自愿按照法律规定也涉嫌强奸罪，家属才逐渐理解相关法律规定和本案定性。进而恳求律师帮助谢某争取最好的裁判结果，最好能取保候审，无须坐牢。经过律师大量的沟通工作，谢某被取保候审，最终法院判决对谢某适用缓刑。

但此举并不能改变家属多疑的性格。即便案结事了，家属还是怀疑被害人诬告陷害、怀疑被害人与办案机关勾结、律师与办案机关勾结，律师不尽心尽责帮助谢某，导致谢某被错误判定强奸罪。显然，家属既有难以改变的多疑性格，又无法接受与幼女发生性关系即构成强奸的法律规定，导致出现过度怀疑的“阴谋论”。

四、病急乱投医

很多案件中，当事人家属在慌乱下首先考虑的往往不是咨询或者聘请律师介入，而是“找关系”“找人”，寄希望于通过“关系”大事化小、小事化了，并愿意为此付出巨大的代价。家属为寻求案件更理想的处理结果而愿意不惜代价，初衷虽好，但所采取的行动、付出的努力、努力的方向往往并不正确，有时还会起负面作用。例如，通过各种方式找关系，寻求“捞人”“销案”，往往无功而返，还会耽误律师的介入，甚至导致更多的刑事责任。在当前司法实践中，声称可以帮助当事人及其家属找关系的大有人在，包括部分律师同行，也包括部分法律圈内的“掮客”，此类操作也确实有一定的市场。当事人及其家属正是基于对人情社会的文化属性认同，以及特定的司法环境，往往对“找关系”深信不疑。这很难改变，因为有这种想法的当事人及其家属可能在案发前有过成功的

“找关系”经验和经历，甚至找关系是他们事业上成功的重要因素，因此他们相信司法领域也可以通过“找关系”解决。

例如，宋某被诈骗案：

宋某家属因涉嫌合同诈骗罪被某市公安机关刑事拘留。宋某很着急想要花钱“找关系捞人”。自称有大量资源的王某出现了，王某声称只要有钱，捞人没问题。因此，宋某委托王某帮忙，王某收了25万元，也出具收据。“今收到宋某交来的人民币25万元，用于办理宋某某合同诈骗事宜，如不能在37天内将宋某某从看守所带出来，资金将全部退还，特此证明。”果然，37天内宋某的家属就被取保候审出来。宋某对王某的能力深信不疑。过了半年，宋某的家属再次被刑事立案并刑事拘留，宋某再次找到王某寻求帮助。这次王某要求收50万元费用，王某也出具收据。“今收到宋某交来的人民币50万元整，用于办理宋某某一事，如果事情没有办成，宋某某没有出来，钱原封不动退还。”然而，这一次，宋某的家属没有出来，后被法院以合同诈骗罪判处有期徒刑6年。宋某此时才意识到遭受诈骗，找王某退钱，王某拒不退钱，双方由此发生纠纷。

一些司法官员腐败的案件曝光，揭露了司法领域种种暗箱操作确有发生，这更加印证了当事人及其家属“找关系”的信念。即便案件最终“找关系”没有起到效果，他们也可能归咎于“找关系”不到位或者没有找到正确的关系。这也就可以理解此类当事人家属执着于“找关系”的深刻原因，“找关系”被诈骗的现象屡见不鲜。

例如，某市中级人民法院原刑二庭庭长姚某涉嫌受贿罪案：

其中一项犯罪事实是：2011年至2014年，被告人姚某利用担任××中级人民法院刑二庭庭长的职务便利，接受××律师事务所律师武某的请托，在审理陈某走私普通货物等案件提供帮助，收受武某贿送的300万元。

姚某供述：“2011年至2014年，武某多次找到我，说她代理了陈某走私红油等多个犯罪案件，属于风险代理，如果能帮这些被告人争取从轻判处或者判处缓刑，她就能全额拿到高额风险代理费用。我都同意帮忙。我去找了案件承办法官王某平、肖某新、魏某儿、吴某等人了解案情，要求从轻判处。最终在我的沟通协调下，这些被告人都被从轻判处或者判处缓刑。武某也全额拿到了风险代理费用，她将其中的300万元分六次给了我。”

××中级人民法院法官王某平、肖某新、魏某儿等人作证证实:“在2011年至2014年,其各自承办前述涉案案件的时候,××中级人民法院刑二庭原庭长姚某分别跟其打招呼,要求对涉案被告人从轻处理或判处缓刑。他们都同意了。”

行贿人武某证实:“2011年至2014年,其有陈某走私案、樊某走私案、李某受贿、林某走私案、陈某慧走私案、翁某凯走私案等6宗案件请托姚某帮忙协调,请求对涉案的被告人从轻处罚或判处缓刑。姚某都答应了,并且都帮了忙。家属和我都很感谢他,我分六次共送给姚某300万元。姚某收下了。”

由该案可见,司法领域的权钱交易偶有发生,而且有时确实行之有效,而这既是对司法权威的严重破坏,也是当事人及其家属“找关系”执念的重要原因。

从律师的角度,为案件办理而实施贿赂犯罪是不可持续的,有重大法律风险,每一次实施的贿赂犯罪都会成为执业生涯中的“雷”,任何时候、任何一个“爆雷”,律师的执业生涯即宣告结束。随着社会的发展进步,制度的逐步完善,司法领域“找关系”的现象会减少、人情文化认同会弱化,而专业服务会越来越受重视。即便当事人及其家属想要“找关系”,也往往需要辅之以律师提供的专业法律意见。同时,我们也需要理解当事人及其家属对“找关系”的执迷,理解他们会在刑事危机中“病急乱投医”,并据此调整我们与当事人及其家属的沟通方式方法,才能更好地同当事人及其家属建立信任关系,更好地帮助他们妥善合法处理刑事危机。

五、接受无能为力

面对刑事危机,虽然当事人家属盲目相信“找关系”,甚至很多当事人家属确实有相当可靠的人脉资源。但是,当事人家属始终较为弱势,他们缺乏法律知识、处理经验,他们只能按照朴素的认知和接收到的各方信息来处理刑事危机,他们为当事人提出的很多辩解方案往往经不起推敲,他们为当事人找到的很多关系最后也没能达到预期的效果。因此,司法实践中,当事人家属在案发后折腾一阵子,就会慢慢意识到他们的无能为力,难以介入案件、影响案件的继续推进。

家属只能慢慢接受他们的无能为力,只能寄希望于律师,当事人家属被迫成为旁观者,旁观这一场关乎他自己家庭及人生,却又完全脱离他掌控的案件。

这个过程，家属必然是焦虑、无奈的，但最后只能接受。

六、等待案件结果

刑事案件往往办案周期比较长，当事人家属在经历慌乱、谨慎、怀疑、到处求人帮忙，慢慢接受现实后，也只能逐渐平复心情，期待律师的努力，被动等待案件的裁判结果。当事人家属等待案件处理结果的过程很煎熬，其间也会不断寻求律师的专业支持和情绪价值支持，也会产生情绪波动，但当事人家属的情绪波动，对案件处理结果没有影响力。

例如，林某涉嫌职务侵占罪：

当事人被刑事拘留后，刑事诉讼过程很漫长，庭审5次，历时3年9个月，才等来裁判结果。当事人及其家属只能慢慢等待，在漫长的等待中备受煎熬，他们曾经多次想要通过各种方式去催促法院作出裁判，但都没有任何效果。最终，法院作出的一审判决是有罪、罪重的判决，当事人被判处有期徒刑10年。当事人及其家属历经煎熬，等来的却是如此不理想的结果，于是他们坚持上诉。尽管难以接受，但无可奈何。他们无法改变裁判生效前被羁押的状态，无法决定审理期限，更无法决定案件裁判结果。不论当事人及其家属是否接受，现状都很难改变，他们只能等待案件结果，等待的过程需要律师的陪伴和支持。

七、接受或者申诉

案件裁判结果出来，部分当事人家属可能对结果满意而欣然接受，可能对结果无可奈何而被迫接受，或者由于其他诸多复杂的原因“看开了”“不纠结”，不论是否认可结果都放弃异议。部分当事人家属无法接受裁判结果，继续支持当事人进行申诉，或者直接推动当事人进行申诉，甚至直接以家属自己的名义进行刑事申诉，乃至于最后走上信访之路。现实是残酷的，不论当事人家属对案件处理结果是否满意，内心能否接受，行动上默默接受裁判结果的人是绝大多数，尤其是对二审生效裁判。

少部分申诉的当事人家属也在不断的申诉碰壁、申诉审查经办人的解释安抚下，逐渐放弃刑事申诉；慢慢地，继续坚持申诉的人变得越来越少，最后屡败屡战，始终不服、坚定执着进行刑事申诉的当事人或其家属，已经是凤毛麟角。这部分当事人及其家属，需要有足够的毅力、勇气和耐心。毕竟，绝大部分案件，裁判生效后，接受裁判可以开始新的生活，而持续申诉需要付出高昂的人生成本。

例如，刘某抢劫罪申诉案：

法院判决刘某犯抢劫罪，判处死刑，缓期二年执行，剥夺政治权利终身。刘某对裁判结果不服，在服刑期间开始申诉，先后被省高级人民法院、省人民检察院驳回申诉。刑满出狱后，刘某继续申诉，先到最高人民法院第一巡回法庭申诉，代理律师陪伴刘某去申诉，然而，最高人民法院第一巡回法庭接待的法官让刘某不要申诉了，并且拒收其申诉材料。刘某又通过邮寄等方式向最高人民法院、最高人民检察院邮寄申诉材料。后最高人民检察院再次驳回了刘某的申诉。我们告知刘某，如果你真的是被冤枉的，就要继续坚持申诉，如果不是被冤枉的就没有必要折腾了。刘某坚持认为他是被冤枉的，但是他刑事申诉超过20多年屡屡碰壁，他很受挫折，他几乎已经失去耐心和信心，由于辗转于各工地赚生活费，他也没有足够时间去奔走申诉。

第四节
当事人家属的常见心态

几乎所有人都憎恨犯罪行为，都憎恨犯罪的人。但如果犯罪的人是自己家属，可能人的心态就会有变化。当事人家属往往会选择无条件地支持当事人，天然地认为公检法机关没有能公正处理，没有充分考虑他们的实际情况，没有公正地认定当事人的罪责。家属基于这种立场下的种种努力，不仅是在挽救当事人，也是在挽救他们自己的命运，挽救他们自己和家庭的幸福，即便明知结果不可改变，他的努力无法产生任何实质性作用，家属也需要通过努力寻求心理安慰，避免因为自己的不恰当作为、不尽力作为，导致对当事人的愧疚。即便裁判结果生效，只要当事人有申诉需要，当事人家属往往也会无条件支持当事人进行申诉或者帮助他们申诉；直到当事人本人不再提出诉求，家属才会停止努力。

一、挽救当事人

当事人面临刑事危机，无论是基于感情还是基于利益关切，家属都会尽全力去帮助当事人妥善处理刑事危机，挽救当事人的人生、自由、命运，毫不犹豫地提供帮助，希望当事人不要被追究刑事责任，不要有犯罪记录，尽量得到从宽处理的结果，尤其是不能让当事人蒙冤受屈。为了能获得更好的裁判结果，获得对当事人有利的证据，很多家属都愿意承受一定的法律风险。

例如，许某涉嫌组织卖淫罪案：

许某投资的酒店交给郑某全权负责经营管理。2014 年 11 月，公安机关在执法过程中发现该酒店存在卖淫嫖娼活动，该酒店负责经营管理的郑某和收银员被抓获归案，并被指控涉嫌组织卖淫罪。郑某和收银员在接受调查过程中，明确酒店的投资人是许某，老板是许某，平时由郑某全面负责经营，许某对该酒店存在卖淫活动是清楚的。但由于各种原因，办案机关没有追究许某的刑事责任，也没有对许某进行调查询问。法院最终判决郑某构成组织卖淫罪、收银员构成协助组织卖淫罪。几年后，办案机关在网上追逃许某，很快就将许某抓获归案，追究其组织卖淫罪的刑事责任。归案后，许某对组织卖淫罪予以否认，他没有参与，事发后才知道该酒店存在卖淫嫖娼活动。

在辩护过程中，许某家属许某某与律师沟通后，认为关键的证据是当时负责全面经营管理的郑某的证言，只要许某某找到郑某核实相关情况，郑某出具的证言对许某辩护具有很大的作用。郑某已经被判处组织卖淫罪，而且服刑完毕，其作出证言揭露案件事实真相，即便郑某的证言与此前的笔录不同，郑某的证词对许某是否知情、是否构成犯罪有重大影响。许某某找到郑某，让郑某出具了一份《情况说明》，郑某在《情况说明》中明确："我要讲述清楚这件事情的原委，组织卖淫是我犯的错，老板许某始终没有参与，也没有从中收取违法的钱。希望××派出所警察同志，还老板许某一个公道，谢谢。"家属将该《情况说明》提交给办案机关。该《情况说明》完全推翻了郑某此前的所有笔录，引发不小争议。法院在审理过程中出具《补充侦查建议函》，建议检察院核查"同案人郑某××××年××月××日是在什么情况下出具《情况说明》的，是否是自愿的？是否存在受胁迫、欺骗的情况？《情况说明》的内容是否全部为郑某亲笔书写？内容是否属实？"

办案机关找到郑某核实《情况说明》的内容，郑某则再次改变证词，认为该《情况说明》不属实，是许某的儿子许某某找到他要求他写的，而且内容是许某某要求他按照模板抄写的。为此，办案机关多次试图寻找许某某接受调查，核实其是否有妨害作证的违法犯罪行为。该案事实真相成谜，郑某前后多次笔录有较大不同、笔录与《情况说明》又截然不同。许某的家属甘冒风险，就是为寻找影响许某是否构罪的关键证言。

二、挽救自己

当事人面临刑事危机，家属也直接面临生活乃至生存危机。一旦当事人被追究刑事责任，被长期羁押甚至被判处死刑，家属的命运将从此改变，他们的人生轨迹将发生变化，家庭将遭受重大灾难。因此，家属作为共同利益关系人，帮助当事人妥善处理刑事危机，也是在挽救家属自己。

例如，涂某涉嫌走私淫秽物品罪案：

涂某被刑事拘留，家属了解定罪量刑标准后情绪失控，对于家庭而言，这就是人生中最重大的灾难。涂某所涉走私淫秽物品案，单人单案，数量超过1000本，没有自首情节，难以认定从犯情节，一旦定罪，就是10年有期徒刑起步。涂某是家中的经济支柱，他被羁押10年，对于这个家庭意味着灾难。涂某家属尝试作出各种努力，包括找关系、找律师、找证据等，都是为了挽救涂某，争取更好的处理结果，实际上这也在挽救她自己，挽救她的家庭。

三、寻求心安

在刑事危机面前，家属希望自己尽全力帮助当事人，这是作为家属的责任。家属需要尽责，在自己力所能及的范围内，寻找到他认为最专业的律师来帮助当事人，尽责是寻求安心。当事人家属很担心由于他们的未尽心，未能找到当事人或家属认为的最专业的律师，导致出现不理想的裁判结果。尤其是在当事人被羁押后，对当事人提出的更换律师、增加会见次数、寻找证据，甚至是“找关系”等各种要求，家属都会尽量满足，不论这些举动对案件结果有无作用，家属都愿意付出、愿意尝试，除了寻求理想案件结果，也避免因为自己的不作为或者作为不当而“对不起”当事人。为了心安，家属往往愿意在能力范围内作最大的尝试和努力，甚至明知不可为而为之。

例如，陶某涉嫌掩饰、隐瞒犯罪所得罪案：

当事人家属坚定地认为，反正案件都是要找律师帮忙的，那就尽早请律师介入，而且要在力所能及的范围内请到最专业的律师团队，免得因为家属没有尽心而没争取到最好的结果,愧对当事人。在陶某被羁押后,家属就迅速委托律师介入,最后在各方共同努力下,检察院不予批准逮捕,陶某被变更强制措施为取保候审,后续案件处理也很顺利,一年后,公安机关为陶某办理解除取保候审措施,陶某得到了他及家属满意的案件处理结果。

又如,黄某涉嫌组织、领导传销活动罪案:

黄某从被羁押开始一直到服刑,对案件的无罪追求很执着,不断通过写信、同仓释放人员传话、律师带话等方式要求家属协助整理证据材料,撰写、修改辩护材料和申诉信访材料,并按照黄某的要求不断修改,向有关机关递交。黄某家属的所有业余时间都在处理黄某的诸多诉求。在黄某到监狱服刑时,他的孩子已经大学毕业参加工作,也加入协助黄某刑事申诉中。我们为黄某和黄某家属提供相对客观公允的意见,这个案件申诉成功的概率极低,几乎不可能改判无罪,我们建议黄某家属可以考虑开始新的生活。黄某家属则认为,申诉是黄某的诉求,除了他们没有人能帮助黄某,不论申诉是否成功,黄某要求的申诉动作还是要帮他落实。不然黄某会责怪家属不帮他,家属也难以安心。

四、自责愧疚

当事人面临刑事危机,尤其是被羁押时,大部分诉求都需要家属具体落实。例如,为当事人聘请律师、去找关系疏通"捞人"等;又如,代表当事人与被害人及其家属商谈赔偿和解事宜等。当事人家属也会自作主张做很多为当事人争取利益最大化的举动。当这些举动或者决定无助于刑事危机的处理,甚至不利于案件辩护时,家属往往会陷入自责,认为是自己处置不当,才导致不理想结果发生。部分案件中,当事人和家属之间也会因此发生矛盾隔阂。

在很多案件中,案件裁判出现不理想的结果时,当事人家属往往不会认为是当事人的错,而归责于自己没能帮到当事人。在不少家属看来,当事人已经被羁押什么都做不了,只有家属通过找关系、找律师等方式才能去帮助当事人,若结果还是不理想,是家属没能帮到他,错在家属,家属进而心生愧疚。

例如,林某涉嫌合同诈骗罪案:

在审查起诉阶段,林某看到了同仓人员的有罪判决,对自己案件的无罪判决可能性逐渐失去信心,表示想要认罪认罚。当时,检察院办案人员也表示认罪认罚可以认定林某为从犯,量刑建议有期徒刑 7 年。林某想要进行认罪认罚，家属得知后表示不同意，认为有期徒刑7年太多，希望争取无罪，或者最多只能接受3~5年的有期徒刑。林某未与检察院达成认罪认罚。一审法院判决林某构成合同诈骗罪，是主犯，判处有期徒刑11年。此时，当事人家属很后悔、自责，认为当初林某想要认罪认罚时，她不应该阻止，是她阻止林某认罪认罚才导致有期徒刑11年这么重的判决结果。家属通过写信或者律师带话的方式多次向林某表达了自责。

又如，刘某涉嫌故意伤害罪案：

刘某和被害人因口角纠纷发生肢体冲突，在冲突过程中刘某遭受轻微伤，而被害人则被鉴定为轻伤二级。办案机关拟对刘某以涉嫌故意伤害罪刑事立案调查。在办案机关组织调解时，刘某在审讯室内，刘某家属与被害人、被害人家属谈赔偿谅解事宜。办案机关提出，只要签订和解协议，赔偿获得谅解，就可以当作行政案件处理，不追究刘某的刑事责任。刘某家属擅自做主代替刘某作出赔偿谅解的决定，并劝说刘某接受调解、签订和解协议。在家属的劝说下，刘某接受调解，签订赔偿和解协议。赔偿和解后，办案机关真的对刘某变更强制措施为取保候审。然而，刘某一直都坚持并不是他殴打被害人导致被害人受伤的，刘某对故意伤害的事实并不认可，也不应该赔偿，对家属心生不满。

如果案件至此，没有继续追究刘某故意伤害罪的刑事责任，则各方相安无事，刘某和家属之间也不会出现矛盾。然而，几个月后，办案机关突然告知刘某，他涉嫌故意伤害罪的刑事案件已经移送审查起诉，让他过去签移送审查起诉告知书。案件进入了一审、二审、重审一审、重审二审、申诉、抗诉再审、再审维持、继续申诉的漫长诉讼过程。在刑事诉讼过程中，刘某对他家属劝他接受和解、签和解协议，代其赔偿获得谅解的做法越发不满，甚至认为是家属的这个举动“害了刘某”。刘某家属也很自责。

尤其是讯问时，办案人员问：“既然你没有殴打×××，为何要赔偿×××医药费等费用并且双方达成谅解协议？”一审庭审中，法官也问“不是你打的，你为什么要赔偿谅解？”彻底让刘某和其家属之间产生难以消除的隔阂。即便最后在刘某家属的努力下，检察院支持了刘某的申诉，向法院提出抗诉，案件进入再审阶段，刘某也坚决拒绝家属继续参与庭审，并坚决拒绝家属原来聘请的律师代理再审。刘某家属对于她“好心办坏事”耿耿于怀。无论法律上赔偿和解对于无罪辩护的影响如何,在刘某和其家属心中,赔偿和解就是无罪辩护的障碍。

再如,麦某涉嫌抢劫罪、敲诈勒索罪案:

麦某被羁押后,麦某家属很着急,没有处理过此类事情,毫无经验,通过朋友介绍找到了当地一位自称有能力的律师。在处理过程中,麦某家属没有感受到律师的努力工作和专业能力,慢慢产生想要更换律师的想法。经过洽谈,麦某家属在是继续花钱聘请新律师还是由原律师继续跟进的问题上很纠结。最终,由于临近开庭且家属想省一点律师费,让原来委托的律师继续跟进案件。谁料,在开庭前几天,律师表示他本人有其他安排,不能参加麦某当天的庭审,只能派他的助理出庭,而且明确告知这个案件没有机会,应该就是要重判的。在庭审中,麦某家属看到弱势无助的麦某,再看到律师的表现,心里很难受。很快,法院判决麦某有期徒刑 18 年。麦某家属陷入深深的自责和愧疚中,认为虽然更换律师不一定能改变结果,但他们没有为麦某找到一个可信任的专业律师,导致麦某没有充分辩护,愧对麦某。

我们在会见当事人时,家属往往会让我们帮忙传话,沟通家长里短的事情、彼此的想法等。被羁押的当事人会为自己行为给家属造成的影响表达愧疚,当事人家属也会表达帮不上忙的愧疚。尤其是裁判结果不理想时,部分当事人家属会认为这主要是家属的问题,未能对当事人提供有效的帮助,话里话外展现自责愧疚之情。总体而言,当事人家属的自责愧疚比较普遍。

例如,张某涉嫌合同诈骗罪案:

该案一审判决结果不理想。判决后,我们去会见张某询问他对一审判决的意见以及是否上诉的意见。张某家属让我们转达:“我很对不起你,没能帮到你,这个结果我很难接受。”“你要想开点,我们也没有放弃。”张某则让律师转达:“对不起你,以后家里的事情要靠你了。”该案裁判结果不理想,家属因自己没有能帮助到当事人而自责愧疚,而当事人则表现出对其被羁押导致家属遭受经济和精神巨大压力的自责愧疚。

司法实践中,或许是“幸存者偏差”的原因,我们很少看到当事人面临刑事危机时,当事人家属无动于衷或者幸灾乐祸的现象,可能家属愿意委托律师,有律师介入的案件,本身意味着家属不会对当事人的刑事危机无动于衷或者幸灾乐祸。这应该是正常家庭关系下的家属表现。只有在极少数的家庭内部关系很糟糕时,家属才会对当事人的刑事危机冷漠处理,甚至“雪上加霜”,作出对当事人不利的证词。

第五章
CHAPTER 05

刑事危机处理的前提

刑事业务是律师执业风险相对较高的业务。当事人还未被刑事立案、未被采取强制措施时的刑事危机处理业务，则更加复杂，执业风险更大。律师需要足够睿智，不仅要懂得法律、懂辩护，还要懂得办案机关的逻辑，更要懂得当事人及其家属在刑事危机下的诉求、心态、策略等，而且还需要有坚守法律底线的意识和定力。毕竟，为妥善处理刑事危机，当事人及其家属可能会对律师提出超越法律底线的要求。

第一节
充分理解

协助处理刑事危机，律师需要深谙当事人及其家属的本能表现。既能区分当事人及其家属所说的是谎言、辩解还是事实真相，也能在当事人及其家属没有说出事实真相时，通过经验猜测出事实真相，同时不会当面戳破谎言让他们难堪，还能委婉地评价当事人的辩解是否恰当，让他领悟到如何进行辩解才是有效的。从沟通的形式到内容都需要在细节处充分考虑到当事人及其家属的感受，同时考虑法律服务的底线。如此，律师与当事人的沟通才是顺畅的，双方才能建立比较牢固的信任关系，当事人及其家属才能快速理解律师的法律意见，懂得如何才能妥善处理刑事危机。

一、识别辩解和真相

当事人的辩解是他对事实经过、罪与非罪、罪责大小等问题的解释，既可能承认全部或部分事实,也可能隐瞒全部或部分事实,还可能对部分事实作出对其有利的解释、解读等,当事人的辩解不等于全部案件事实,更不等于案件事实真相。

实际上,除了极少数被冤枉的个例外,绝大部分面临刑事危机、被刑事调查的当事人都实施了一些违法违规的事情。他们面对律师时,会小心翼翼地说谎、大大方方地辩解、有所保留地说真相,恳切地希望律师帮助他们妥善处理刑事危机;甚至熟练地用谎言代替辩解,用辩解代替真相。

部分律师听取当事人辩解后,会根据当事人辩解内容重构其被冤枉的事实经过,据此撰写辩护意见向办案机关提交。这样的辩护意见实质是当事人辩解的翻版,跟当事人的辩解几乎没有区别。而且,由于律师的支持与赞许,当事人容易对其辩解产生盲目的自信,对案件事实真相更加隐晦不言,进一步低估办案人员的办案能力、还原事实的能力,很可能导致最后案件走向糟糕的结果。这种被当事人牵着鼻子走的辩护,很难发挥作用。

更重要的是,当事人往往不喜欢一个对他的辩解全盘接受的律师。如果他自己想出来的辩解理由都能完全说服专业的律师,会让当事人对自己更加自信,对律师则心生不屑。他会认为律师可能专业水平不足,没能给他提供帮助,只是听了他的辩解,然后相信了他的说法,律师没有提出建设性的意见,那么他何必花大价钱请这样的律师?因此,当事人可能不会信任他的律师,只要案件形势稍微变得更被动,他会考虑解除委托,寻找其他的律师。

对辩护起更大作用的情形往往是,律师听取当事人的辩解,在与当事人的沟通过程中了解案件事实真相,并预测可能的各种办案行为及其结果,建议当事人设想最不利结果并做最充分的准备和努力。同时,选择性吸收当事人的辩解,以相对客观公允的立场,提出有说服力的辩护意见。

二、猜透但不戳破

面临刑事危机的当事人找律师洽谈往往不想直接告知事实真相。当事人从来不喜欢把自己所有的违法犯罪行为、手法说出来,这是他不光彩的过去,他对律师无法达到完全、无条件的信任,即使他完全信任律师,他也无法坦然地面对自己的不光彩历史,将自己的不光彩行为全部讲述出来。所以,尽管确实做了违法犯罪的事情,被立案调查、被刑事拘留,面对律师,他们也往往百般辩解、百般喊冤。

戴尔·卡耐基曾言:“我们要记住,当对方并不承认有错误时,你别斥责他是错误的。在这种情况下,你不要指责他人,因为这是笨人的做法。你应该了解他,只有聪明、宽容以及特殊的人,才会这样去做。这个人为什么有那样的思想和行动,一定有他的理由。想要找到这把钥匙,你必须诚实地将自己放在他的位置上思考。”[1]理解当事人的辩解、立场和他实施的涉案行为,不要直接戳破他们的谎言,更不要强迫他们说出真相,但委婉地告诉他我已经猜到大致真相,我知道究竟是怎么回事。“我不说透,你也知道”这是律师与当事人的最佳默契。当事人希望律师能聪明地猜到案件事实。当事人不用说透,但律师什么都懂,还没有当面戳破谎言,给当事人留足脸面和尊严。

例如,王某涉嫌职务侵占罪案:

王某被生意搭档控告涉嫌职务侵占罪,办案机关已经对王某刑事立案,并多次电话通知他到案接受调查讯问,但是王某始终没有配合,内心很忐忑,找到律师咨询洽谈,寻求帮助。

问:你把事情的来龙去脉详细说一下。

答:事情的经过是这样的……我是很冤枉的,这些钱都是为公司支出的钱,算起来公司还欠我几十万元。现在公安机关调查的事实,都是那个生意搭档打击报复捏造的。

问:他们指控你职务侵占1500多万元,是怎么组成的?他们认为你是以什么手法拿走这些钱的?

答:他们认为我伪造公司的付款申请单,伪造大股东签章,将钱款付出去。其中200多万元是我的个人借款,有200多万元是我替公司还钱给公司员工;其中1000万元左右,是付给三家供应商的费用,这些钱都是我的私账出去的。因为公司存在私账公用的情况,公司的大部分钱都存在我的私账上。这些费用支出时,都是有大股东签名的付款申请单的,我按照付款申请单支付出去的钱。

问:这些付款申请单是真的吗?签章是伪造的吗?

答:绝对是真的。

问:签章是真的,付款申请单也是真的,那么这些付款申请单有对应的真实

---

〔1〕[美]戴尔·卡耐基:《人性的弱点:认识自己比什么都重要》,华梅译,九州出版社2016年版,第102页。

费用支出吗？是不是你和财务私下制作了付款申请单？

答：不可能，这些都是真实的，大股东的签章也一直是大股东自己保管的。

问：那他们会怎么说？你认为大股东会怎么说这件事情？

答：大股东说这些签章是伪造的。

问：财务会怎么说？

答：财务会怎么说，我不知道了，但这些签章一定是真的，可以鉴定。我都是按照这些付款申请单付款的。

问：那这些钱，付给供应商的费用，从你的账户支付到哪里？

答：支付到供应商指定的私人账户。

问：这些私人账户是谁？你认识吗？

答：我怎么会知道？是供应商指定的收款账户，他们还出具了收款委托书。

问：对于这些钱，供应商会怎么说？他们会不会说这是正常的费用？你认为他们会怎么说？

答：他们可能不承认这是正常费用，可能会认为没有收到这些费用。

问：你们公司跟供应商有没有签订合作协议？有没有真实业务发生？

答：有的，有协议，也有真实业务发生。

问：那钱是私人账户收的，收钱的那些人是谁？

答：不知道。

问：对于收钱的那些人，公安机关找了他们没有？

答：不知道。

问：你认为那些人在公安机关的调查下会怎么解释？会不会作出对你不利的证词？

答：这就不知道了。

问：钱如果不是他们拿的，他们只是代收，或者只提供了账户，他们一定不会扛责任硬说自己收了这些钱，在调查询问的压力下，他们大概率会把事情的来龙去脉说得清清楚楚。这一点你要清楚。

答：他们说清楚了就好，这些钱跟我一点关系都没有，从流水都可以查的。

问：这些供应商说钱不是他们收的，这是容易被采信的，没有收到钱的人基本就会如实说没有收到，这比较符合常理，容易被采信。支付出去的这些钱，是你操作的，从你的账户出去的，供应商却没有收到这些钱，这些钱是一些私人账户收的。目前看起来，钱的去向跟你有较大关联，资金的去向可能会被调查出来。

答:我就不明白,他们怎么会说这些钱到我这里来呢?这些钱跟我有关呢?

问:你认为他们会怎么说?会不会这么说?

答:他们会怎么说,我不知道。

问:从现有情况来看,他们作出对你不利证词的可能性比较大。你可以当他们会这么说来处理。他们的证词可能就是对你不利的证据。

答:是的。

问:你有没有和财务一起制作这些付款申请单,在大股东不知情的情况下?

答:没有。

问:好,前面这些签章、付款申请单的问题,我们先不谈。这些对案件影响不大,影响大的是钱的去向。这些资金流向的个人账户,会不会被调查出来是你控制的?

答:我没有收到这些钱。

问:这些收钱的个人会不会说是他们自己收的钱?

答:他们怎么说我不知道。

问:供应商都否认有这笔钱,他们这些个人又收到这些钱,办案机关会找他们核实钱款的去向,他们在调查压力下大概率会如实作证。你觉得他们会怎么说这笔钱的性质?他们会不会说对你不利的话?

答:不知道,可能会。

问:这些收钱的人,是谁?你认识吗?

答:其实我是认识的。

问:好,这些私人账户收的1000多万元,最后去了哪里?

答:去哪里了我真不知道,我没有收到。

问:那些收钱的人,会不会说对你不利的话?会不会说钱跟你有关?

答:其实,我知道这里面有200多万元给了一些领导,我这里也没有证据。

问:好。那我们可以先聊到这里。总体来说,你的刑事危机还是很大的。

答:这个事情要怎么处理好?

问:这个时候能帮到你的只有你自己,你要把事情跟律师充分沟通商量,妥善处理。

在此次洽谈中,其实律师已经猜到大概的犯罪手法,不论付款申请书、签章真假如何，这些钱估计没有真实支付给供应商，这些钱与王某有很大关系，很有可能收款的那些私人账户都是王某控制下的。虽然王某遮遮掩掩，百般辩解，但最后还是透露出钱款去向与其有关系，只是不愿明说。我们也为他对事态作了基本判断，让他提前做好各项准备。

三、公允评判辩解

有一部分涉嫌的犯罪是毫无掩饰地实施的，当事人也毫不避讳；有一部分涉嫌的犯罪，则是当事人采取一系列的掩饰手段、有意无意地形成一些形式上合法流程、文件等予以掩盖的，当事人将之作为辩解的重要依据，他们也习惯性将自己的掩饰手段当作救命稻草。我们为当事人提供的重要法律帮助，就是评判他们的辩解是否合理、辩解的依据能否成立，在刑事诉讼中能否起辩护作用、如何发挥辩护作用，提出相对客观公允的评价，必要时巧妙、含蓄地提示其中的漏洞。

例如，前述张某涉嫌危险驾驶罪案：

张某和朋友一起喝酒，张某的朋友驾驶电动车与机动车发生事故，张某在劝架调解过程中，也驾驶了该电动车，驾驶距离是3米，就被机动车车主拉拽停下。机动车车主报案后，公安机关介入调查，报警人指认张某在事故发生后，也驾驶过无号牌两轮电动车。公安机关马上对张某进行了呼气酒精测试，结果显示184mg/100ml，再进行抽血酒精检测，结果显示214.9mg/100ml。公安机关以涉嫌危险驾驶罪对张某刑事立案。张某及其家属过来与我们咨询洽谈，寻求我们帮助他们妥善处理刑事危机。

问：说一下事情的经过，看有什么可以帮到你。

答：……

问：听起来确实比较无辜，如果你所说的情况属实，监控录像也如实记录了案发过程，我们认为你没有危险驾驶的主观故意，不宜认定危险驾驶罪。

答：是啊。

问：我们律师和当事人之间的谈话是保密的，你们把最真实的事实经过告诉我们，我们才能给你们提供最真实、可靠、全面的法律意见，避免产生误判，给你们错误的建议。

答：我明白，我说的都是最真实的情况。

问:好的。办案机关一般会抱持比较公正客观的立场来处理案件,公允地评判你的辩解是否成立。办案机关对你刑事立案,估计是有其原因和考虑的。如果单纯骑两三米挪车的行为,办案机关就以危险驾驶罪刑事立案,追究刑事责任,感觉不太符合常理。这个案件如果到法庭,大家都会评判你的辩解是否合理、是否符合客观事实。

答:明白的。

问:在案件裁判结果出来前,你会面临办案人员的反复询问、讯问,你需要反复解释案件事实经过。因此,你应该对事实经过有稳定一致、符合客观事实且合情合理的解释。目前听起来,办案人员可能会有疑虑、会怀疑你的辩解是否真实可信。

答:理解。

问:当时路况如何?有交通拥堵吗?行人多还是车辆多?

答:那是大排档的一条街,车辆不多,没有造成拥堵,行人比较多。

问:那为什么会担心产生二次事故呢?车辆少、行人多,一般二次事故发生的概率比较小的。

答:我当时没想那么多。

问:你既然想要避免二次事故,只是想要把车挪到路边,距离只有两三米,你为什么不把摩托车牵过去而是骑上去?

答:当时没想那么多,车子比较重,有100多斤,我就想着骑上去拧个油门会稳一点。

问:好的。类似这种看起来不太合理的细节,律师有疑惑,办案人员肯定也有疑惑,你可能需要好好解释。

答:好的。

问:在解释事情经过时,你可能需要注意几个问题:第一,事情经过的解释必须合情合理,否则你的辩解很可能不被采纳;第二,事情经过的解释必须符合监控录像,办案机关已经提取了监控录像,监控录像是客观的。如监控录像证明你的解释不符合事实,你的辩解可能不会被采纳;第三,如果你的辩解跟监控录像有些不一致的地方,你需要做好进一步解释的准备;第四,你要设想刘某等人都会如实供述事发经过,而且还要设想机动车的驾驶人恶意解释你企图驾车逃跑等不利证词,并做好必要的解释准备。

该案张某和他家属一起过来洽谈，不排除张某所说的全部是事实。但也不能排除张某面对律师、面对家属有所保留，我们就需要把张某所陈述的案件事实经过中不合理的地方委婉揭露，暗示家属事实真相还无法确定，可能监控录像会有其他的事实细节，张某所陈述的未必是全部的真相，也不排除张某因当时醉酒断片而不知道真实发生了什么。律师巧妙含蓄地提示家属，可能事情没有那么乐观，让他们调整心理预期。同时，我们也没有明确认为张某说谎，没有指责张某的解释不合理，在不点破的同时，提示张某在辩解时需要注意的几个问题，让他明白辩解必须合理可信且符合监控录像，而且提示张某，对于张某当时的行为，其他所有证人都会如实作证，甚至机动车驾驶人由于有利害关系还可能会故意“控告”张某当时骑车逃跑。张某必须充分考虑这些因素，才能给出更加合理的辩解。

当事人及其家属所构想出来的诸多辩解，律师用常理常识、法律知识、刑事诉讼经验来进行评判，提出不足之处、可能影响裁判结果的各种不利因素及需要注意的事项，能有助于刑事危机的妥善处理。

四、顾及客户感受

律师与当事人及其家属洽谈，要做一个不令当事人及其家属反感的人。律师要具备同情心、同理心，同情并理解当事人及其家属，还要秉持恰当的立场等。如果当事人及其家属对律师比较反感，他们肯定不会乐意和律师沟通，也就不可能把案件委托该律师处理，这是人之常情。什么样的律师，当事人及其家属会反感？那就是总是打击他们，只提供冷冰冰的法律分析，缺乏共情能力、同理心、同情心的律师。

不少当事人与律师沟通时，往往会带自己的亲戚、朋友一起过来，律师与当事人谈时，要根据现场情况点到为止。尤其是在探究事实真相时，当事人可能并不希望在自己的亲戚、朋友面前暴露自己的“恶”，更不想当着亲戚、朋友的面承认自己做了违法犯罪的事情。

例如，陈某涉嫌挪用资金罪、职务侵占罪案：

陈某与当公务员的亲戚、亲戚介绍的律师、陈某的妻子四人过来洽谈。我们在洽谈过程中问及陈某有没有将公司资金套取出去，以及钱款的最终去向是否与陈某有关等问题，他否认钱款与他有关，认为钱款是按照公司的正常流程用于公司用途。我们分析认为,钱款的最终去向是与陈某有关的,而且很可能最终由陈某拿走了钱,但陈某比较抗拒该事实。

问:钱款的去向是比较好追查的,公司相关财务人员会面临办案机关的调查。这些人在审讯压力下,大概率是会还原事情真相的。你觉得他们会怎么说这些钱的性质和来龙去脉?

答:不知道。

问:你觉得他们会不会说出对你不利的证词?

答:不好判断。

问:他们面对审讯时基本会说出事实真相,可能对你很不利,你觉得呢?

答:我需不需要找人跟这些财务人员和收款的人沟通一下,看看他们怎么说?

问:作用不大,他们一旦接受审讯,就会还原真相,他们不会扛责任的。

答:那这件事情一旦定罪,会怎么样?判多久?

问:先不用想那么多,今天先聊到这儿。总体看来,情况是不乐观的。我们需要再找时间单独聊聊,你带齐所有资料,我们商量一下怎么处理比较合适。

答:好的,那后天吧。我明天外出,没有时间,后天早上过来吧。

问:好的。

该案我们在与陈某洽谈过程中已经猜测到他的犯罪事实和犯罪手法,而且他比较紧张,担心涉案人员作出对他不利的证词,但他否认自己与涉案的钱款有关。这与洽谈人员有关,现场有他的亲戚、朋友、爱人,他很难当着这么多人的面承认自己实施了违法犯罪事实。我们需要顾及他的感受,在合适的时间与陈某单独谈,从而了解更多案件细节,提供更准确的法律意见。

又如,陈某律师涉嫌组织、领导传销活动罪案:

陈某作为公司的法律顾问,也被指控涉嫌组织、领导传销活动罪。陈某作用比较轻微,被取保候审。陈某很想争取不起诉的结果。他寻求我们帮助,希望能协助他妥善处理刑事危机,否则其律师职业生命将终结。

我们首先了解陈某所涉嫌犯罪、参与案涉公司经营活动的情况,以及陈某此前讯问笔录的供述和辩解等。然而,由于缺乏辩护经验,陈某对所有讯问笔录的内容都不记得,当时接受问话时脑袋一片空白,所以对笔录内容是什么、主要回答了哪些问题、签认了哪些材料等几乎都没有印象。

如果直接指出陈某的诸多失误,如陈某缺乏辩解经验,缺乏风险意识,导致现在的被动局面;陈某未意识到笔录内容的重要性,导致难以尽早获悉作为呈堂证供的笔录内容,我们就没有顾及当事人感受。陈某自己早就已经意识到笔录做得差,也很后悔、懊恼、自责,我们的指责无疑是火上浇油。陈某对我们的否定性评论肯定会比较抗拒。陈某的反感就意味着抗拒深入沟通,双方深度交流及后续合作的可能性就极低。

我们要做的是安慰、理解,讯问笔录只是认定罪与非罪的证据之一,认定陈某的行为构成犯罪,在证据层面还需要其他的证据链条加以印证。在法律定性层面,法律顾问能否成为传销犯罪的共犯、什么情况下会被认定为传销犯罪的共犯等,都还有商榷的余地。大家共同商量接下来如何妥善处理才是务实的。

再如,万某涉嫌行贿罪案:

万某的危机意识比较强,他在得知自己涉嫌行贿罪即将面临刑事调查时,第一时间找到我们,让我们帮忙普及相关法律知识,我们把行贿罪的相关法律法规以及接受调查的相关注意事项都跟万某详细耐心地解释。然后,万某再去接受调查。

接受调查后,万某无比沮丧,他找到我们诉说自己做笔录的糟糕情况,在现场压力下承认了行贿200多万元的事实,还签了承认行贿200多万元的讯问笔录,实际上他这个行贿金额是不准确的。

此时,经验不足的律师第一反应是否定性评价他:你怎么不相信专业律师的分析?我们给你做的普法工作、告诉你的注意事项,你怎么全都忘记了?造成现在这种糟糕的局面,你的麻烦很大。此类否定性评价,在万某看来是难以接受的,他已经很后悔了,知道自己犯了错,但肯定内心抗拒让别人在伤口上再撒一把盐。

经验丰富的律师会以同理心去理解、安慰、鼓励万某。首先,万某在审讯现场的判断大概率是正确的,是完全可以理解的。在审讯现场那种氛围、压力下,几乎没有人能硬扛下去,硬扛可能得到更加糟糕的结果,直接被采取强制措施都有可能。而且办案机关对于案件的处理,是否追究刑事责任、是否移送检察机关审查起诉,具有较大自由裁量权。当事人妥协配合调查的,办案机关完全可能对他从宽处理。所以,万某基于现场沟通情况作出妥协是明智的选择。其次,讯问笔录比较不利,并不意味着一定能定罪。讯问笔录毕竟只是证据之一,行贿罪的认定需要客观上确实有行贿事实，还需要其他证据形成完整证据链。如证据不足，还是无法定罪。最后，当前最重要的是下一步如何处理、提供什么样的证据材料、如何继续配合办案机关的调查，如何争取最好的案件处理结果。如此，万某才不会觉得律师很烦，才愿意信任律师，才能妥善处理刑事危机。

第二节
充分评估

涉案人员接受调查问话时，会如何描述当事人的行为具有很大的不确定性，当事人及其家属不能将这种具有极大不确定性的因素作为轻视刑事危机的依据，反而应该将这种不确定性因素作为重视刑事危机的依据。我们需要充分评估涉案人员在利弊权衡下的可能选择，以最坏的设想做最充分的准备，才能更妥善地处理刑事危机。

充分评估人在利弊权衡下的选择，就是要设想在刑事危机下涉案人员的不利表现，可能对当事人刑事危机处理产生的最不利后果，当事人据此做最好的努力。我们不要过高期待涉案人员能甘冒法律风险帮当事人“掩饰隐瞒”“保守秘密”，能为当事人“抗责任”“揽责任”，“袒护”当事人；能勇于坦诚自己的所有罪责和过错；能毫无保留地作出对当事人有利的事实描述；不要无条件地期待办案机关、办案人员能对当事人“格外开恩”，无理由地从宽处理；不要期待对当事人不利的证据会永远“石沉大海”。刑事危机的处理中不能抱不合理的诸多期待或幻想。

一、对手可能会不择手段

存在被害人或者举报人、报案人、控告人的案件中，刑事诉讼的发起人，是刑事危机中当事人的对手。为妥善处理刑事危机，当事人需要充分评估对手。在利益、情绪、仇恨等诸多因素面前，当事人不要低估了对手想要追究其刑事责任的决心、毅力和手段。

例如，张某涉嫌故意毁坏财物罪案：

张某与江某共同投资成立某实业集团有限公司，各持股50%。双方在成立公司时关系很融洽，他们达成的一致意见是，公司董事会由三名董事组成，董事长由张某担任，另外两名董事由江某及江某指定的人担任。该实业集团有限公司下设一系列子公司，子公司均由张某担任负责人及法定代表人。在经营过程中，张某和江某就公司经营的策略、理念发生分歧，由此引发公司控制权的纠纷。江某就直接利用其在董事会上的董事人数优势作出董事会决议，变更公司的董事长为江某并变更工商登记。由此，张某名义上失去了公司控制权。恼怒下，张某与江某大打出手，将江某的财物砸毁。江某直接报警，公安机关介入调查。经过鉴定，被故意毁坏的财物价值20多万元。公安机关对张某以涉嫌故意毁坏财物罪刑事立案。考虑到张某的企业家身份等原因，公安机关对张某取保候审。

张某起初认为，他通过各种社会关系与公安机关沟通，寄希望于撤销案件，避免被追究刑事责任。但被害人江某及其代理律师不断向公安机关施压，案件移送检察院审查起诉。张某此时追求检察院不起诉的结果。如后续案件再被移送法院，则张某可能会希望通过认罪认罚，寻求适用缓刑的结果。然而，这不是最重要的，理论上从失去公司控制权时开始，张某的刑事危机就已十分严峻。

其一，能否适用缓刑存在不确定性。张某涉嫌故意毁坏财物的金额已经属于"数额巨大"，在被害人提出异议的情况下，最终能否适用缓刑存在不确定性。《刑法》第275条规定："故意毁坏公私财物，数额较大或者有其他严重情节的，处三年以下有期徒刑、拘役或者罚金；数额巨大或者有其他特别严重情节的，处三年以上七年以下有期徒刑。"2020年12月31日，广东省高级人民法院、广东省人民检察院、广东省公安厅印发《关于部分犯罪定罪量刑标准的意见》（粤高法发〔2020〕13号），该意见第10条规定："故意毁坏公私财物，数额在5000元以上不满5万元的，属于'数额较大'；或者具有下列情形之一的，属于'有其他严重情节'，以故意毁坏财物罪定罪，处三年以下有期徒刑、拘役或者罚金：（1）三次以上毁坏公私财物的；（2）纠集3人以上公然毁坏公私财物的；（3）其他有严重情节的情形。故意毁坏公私财物，数额在5万元以上的，属于'数额巨大'；或者数额虽未达到'数额巨大'标准，但在2万5千元以上，且具有'其他严重情节'情形之一的，属于故意毁坏财物罪'有其他特别严重情节'，处三年以上七年以下有期徒刑。"本案中，张某纠集多名下属故意毁坏财物，被毁坏财物经鉴定价值20多万元，就属于数额巨大，张某面临3年以上7年以下有期徒刑。张某没有自首、赔偿谅解等从轻、减轻情节，在被害人提出异议的情况下,能否适用缓刑存在不确定性。

其二,存在职务侵占、挪用资金等其他犯罪的刑事危机。张某已经理论上失去某实业集团有限公司,还将陆续失去子公司的实际控制权。江某实际控制公司后,下一步就往往会委托律师、会计师对公司财务账册资料进行审查及专项审计,核查张某是否涉嫌职务侵占、挪用资金罪的犯罪行为,并进一步对张某提出职务侵占罪、挪用资金罪的刑事控告,张某无疑将面临职务侵占、挪用资金等其他犯罪的刑事危机。在股东纠纷中,刑事手段往往是置对手于绝境的常用手段。

其三,一旦职务侵占犯罪或挪用资金罪被一并追诉,张某就难逃被收监羁押的结局,刑罚将会比较重。挪用资金和职务侵占罪,都是比较严重的罪名。《刑法》第 271 条第 1 款规定:“公司、企业或者其他单位的工作人员,利用职务上的便利,将本单位财物非法占为己有,数额较大的,处三年以下有期徒刑或者拘役,并处罚金;数额巨大的,处三年以上十年以下有期徒刑,并处罚金;数额特别巨大的,处十年以上有期徒刑或者无期徒刑,并处罚金。”第 272 条第 1 款规定:“公司、企业或者其他单位的工作人员,利用职务上的便利,挪用本单位资金归个人使用或者借贷给他人,数额较大、超过三个月未还的,或者虽未超过三个月,但数额较大、进行营利活动的,或者进行非法活动的,处三年以下有期徒刑或者拘役;挪用本单位资金数额巨大的,处三年以上七年以下有期徒刑;数额特别巨大的,处七年以上有期徒刑。”挪用资金、职务侵占罪的定罪量刑数额标准也比较低,当事人很容易被判处重刑。根据最高人民法院、最高人民检察院《关于办理贪污贿赂刑事案件适用法律若干问题的解释》的规定,职务侵占金额 100 万元就属于“数额巨大”,当事人将面临“三年以上十年以下有期徒刑,并处罚金”的刑期。

其四,面对职务侵占罪、挪用资金罪的刑事控告,张某进行有效辩解的难度大。司法实践中,很多挪用资金、职务侵占案都发生在公司实际控制人、控股股东、高级管理人员和公司之间,这类人员、单位与被害单位之间往往资金往来密切。因此,如果仅将其中单向往来的部分款项进行审计,将部分单向资金往来款项认定为挪用资金或职务侵占,很容易得出存在犯罪事实的结论。当事人进行有效辩解就需要掌握公司的财务账册凭证,对相关资金往来进行双向、综合审计,计算资金往来的差额。然而,面对刑事控告,张某如失去公司的控制权,失去对公章、公司财务账册的控制权,就无法以公司的名义为其辩解,更无法利用公司的财务账册为其进行有效辩解。在即将面临的挪用资金罪、职务侵占罪刑事危机处理中，张某将失去有效辩解的素材。

其五，一旦被定职务侵占罪或挪用资金罪，张某将彻底失去对所有公司的控制权，甚至失去所有公司的经营管理参与权。《公司法》第178条第1款第2项规定："有下列情形之一的，不得担任公司的董事、监事、高级管理人员：（二）因贪污、贿赂、侵占财产、挪用财产或者破坏社会主义市场经济秩序，被判处刑罚，或者因犯罪被剥夺政治权利，执行期满未逾五年，被宣告缓刑的，自缓刑考验期满之日起未逾二年。"因此，张某如果被判决构成职务侵占罪、挪用资金罪，则较长一段时间内不再具有担任公司董事、监事、高级管理人员的资格，那么，张某与江某合作的某实业集团有限公司及其下属的所有子公司，张某不仅将失去控制权，还将可能失去参与权，张某的损失是不可估量的，而对手江某作为完胜的赢家，其收益也将难以估量。

张某在律师的提示下，才逐渐意识到其面临严峻的刑事危机。他需要做的，首先是从行动上保住自己对公司的控制权，包括公章和财务账册资料等，其次进行自查，并保管、留存、控制相关的可用于辩解的证据材料，以处理随时到来的刑事危机。具体而言：

其一，对故意毁坏财物作积极的辩护，如果张某无法对犯罪事实、犯罪金额、犯罪情节等提出有效的辩解意见，就处于被动地位，是否适用缓刑处于不确定状态，而其对此又毫无招架之力。不能指望在侦查阶段认罪认罚后就能获得缓刑。在被害人的影响下，即便张某彻底认罪也不一定能适用缓刑。因此，在张某所涉嫌故意毁坏财物罪案中，他要积极开展辩护工作，不能幻想最坏也必然能有适用缓刑的结果。

其二，张某需要自查其在经营涉案公司过程中的资金调拨行为、报销行为是否合法合规，是否可能被歪曲为张某职务侵占或者挪用资金的犯罪证据。对手在考虑是否提起职务侵占、挪用资金罪的控告时，考虑的往往不是事实是否清楚、证据是否确实充分的问题，只要表面上符合职务侵占、挪用资金的构成要件，对手就可以采取刑事控告手段，让张某面临刑事危机。

其三，对可能被用于刑事控告的资金调拨行为、报销行为，做好辩解准备。在律师的帮助下，提前做好辩解的准备，包括对每一笔资金调拨行为、报销行为的辩解，对相关证据材料的收集、提取、固定以及对证据的解释等，避免突然接受调查时的茫然无措。

在沟通过程中,张某陈述,他带领某实业集团有限公司的员工去被害人的工作地点,将被害人的财物砸毁,而员工的差旅费、补贴是在某实业集团有限公司报销的,数额还不小。该笔资金报销就可能成为对手控制公司后指控张某挪用资金或职务侵占的重要理由。诸如此类,张某在自查相关资金调拨、报销行为可能存在违法违规时,就需要重点做好处理措施,一旦因该资金被刑事控告,要怎么辩解,将事情解释清楚。

其四,保管、留存、控制公司的公章、财务账册等证据材料。即便由此引发其他民事纠纷,也有助于其刑事危机的妥善处理。

其五,在有条件的情况下,张某可以考虑拷贝公司的重要证据材料,避免失去公司控制权后,随即失去公司相关材料的知情权。同时,相关证据材料可作为后续刑事危机辩解的重要依据使用。如果张某没有相关财务账册凭证,则其辩解将陷入被动境地。

该案张某和江某各持某实业集团有限公司的50%股权,而对手江某已经变更了某实业集团有限公司的工商登记,成为法定代表人和董事长,理论上实际控制了公司,且张某已经被套上涉嫌故意毁坏财物罪的“枷锁”,张某已经非常被动。此时更不要低估了对手将张某踢出局的决心。司法实践中,股东之争中将对手踢出局最有效的手段,无非就是利用刑事诉讼手段,让对手锒铛入狱、人财两空。在律师的帮助下,张某才逐渐提高警惕,逐步采取积极有效的处理措施。

二、证人可能不保守秘密

很多当事人意识到刑事危机后,都会与有关证人进行充分沟通,希望证人能保守秘密,而大多数情况下证人也会爽快答应。然而,真正面临刑事调查时,当事人不要指望证人能保守秘密。证人在权衡利弊后,选择如实作证是正常的。证人与案件事实、案件裁判结果没有直接利害关系,他在接受调查问话或者遭受刑事危机时,就会作出利弊考量:如果证人如实供述,则其自身没有任何法律风险;如果证人故意作虚假陈述、诬告陷害、隐匿证据、拒不配合办案机关的调查,为当事人“遮风挡雨”等,则其自身无疑可能面临较大的法律风险,此时风险远大于收益。

因此,无论在接受调查前,当事人如何对他千叮咛万嘱咐,绝大部分证人倾向于不会保守秘密，都会把他们所知道的违法犯罪事实全部讲述出来，甚至还会将当事人如何教唆他故意作虚假陈述等事实经过全部陈述出来，让办案机关进一步内心确信当事人的犯罪事实。当然，证人作出对案件事实的如实证言，从法律上讲是如实作证义务的体现。为妥善处理刑事危机，当事人需要设想证人都会如实作证，甚至作出对当事人不利证词的局面来处理。

三、可能会被同案人指证

面临刑事危机时，同案人之间可能会相互指证，相互推卸责任。下级往往会把责任推卸给上级，认为涉案的犯罪行为都是上级组织、策划、指挥的，他们下级只是听从命令行事，上级应该承担刑事责任；公司业务员、普通员工往往会将责任推卸给公司，认为他们只是员工，参与的所有涉案行为都是在公司及老板的安排下的履职行为，他们自己只获得少量的劳动所得，犯罪的责任主要在公司及老板；行贿人会将受贿人的受贿事实和盘托出，甚至还会提出受贿人利用其权力实施的索贿，行贿人被迫无奈才按照受贿人的要求送了涉案财物，将自己处于被压榨、索取的次要地位。

与此相对应，上级往往会将责任推卸给下级，提出涉案犯罪行为是下级的行为，上级并不知情、没有参与，或者知情但管不了，应该由下级自己承担刑事责任；公司及老板往往会将责任推卸给公司员工，认为涉案犯罪行为是公司及老板监管不到位导致的，是员工的个人行为，与公司及老板无关，其均不知情，事后发现也马上采取了制止措施等，不应该追究公司及老板的刑事责任；受贿人则往往会认为是被“糖衣炮弹”攻击的受害者，是被行贿人“拉下水”的好干部，至少自己始终都想要做一名为人民服务的好干部，将自己置于“被围猎”的次要地位。

诸如此类的辩解，在司法实践中是常态。结果，在利弊选择下，每个同案人基于自己利益最大化的辩解策略选择，都会去讲述别人实施的违法犯罪行为。因此，对于特定当事人的刑事危机处理而言，他需要设想所有的参与人都会如实供述当事人实施的行为，可能被同案人作出不利的证供。当事人需要充分评估后为妥善处理刑事危机作诸多努力。

四、所有证词都可能失真

刑事案件配合调查的人员大致可以分为两类：有利害关系的人与无利害关

系的人。所有受到案件结果影响的人,都是利害关系人,包括同案人、当事人家属、被害人、被害人家属等,案件处理结果影响其利益,他们无疑都希望案件朝着对他们有利的方向发展。因此,有利害关系的人在陈述事实经过时,几乎不可能无视自己的切身利益,这在不同程度上会影响其陈述的真实性。处理刑事危机时,我们需要充分评估相关利害关系人可能作出的陈述及其失真情况。

实际上,其他与案件无利害关系的人所作的陈述也可能失真。失真的原因是多种多样的,可能是遭受压力或者利益的诱惑等,也可能是由于记忆等原因无意识地作出了与事实不符的陈述,还可能是当事人作出的陈述属实但未被如实记录,导致询问笔录、讯问笔录、情况说明等证据展现出失真的事实。

例如,刘某涉嫌行贿罪、串通投标罪案:

办案机关调查发现,刘某原系某上市公司的项目经理,该项目内容是政府机关向上市公司采购产品和服务,项目经理刘某与公职人员勾结,在项目中采用虚构转包合同等方式,将项目资金套取并用于向公职人员行贿。案发时,刘某已经从该上市公司离职,刘某和受贿的公职人员一同被采取强制措施。案件调查一段时间后,分为两个案件处理,分别由公安机关和监察机关办理。公安机关联系上市公司,要求上市公司将该项目的全部合同资料、财务资料作为证据提交,并要求上市公司当时分管该项目的领导到办案机关接受调查问话。上市公司的相关管理人员很忐忑,不知如何处理,虽然项目不是他直接对接的,但他当时作为上市公司的领导,在项目洽谈、商定合作方案时出面,而且当时感觉到项目不太正常,只是没有进行深入审查。

此时,上市公司及其管理人员方某需要咨询专业律师的意见。我们了解事情的经过后,提出如下意见:

其一,要设想已经到案的所有人都会如实供述的情况。公司已经离职的项目经理以及接受贿赂的公职人员,应该已经如实供述了案件事实经过。即便是否如实供述了全部事实经过尚不明确,但上市公司及方某配合调查时,也要在设想他们都已经全部如实交代的情况下来作决策。

其二,要设想刘某推卸责任甚至“抹黑”上市公司的情况。刘某作为当时的上市公司员工,项目是上市公司的,主要获益方是上市公司,对刘某而言,认定个人犯罪显然会面临比较严厉的刑罚,而认定为单位犯罪,刑罚会相对较轻。而且,认定为单位犯罪,需要承担责任的人不只他,单位也面临刑事危机,他将案件与上市公司绑定,显然更有机会获得从宽处理。因此,刘某很可能会推卸责任,将犯罪的行为讲述成单位行为,他只是履行职务的行为,承担次要责任。

其三,要设想刘某将责任推卸给上级方某的情况。如果方某作为主犯,则刘某可以获得从宽处理,因此,刘某可能会将责任推卸给方某。例如,供述项目洽谈、合作方式确定、串通投标细节以及行贿犯罪过程等,均与其上级方某有过沟通、商议、合谋,甚至供述系上级方某指使的。方某接受调查时,需要明白可能面临这样的"指控",并做好辩解的准备。

其四,要设想办案机关已经掌握全部犯罪事实的情况。刘某和受贿人员都已经被采取强制措施,并且案件已经侦办了一定时间。办案机关应该已经将犯罪事实都查清楚,才会向上市公司调取资料,并要求上市公司涉案人员配合调查,这是符合常理和办案逻辑的预测。

其五,即便上市公司及方某不配合调查,办案机关也能查清相关犯罪事实、收集到相关证据,而且他们也有权力对不配合调查的行为人采取强制措施,如有犯罪事实,他们当然有权追究上市公司及其责任人员的刑事责任。

我们认为,目前办案机关主要是将上市公司及方某作为证人来对待,上市公司及证人积极配合调查是比较合适的选择。而且,在配合调查的过程中,上市公司及方某也可以跟办案机关解释案件事实经过,以及这件事情对上市公司的影响,请求办案机关对上市公司宽大处理,这样往往能获得比较好的效果。

五、证据可能都会被掌握

当事人对证据搜集难度的自信不一定可靠。当事人将刑事危机的处理寄托于对控告人等对手找不到相关不利证据的期待上,是不稳妥的,不要低估了对手的取证能力、追责决心。当事人需要设想不利的证据可能均被掌握,甚至可能被作出恶意解读的情况,从而做妥善处理刑事危机的努力。虽然绝大部分办案人员是客观公正的,但不排除控告人恶意解读证据并据此提出刑事控告的可能性,也不排除少部分办案人员办案出错的可能性。

例如,付某涉嫌非法吸收公众存款罪案:

付某作为公司风控部门的负责人,公司老板涉嫌非法吸收公众存款罪被抓获归案,涉案犯罪的非法产品的金额数亿元。很多员工直接面临刑事危机,付某作为风控部门负责人,也是潜在的非法吸收公众存款罪犯罪嫌疑人。

为妥善处理刑事危机，付某需要做好接受调查询问的准备，且需要充分评估所有涉案人员的表现，争取将影响他是否构成犯罪的关键事实、细节、证据都解释清楚。

其一，要设想所有员工都可能如实供述。在公司众多员工后续接受调查时，他们基本上都会如实供述公司真实经营情况以及其他员工的参与情况。

其二，要设想所有员工都可能推诿卸责。推诿卸责、减小自己的罪责，是每个人保护自己的本能表现，因此，在共同犯罪中，各参与人推诿卸责很常见。付某作为风控总监，属于公司高级管理人员，其下属员工大概率会将责任推给他，而公司其他员工、其他高级管理人员，也很有可能会将责任推给他，认为所有的产品都是经过风控部门合规审查的，聊天记录也显示风控部门对募集资金的产品和募集行为是知情的，且风控总监对相关产品的路演资料还进行过合规审查。

其三，要设想办案人员可能以有罪推定思维解读证据。刑事立案前，谨慎的办案人员往往会从无罪推定角度来审查案件事实是否确实、证据是否已经形成证据链条、是否达到刑事立案标准等。在审查排除了其他无罪可能后，办案人员予以刑事立案。刑事立案后侦查过程中，有经验的办案人员就可能用有罪推定的思维来协助办案，即假定犯罪成立，倒查、挖掘犯罪经过，协助调查案件事实，解读相关证据材料。在刑事危机处理过程中，要设想侦查人员有可能按照有罪推定的角度，对每一份证据都作出对当事人不利的解读，以反向思维审查当事人是否涉嫌犯罪。

其四，要设想集资参与人的追责诉求很强烈。集资参与人为了最大限度地挽回损失，可能会要求办案机关抓更多的涉案人员，让更多的涉案人员承担退赔责任。付某是涉案公司的高级管理人员，有一定的退赔能力，因此，集资参与人可能会在刑事诉讼过程中不断提出追究付某刑事责任的强烈诉求，以影响办案机关对付某的罪与非罪、罪责大小的认定。

由此可见，付某面临比较严重的刑事危机，在该公司老板等人非法吸收公众存款的刑事案件办理过程中，付某需要妥善处理，随时面临集资参与人的“控告”，随时需要配合调查，对其负责的具体工作及涉案情况作出有效的辩解。

总之，在刑事危机处理过程中，当事人及其家属要充分评估人在利弊权衡下的选择，设想对手可能会为了彻底打败当事人而用尽方法；设想证人、当事人、利害关系人等所有涉案人员都可能由于利益、情绪、仇恨等因素而作出对当事人不利的证词；要充分评估部分办案人员的办案水平和可能的有罪推定办案思维；要充分评估所有的不利证据均可能被掌握，甚至被恶意解读。充分评估这些可能的不利情形，设想可能的最不利后果来做最充分的准备。

例如，朱某与梁某等人股东纠纷案：

朱某与梁某等人合作成立××房地产开发有限公司，共同开发该房地产开发有限公司名下的地块，双方约定项目建成后，按照股权比例分配物业。朱某负责出资、融资、经营管理，占有公司60%的股份，梁某等人持有公司40%的股份，梁某等人不承担负债也不享有应分得物业之外的其他收益。起初双方合作融洽，但是项目建成后，项目物业价值近20亿元，双方对于物业分配产生矛盾冲突。多次沟通始终无法形成一致意见，矛盾逐渐升级。朱某作为项目公司的实际经营人，缺少律师的协助，始终没有意识到对手会采取什么样的“维权控告”手段，进而没有做好充分的刑事危机处理准备。结果，梁某等股东采取了一系列反制措施，让朱某几乎没有翻身机会。

第一步是夺取公司控制权。梁某等股东纠集几十人到公司办公地点直接抢夺了公司的公章、财务章、财务账册凭证以及各种工程、房产等证书、合同原件，完全控制住公司。然后派员入驻公司，接管重要岗位，解聘朱某安排的人员，导致朱某势单力薄，直接失去对公司的控制。朱某作为公司法定代表人、执行董事，却无法去公司上班。

第二步是专项审计，提起职务侵占、挪用资金的刑事控告。梁某等股东马上委托律师、会计师进场，以及对相关会计、出纳进行高薪劝导，让他们配合调查朱某经营公司期间的大额资金进出情况。专项审计发现，朱某经营期间以虚假工程合同、虚假报销等方式将公司2亿多元据为己有，涉嫌挪用资金和职务侵占罪。梁某等股东以公司的名义提起刑事控告，办案机关迅速刑事立案。

第三步是梁某等股东要求办案机关对朱某进行刑事拘留、网上追逃。朱某听闻自己被刑事立案的消息后慌乱不已，因为虚假工程款合同、虚假报销是某些房地产开发公司逃避资金专项监管的常用手段，确实存在。虽然朱某有诸多合理辩解理由，但是只能在看守所辩解了。而且，朱某既缺少律师的指导，也缺少公司账册凭证，很难进行有效辩解。朱某只能作出了当时他认为最理性的选择——出境避一避。这正符合梁某等股东的预期，他们本来就希望朱某永远不要涉足公司的经营，也不要来分配朱某应当分得的物业权益。朱某面对可能的刑事强制措施，直接选择出境避一避，办案机关顺理成章就对其网上追逃。

第四步是梁某等股东伪造朱某的签名，变更法定代表人和执行董事，变更工商登记，完全控制公司。××房地产开发有限公司的原法定代表人和执行董事都是朱某。朱某逃往海外后，梁某等股东安排中介机构对公司的法定代表人和执行董事进行工商登记变更。其中，工商登记变更过程中缺少原法定代表人和执行董事朱某的签名。但最终通过各种手段，××房地产开发有限公司的工商登记还是被变更，梁某等人完全、彻底地掌控了公司。

第五步是梁某等股东提起抽逃出资的民事诉讼，拟否定朱某的涉案房地产开发公司的股东资格。梁某等股东召开公司股东会，以朱某抽逃出资为由解除朱某的股东资格。同时××房地产开发有限公司、梁某向法院提起民事诉讼，要求法院：(1)确认朱某已将其在××房地产开发有限公司的出资共计600万元全部抽逃；(2)确认××房地产开发有限公司于20××年12月29日作出的解除朱某股东资格等事宜的股东会决议有效；(3)判令朱某立即协助××房地产开发有限公司办理因其股东资格被解除后涉及的工商、税务变更登记手续。

一审法院判决认为：审计机构于20××年1月23日出具××房地产开发有限公司的《验资报告》后，××房地产有限公司于20××年2月4日向朱某转款500万元、20××年6月7日向朱某转款90万元、20××年7月18日向朱某转款50万元。在上述期间，朱某是××房地产开发有限公司的法定代表人、执行董事，故有理由相信朱某在此期间对××房地产开发有限公司的款项支付具有控制力。现朱某表示其与××房地产开发有限公司之间存在多次经济交易关系，因此双方之间存在支付往来实属正常。然朱某没有任何证据予以佐证，理应承担举证不能的法律后果。因此，可以认定朱某已将其在××房地产开发有限公司的600万元出资全部抽逃。

二审阶段，在代理律师的努力下，二审法院才改判认为，从朱某提交的证据材料看，朱某和××房地产开发有限公司之间存在多笔大额款项往来。在双方款项往来情况未经总体确定的情况下，××房地产开发有限公司以20××年2月4日向朱某转款500万元、20××年6月7日向朱某转款90万元、20××年7月18日向朱某转款50万元三笔转款，主张朱某已经将其出资600万元全部抽逃，缺乏充分事实依据，本院不予支持，驳回××房地产开发有限公司、梁某的诉讼请求。

第六步是梁某等股东推进刑事案件，要求对朱某判处10年以上有期徒刑。后来朱某入境时被抓获归案，梁某等人马上积极推进刑事案件，配合办案机关，进行各种专项审计报告，并委托律师出庭，以被害单位诉讼代理人的身份出庭要求法院对朱某进行严惩。朱某在刑事诉讼中疲于应付，朱某及其家属、律师都作出了巨大努力。该案朱某罪与非罪争议很大，案件一审就耗时将近4年，但一审的结果不理想，法院全盘采纳起诉书的内容，判处朱某有期徒刑10年，并判处没收财产300万元，追缴违法所得，发还给被害单位，不足以弥补的损失部分，责令朱某依法退赔。

该案朱某缺乏刑事危机意识，缺少律师的协助，没有想到他的对手的手段如此残酷，等到朱某反应过来为时已晚，只能不断疲于应付，最终还是直接被刑事拘留、逮捕、审判。在朱某得知被刑事立案的那一刻，他被羁押的命运已经被注定，因为在刑事诉讼制度中，控方拥有决定当事人是否羁押的权限，不论最后法院是否裁判构成犯罪，只要办案机关刑事立案后，认为朱某涉嫌职务侵占或者挪用资金数亿元，就可以对其刑事羁押，不予变更强制措施。朱某刑事危机未能得到妥善处理，究其原因就是其未能充分评估人在利弊权衡下的选择，导致在股东纠纷中“一败涂地”，民事、刑事得到不利的裁判结果。

第三节

充分尊重

律师提供有效的法律服务，需要与当事人及其家属建立稳固的互信关系，尤其是要让当事人及其家属信任律师。妥善解决刑事危机，需要当事人及其家属充分认可律师，并听取律师提供的诸多专业法律意见。如何建立信任关系？充分的尊重很重要。戴尔·卡耐基在《人性的弱点：认识自己比什么都重要》一书中论述影响他人的方法时，认为：“世界上唯一能影响他人的方法，就是谈论他所想要的，而且还要告诉他，如何才能得到他所想要的。”[1]赢得当事人及其家属信任的前提，是他们认为律师是具备人情练达、精通世故、社会阅历丰富、专业知识过硬、办案经验丰富等素质的专业人士。因此，律师需要摆正自

---

〔1〕［美］戴尔·卡耐基：《人性的弱点：认识自己比什么都重要》，华梅译，九州出版社2016年版，第19页。

己的姿态,扮演好自己的角色,展现出自己专业正直且经验丰富的形象,懂得并充分尊重当事人及其家属的诉求,包括专业法律意见的需求和情绪价值的需求,并在法律范围内努力协助他们实现诉求,尊重他们在利弊权衡下的选择。

一、回应关切的问题

律师与客户沟通需要回应他们关切的问题,考虑直接关系到当事人及其家属切身利益的问题,这样的沟通既能让双方在"同一频道",也充分体现律师确实站在当事人及其家属的立场,充分为他们的利益着想,是值得信任的人。

有效回应当事人及其家属的关切问题,需要拥有丰富的办案经验,包括对涉案犯罪的犯罪手法、定罪量刑标准、证据链条等都非常熟悉,对刑事诉讼有丰富的沟通经验等。除此之外,还要做一位善于与当事人及其家属沟通的专业人士,既能从沟通中明白他们的诉求,也能发现他们可能遗漏的对他们更重要的诉求,还能以恰当的方式表达出来让他们欣然接受。

如单位犯罪与个人犯罪的问题。在公司及员工可能涉及刑事危机时,代表公司来找律师洽谈委托事宜的,不少都是公司的老板。此时,律师要了解客户的心态,他对于公司员工的刑事犯罪并不是十分在意,顶多会在律师费用上提供一些资助,他们在意的是公司员工的犯罪是否会影响公司的正常生产经营、是否会影响他个人的法律责任。因此,相关的刑事危机是单位的还是个人的,会不会被认定为单位犯罪,这是客户特别想要了解的。律师在洽谈时要针对客户的需求,特别评判刑事危机对公司及其实际控制人产生的影响。

例如,王某等人涉嫌串通投标罪案中,公司老板王某及其他几个高管来咨询,我们在洽谈中提出,他们公司正在准备上市,而王某等人的行为已经可以被认定为单位犯罪,如何让公司不被认定为单位犯罪是他们的首要任务。王某此前没有意识到该问题,听到该观点耳目一新,后迅速确定委托。具体实施犯罪的员工往往要被追究刑事责任,但公司是否被追究单位犯罪的刑事责任,还有不确定性,还可能不会被认定为单位犯罪。本案洽谈中,我们意识到对当事人更为重要的问题,且是让当事人感到不安的问题,并为当事人提供妥善的处理方案,对他们而言,我们的意见很有价值。

二、正直且敢于担当

不论是作为当事人的律师还是作为被害单位的诉讼代理人，律师作为专业服务人员，都需要有与其角色相匹配的正直形象。正直形象并不是毫无理由、不加批判地支持自己的当事人，而是要求律师作为具有丰富法律知识、办案经验、社会阅历的专业人士能提出正能量的价值理念。我们不能吝啬表露自己对案件的看法，更不吝啬表露对案件所持的是非观念。很多时候，作为当事人的律师，我们会与当事人及其家属表达对犯罪行为的批评；作为被害人的诉讼代理人，我们也会向被害人及其家属表达对犯罪人追责适可而止、见好就收的理念。

例如，王某涉嫌强制猥亵罪案：

王某因在地铁上强吻了一名被害人，被抓获归案，被指控涉嫌强制猥亵罪。我们多次向王某及其家属传达正确的是非观念，让他们明白王某的行为是错误的，他为此遭受一定的惩罚并不是坏事，而是他人生的宝贵财富。小错不惩处以后犯大错可能没有回头路。一旦犯重罪面临极其严重的惩罚，那就追悔莫及。王某及其家属逐渐认可我们的观点，不再毫无原则地纵容、袒护当事人，逐渐接受当事人需要受到适当惩罚的案件处理结果。

又如，赖某涉嫌故意杀人罪案：

我们虽然为他提供法律帮助，尽可能维护他的合法权益，为他争取各种从轻、减轻处罚情节，但我们在会见时也明确对他进行思想教育，告知他案涉行为的恶劣性，他需要为他的恶行负责，需要忏悔和改过自新，否则可能判处死刑立即执行，即便没有判处死刑立即执行，刑满释放后还可能犯同样的错误。我们在与家属沟通过程中，也多次表达这种是非观，而不是一味按照家属的情绪，附和家属对被害人过错的诸多指责。当我们与家属形成一致的价值理念后，双方增加了互信，沟通成本大大降低。

三、意见与信心支持

面临刑事指控，当事人及其家属都很焦虑，精神压力很大。律师是他们眼中的专业人士，律师对案件的看法会给他们带来很大影响。因此，我们一般不宜继续给他们施压，不能只提刑事危机，不提解决方案和处理建议。如果律师只说案件形势很严峻、当事人马上要被抓起来、可能要被判得比较重之类的，当事人及其家属的压力更大了，他们只能寻求更多人的帮助，找其他律师、找其他关系、其他朋友寻求安慰和力量。总是施加压力的律师无法得到当事人及其家属的信任。律师要给家属信心，让家属觉得值得信任、值得依靠，在他们最无助、最焦虑、精神压力最大时，给予他们安慰、信心、支撑的力量。情绪价值也是律师需要提供的重要服务内容，以恰当的方式方法提供恰当的情绪价值是非常专业的事情。

例如，曾某涉嫌强奸罪案：

曾某已经被刑事立案并取保候审。曾某和他父母都遭受巨大压力，一旦曾某被定罪则前途尽毁。曾某和他家属一起找律师咨询。我们需要综合全案法律内外的因素，给他们分析，告诉他们风险不大，证据不充分，认定强奸罪的证据不足，不用担心，就算被起诉我们也帮你打这场官司。根据我们的经验和判断，这个案子胜诉概率较大。一方面，律师提出的意见是中肯的，对案件证据、案件形势发展作出了准确判断。另一方面，律师的意见对家属是极大的安慰和鼓励，让他们看到了希望，减缓他们的压力，帮助他们渡过难关，双方建立起很好的信任关系。

面对压力巨大的当事人及其家属，律师给予足够的建议和信心支持，才能取得他们足够的信任，让他们认可我们提出的法律意见和应对方案，才更可能妥善处理刑事危机。否则，他们听不进律师的意见，按照他们认为正确的方式方法行事，不利于刑事危机的妥善处理。

第六章
CHAPTER 06

刑事危机处理的方法

律师协助当事人及其家属妥善处理刑事危机，需要有正确的处理理念、规范的办案流程、准确的经验判断、专业的辅导意见，提供善意的提醒和有用的建议，协助当事人及其家属权衡利弊。同时，律师还需要进行充分的沟通，尽量说服当事人及其家属作出理性的选择，尽量说服办案人员接受辩护意见，不要舍弃正规的处理方式而寻求各种“法外手段”。如此，才能最大限度地妥善处理刑事危机，争取对当事人利益最大化的处理结果。

第一节
正确的处理理念

正确的处理理念是妥善处理刑事危机的重要要求，在很大程度上影响当事人及其家属在危机下的行为和策略选择。当事人及其家属和律师要达成一致的正确处理理念，否则很难密切配合、相互信任。

一、“零口供”不合适

我们发现，案发前当事人及其家属咨询如何妥善处理刑事危机时，普遍有“我否认就行了吧”“我不说他们能奈我何”“我死扛到底”“他们不可能有证据的，所以我不说就行”之类的想法。实际上，刑事案件中当事人坚持“零口供”的处理方式是需要慎重的。在适当时机向办案机关解释案件事实、细节是非常有必要的。在当前司法状况下，无论是对控方还是对于辩方，当事人的询问笔录、讯问笔录都是重要的证据。当事人要抓住审讯的机会为自己的行为进行充分的辩解,这些辩解是后期辩护观点的重要支撑。律师在与当事人及其家属洽谈时,必须向他们解释“零口供”的利弊,尽量让他们在律师的协助下积极处理,努力进行有效辩解,而不是以“零口供”消极对抗。

例如,郑某涉嫌故意杀人罪案:

郑某从被抓获归案到一审、二审庭审乃至最终裁判生效,每一次接受问话时都是“零口供”。郑某的讯问笔录内容大致如下:

问:我们是××公安局的民警(出示工作证件),现依法对你进行讯问,你应当如实回答我们的提问。你有权为自己辩解。因如实供述罪行,避免特别严重后果发生的,可以减轻责任。讲假话或隐匿罪证、诬告陷害他人是要负法律责任的,你听明白了吗?

答:我不知道。

问:你的个人情况?

答:我叫郑某,其他情况都不知道。

问:你因何事被关押在××看守所?

答:我不知道。

问:你有聘请律师的权利,清楚吗?

答:我不知道。

问:那你是否有故意伤害的行为?

答:我不知道。

问:××年××月××日上午,你在哪里?

答:我不知道。

问:当时××地上有一滩血,是谁的血?

答:我不知道。

问:打架现场留有一把水果刀,那是谁的?

答:我不知道。

问:你身上是否有受伤?

答:我不知道。

问:那你手上的伤,是怎么来的?

答:我不知道。

问：你有无补充？

答：我不知道。

问：你以上所说的是否属实？

答：我不知道。

该案中，郑某实际上案发后没有逃匿，明知他人报警仍然在现场等待处理，如果归案后能如实供述，则其自首情节可以认定。对于两人发生纠纷的事情来龙去脉、被害人是否具有过错等，郑某也具有重要的发言权。自首情节和被害人过错对郑某量刑无疑具有重大影响，直接影响其能否保命。然而，郑某始终采取“零口供”方式来对抗，错失了可能的一线生机，最终法院判决郑某死刑立即执行，剥夺政治权利终身。

当事人“零口供”对抗调查不合适，但胡说八道也万万不可取，一旦当事人签名确认相关询问、讯问笔录，相关笔录就可以作为呈堂证供，最理想的状态当然是先获得必要的法律咨询意见，会更加稳妥。

二、认罪态度恰当

面对刑事危机，当事人需要根据他与办案人员的沟通情况现场作出认罪与否、认罪范围、认罪程度等重大决策，这些决策影响当事人与办案人员的关系，也会影响案件的处理结果。大包大揽地认罪和一味负隅顽抗都不是最佳选择，都可能会让事情变得更加复杂。因此，当事人对于认不认罪、认罪范围、认罪程度等的拿捏就很关键，尤其是在可能取保候审的情况下。可变更强制措施为取保候审，也可以继续羁押的案件中，办案人员很看重当事人的认罪态度，如果不认罪可能就不考虑取保候审。反之，当事人考虑是否认罪，也看重办案人员的“承诺”，考虑双方基本的诚信。这需要律师作为中间人进行有效沟通。

很多时候，律师不一定需要坚持完全按照法律规定“死磕”，对当事人及其家属更有利的折中方案有时更有意义。为了达到更好的折中结果，律师就需要成为帮助当事人及其家属与办案机关、办案人员进行有效谈判的中间人，起沟通桥梁作用，协助谈判，促成案件的妥善处理，争取到对当事人及其家属利益最大化的结果。

如认罪认罚、退赔谅解、自首、主从犯认定、退缴违法所得、犯罪金额认定等，律师需要协助当事人与办案人员“商谈”折中方案。一方面，当事人及其家属对办案人员往往存在不信任感;另一方面,办案人员比较强势,往往需要先看到当事人及其家属的实际行动,才会履行承诺,作出相应的处理结果。缺乏律师的沟通撮合,他们难以达成折中结果。如在洽谈认罪认罚时,律师就是促成认罪认罚的重要中间人;在决策是否退赔谅解时,刑辩律师就是当事人及其家属与办案人员、被害人或被害单位之间的重要中间人。

例如,在陈某涉嫌放火罪案中,陈某涉嫌放火罪被刑事拘留。陈某在火灾事故中被烧伤,需要定期进行手术治疗。我们接受陈某家属的委托为陈某提供辩护。该案在审查批准逮捕阶段,我们的主要工作就是与经办人沟通不予批准逮捕,申请变更强制措施的事宜。但陈某不认罪,这就涉及是否认罪的沟通、陈某认罪态度的决策问题。

首先,我们与经办人沟通认罪认罚能否考虑不予批准逮捕的问题。我们收集了大量的证据材料、做了大量的工作,将手术预约单、住院病历资料、与其他被害人的赔偿资料、获得的谅解书提交给经办人。经过沟通,经办人表示可以考虑不予批准逮捕,但需要陈某认罪认罚,此前陈某都是不认罪的,所以才进行刑事拘留。律师与经办人就认罪认罚与不予批准逮捕的关系问题进行深入沟通。

其次,律师与经办人沟通认罪细节问题。具体如何认罪、认哪些事实和细节、经办人在意哪些事实和细节,需要律师与经办人充分沟通。沟通后发现,经办人纠结的问题在于陈某否认用打火机点火的细节,陈某辩解使用打火机是为了点蚊香。那么,陈某面对提审时,回应经办人纠结的这个点火细节很有必要。而陈某其他的辩解,只要经办人没有异议,就不会影响其认罪态度。

经过律师的居中沟通协调,经办人再一次提审陈某,制作讯问笔录后,对陈某不予批准逮捕,陈某得到取保候审的结果,为案件争取最理想结果开了个好头。

三、辩解需要懂法

在刑事危机下,当事人不论是为了追求逃避法律追究、争取最轻微的结果、保护自己及其家属等自认为最好的案件处理结果,还是为实现这些诉求而表现出来的认罪悔罪、拒不承认、极力辩解、避重就轻、出卖队友、污蔑队友等基于利弊考量的策略,抑或为了追求无罪、罪轻裁判结果而塑造的人设形象,这一切辩解行为都是“求生欲”下的朴素、单纯表现，如果没有专业知识、辩护经验的加持，这些表现往往很难发挥作用。业余的当事人个体面对专业的办案机关、办案人员的群体，其建立在朴素求生本能上的辩解行为几乎都是无效的，甚至起反作用，辩解权利的形式大于实质。刑事危机处理是一个专业领域，需要由专业的人员指导、协助，当事人的辩解需要得到专业知识、辩护经验的加持。该过程是由律师与当事人洽谈过程中的普法实现的，当事人在学习法律知识、获取辩护经验后，作出的辩解才更可能有效。

例如，许某涉嫌开设赌场罪案：

许某在接受讯问时，对其做赌博网站代理期间所获利益的情况，出现前后多个不同的解释。

问：如何计算提成及提成比例？

答：我发展的赌客每次参赌不管是输钱、赢钱或者打平，我都有提成，提成赌客的赌博流水0.8%，如赌客A参与赌博的流水有1万元，那我则提成80元。计算方式是一月一结算。

问：你做代理期间的获利情况？

答：大概有20万元至30万元人民币。

问：你获利的钱去向？

答：已被我花光。

在这次讯问中，许某表示其获得利益的比例是赌客流水的0.8%，做代理期间所获利益的金额为20万元至30万元人民币。过几天后，许某关于其获利金额的辩解细节发生了较大变化。

问：你的获利情况及去向？

答：从做网上赌博代理至今，我和我的下线获利总额大概有20万元至30万元人民币。这些获利不都是我自己的，我还需要分一部分给下线，减去这些分下去的钱大概就只剩下4万元，都是从我发展的赌客网上赌博流水按0.8%提成获取的。但其中还需返回0.6%的提成给下线。我的获利都是在我工作手机的支付宝上，我工作手机支付宝上的钱现在应该还有75330.16元，这些钱是赌客转给我和我流水提成的钱，不都是我的收益部分。其他大部分的流水提成钱已被我平时消费花光。

在这次调查中，许某对于获利所得的金额有了新的辩解，补充了更多的细节，他自己实际获利从20万元至30万元人民币，变成了仅有4万元人民币。当事人许某对获利数额多少发生变化的原因，既可能是许某学习相关法律知识，了解获利数额对其定罪量刑的影响后作出的违背事实的辩解；也可能是许某对获利数额的理解更深刻，作出符合事实的更正。不论哪一种原因，显然都与许某学习相关法律知识有直接关系，而许某学习法律知识以及学习法律知识后作出辩解是他的权利，办案机关采纳哪一种辩解，以及许某的辩解能否影响其定罪量刑，则是后续的问题，至少在当时许某认为其辩解是正确的、有利的。

又如，黄某涉嫌走私淫秽物品罪案：

办案机关经调查发现黄某涉嫌走私淫秽物品，对其刑事立案侦查，并在异地办案机关的协助下，在黄某工作场所（××市××路××号对面的××食杂店）将其抓获归案，采取刑事拘留强制措施。此时，黄某面临严峻的刑事犯罪危机，如处理不当，极有可能被追究刑事责任，而且面临较为严厉的刑罚。

问：你知道我们为什么找你吗？

答：知道，就是因为我在网上找商家购买淫秽漫画书籍的事情。

问：你是从什么时候开始在×宝网站从境外购买淫秽漫画书籍的？

答：我是从去年12月开始买的。

问：说说具体情况？

答：我比较宅，这些书都是通过×宝网站购买的。我去年12月发现一些卖家有售卖这些淫秽漫画书籍，就开始从他们手中网购进境，我一共买了10余次，每次买一件，一件大概不到10斤，总共买了几十本，具体数字不清楚了，要看我的购买记录。

问：你是从哪些卖家购买淫秽漫画书籍的？

答：一共是两家，一家是“×××店”，另一家是“×××店铺”，店主的网名分别是××、××，店主应该是大陆人，具体情况不清楚，没有见过真人。

问：你说说交易的情况？

答：因为我经常在×宝网站上逛，买境外的化妆品、漫画书比较多，向×××店、×××店铺也买过正规的漫画书，我去年逛时，刚好看到这些店有在卖淫秽漫画书籍，我就通过某聊天软件跟卖家沟通，能不能订购这些淫秽漫画书籍。

问：接着说？

答：卖家回复我说可以订购，因为一些政策原因，那些网店店家没有放出来很多淫秽漫画书籍的货品，卖家要我自己去出版社查询淫秽漫画书籍出版信息，需要购买哪些淫秽漫画书籍告诉店家书名就可以，店家会找人帮我去境外采购，然后发货给我，我在家里等收货就行，店家一般也是这种模式接单的。

问：你是怎么付款的？

答：……

问：付款后，这些淫秽漫画书籍怎么发到境内来？

答：店家联系在境外的朋友去采购，然后他们就会联系快递公司从境外运输进境到他们手里，他们再发货到我的地址。

问：你知道是哪家快递公司运输淫秽漫画书进境的？

答：具体我不知道他们是怎么运进境的。

问：这些卖家的国内发货地址是哪些地方？

答：店铺是在××市，但他们不会写具体地址，我不知道具体地址。

问：你交易淫秽漫画书籍的聊天记录还在吗？

答：都不在了，因为卖家会要求我删掉，我们都清楚这些交易在法律上是不允许的。

问：你跟卖家都知道这些是淫秽漫画书籍吗？

答：我们都知道，因为正常途径是很难买到的，这些漫画书上面一般有18限的标志。

问：你的网店账号、密码？

答：账号是××，密码是××。

问：你的网店销售记录为什么显示淫秽漫画书这么少？只有30多本？

答：因为在网上卖书，内地不允许卖淫秽书籍，所以我没有使用淫秽的图片和书名，如果客人来问，我就在聊天时回复对方。实际上卖得也很少，大部分被我撕烂扔掉了。

问：那你的聊天记录还有吗？

答：都删除了，没有了。

问：你在网上售卖的漫画书有什么类型？

答：有一部分是言情小说，有一部分是正常漫画书，有一小部分是淫秽漫画书。

问：在你的网店中，淫秽的和正常的漫画书怎么区分？

答：一般是客人来逛店看到我卖漫画书，有的就会问我有没有“18禁”的，如果有，我就告诉对方。如果对方接受价格，我们就成交。我再通过快递给客人发书，所以我的网店中销售的书籍，在销售记录中很难区分是否为淫秽书籍。

该案黄某供述了其通过网店购买境外淫秽漫画书籍，并在境内销售的犯罪事实。但在具体的购进淫秽漫画书、卖出淫秽漫画书、聊天记录、销售记录中对淫秽书籍与非淫秽书籍的区分等关键事实方面，并不清晰。黄某大概率了解相关法律，尤其是走私淫秽物品罪、贩卖淫秽物品牟利罪与非罪、定罪量刑标准等相关法律知识。司法实践中，当事人如果懂得相关法律，其作出辩解时会更加谨慎、更加较真，对缺乏事实依据的某些指控内容会否认得比较坚决。

四、区分辩解辩护

在刑事危机处理过程中，当事人往往要求律师帮助他们表达很多辩解意见，或者要求修改律师提交的辩护意见，在辩护意见中增加当事人想要说的很多内容。这是不妥当的，当事人的辩解和律师的辩护意见，是有关联、核心意思相近，但表达方式、表达习惯、侧重点、严谨性等都完全不同的两种意见，两者不能混同，否则不仅不能让辩解和辩护意见相互支持，还会对辩护意见的说服力有所减损。

律师和控方虽然立场不同，但都是专业法律人，站在裁判者的两侧，维持正义天平的两边平衡。律师不能毫无原则地支持当事人的一切辩解，控方也不能毫无原则地支持被害人的一切指控。否则辩护意见和当事人的辩解就严重同质化，可能会在较大程度上贬损辩护意见的说服力。辩护意见应该站在相对客观中立的立场、站在法律适用者、裁判者的角度来分析案件事实、证据材料，得出关于罪与非罪、此罪彼罪、罪轻罪重等方面的法律意见，这样的辩护意见才具有说服力。否则，律师在辩护意见中将当事人的辩解简单重复一遍，这样的辩护意见本质上还只是当事人的辩解。

例如，宋某涉嫌职务侵占罪案：

宋某被指控与季某共同设立经营××有限责任公司，宋某在负责经营期间将本属于××有限责任公司的业务款项据为己有。××有限公司停止营业后，宋某继续将本属于××有限公司的业务应收款项非法据为己有，因此涉嫌职务侵占罪。公安机关对宋某刑事立案，展开调查，宋某面临重大的刑事危机。

我们撰写的辩护意见，首先将宋某与季某的矛盾纠纷由来进行梳理，方便经办人了解案件来龙去脉。包括：× ×有限责任公司成立的原因、过程、维持经营的时间，宋某与季某发生矛盾导致× ×有限责任公司停止营业、季某在公司负责财务部门等事实细节。宋某看完辩护意见认为，× ×有限责任公司根本没有存在的意义，本来就没有自己的业务，业务都是他带过去的，× ×有限责任公司也没有自己的工作人员，工作人员都是他经营的其他公司的工作人员，因此不能刻意强调× ×有限责任公司，也不认可该公司的存在，要求律师修改辩护意见，增加他想要表达的诸多意见。

宋某的这些辩解是有道理的，他完全可以有自己对于案件事实、罪与非罪的判断。但宋某的辩解与辩护意见是不同的，辩护意见如果与宋某的辩解完全一致，就会失去自己的价值，只是在复述当事人的辩解，律师仅成为当事人的"传声筒"，这在无形中贬损辩护意见的价值。经过律师的耐心沟通解释，宋某表示完全赞同。

辩护律师不是当事人的"传声筒"，辩护意见与当事人自己提交的自辩意见不能等同，应当相得益彰、互相支持。当事人在辩解中表现出不妥协、坚决无罪的强势态度立场，在辩护意见的加持下，当事人的辩解会更加有理有据，且态度会更坚决；辩护意见则站在相对客观中立的立场，特别从本案双方纠纷的来龙去脉、侦查过程存在的诸多问题、犯罪事实是否清楚、证据材料是否充分、本案是否可能存在犯罪事实、现有证据能否得到当事人构成犯罪的结论角度出发，提出了有理有据的无罪辩护理由。几年后，当事人顺利渡过难关，办案机关未进一步追究宋某的刑事责任。

五、正视不利供述

当事人接受办案机关的调查时可能会作出不利供述，当事人及其家属、律师在处理刑事危机时，不能无视不利供述。一方面，当事人自己不能完全无视此前的不利供述，应当为供述内容或供述原因等作出尽量合理的解释，尽量减轻不利供述带来的负面影响；另一方面，律师在制定辩护策略、形成辩护意见时，也不能无视当事人的不利供述，自说自话。否则辩护意见直接被当事人自己的不利供述否定，辩护效果必然不会很好，刑事危机难以妥善处理。

例如，周某某涉嫌非国家工作人员受贿罪案：

律师提出辩护意见认为，本案存在虚假报案、虚假证言的情况；按照涉案公司的工作流程，周某某不可能利用职权为投标公司的中标提供便利，现有证据也不能证明行贿资金的来源，不能证明周某某收受贿赂的事实；证人证言存在重大疑点，司法审计报告的真实性也存疑。因此本案缺少关键证据，存在重大疑点，认定周某某非国家工作人员受贿罪的事实不清、证据不足，请法院依照疑罪从无的刑事司法原则，宣告周某某无罪。

我们认为，该案辩护意见忽略了周某某在侦查阶段每一次讯问笔录都是认罪、如实供述了其收受贿赂的现实不利情况。案卷材料显示，周某某在侦查阶段曾经做出过多次稳定的认罪笔录。律师“闭着眼睛”无视周某某的认罪供述，而办案机关显然很重视这些稳定的认罪笔录。本案辩护观点集中在否定案卷的证据，缺少实事求是、妥善处理案件的足够“诚意”。裁判者处理该案，需要全面考虑案件证据，对于罪与非罪作出恰当的评判。律师“否定一切”，仅仅做了“堵”的工作，没有做“疏”的工作。没有充分站在裁判者的角度，为裁判者撰写案件处理方案提供帮助，辩护效果是不理想的。毕竟，裁判者的案件处理方案从来不是一句简单的“疑罪从无”。

司法实践中，当事人的认罪笔录对裁判者的影响是很大的。当事人此前作出过多次稳定的认罪笔录，当事人及律师仍然坚持认为本案事实不清、证据不足也可以，但必须对此前的不利供述有相对合理的理由，要么从取证合法性上证明此前讯问笔录不合法，如采用刑讯逼供等非法取证手段收集的供述；要么从供述内容真实性上，证明此前讯问笔录内容没有如实记录当事人的供述，讯问笔录内容与讯问同步录音录像内容有本质差异；要么从供述内容的解读上，可以作出对当事人有利的解读。各种相对合理的解释都可以，就是不能无视不利供述。如果没有合理的理由能解释此前的不利供述，只是直接无视此前的不利供述，则辩护面临很大的困难，辩解和辩护意见难以被采纳，刑事危机难以得到妥善解决。

六、回归事实、证据与法律

在刑事裁判生效前，随着刑事诉讼的推进，当事人及其家属对案件裁判结果的期待一次次破灭，他们通过各种方式寻求理想裁判结果却均不奏效、屡屡碰壁后，对案件处理结果的诉求和心态，都会发生变动。但不论如何变动，总体趋势是稳定的：弯路走多了都会放弃对“旁门左道”的过高期待，逐渐回归对事实、证据和法律的分析判断，据此作出相对正确的决策。

因此，从经验的角度看，妥善处理刑事危机，最终的归宿还是事实、证据和法律。刑事危机并不是当事人及其家属凭一厢情愿的想法就能妥善处理的，需要回归案件事实、证据和法律。基于案件事实、证据和法律的专业靠谱的意见很重要。当事人及其家属不能意气用事，不能凭朴素的价值观、对法律法规的朴素认识、对社会公平正义的自我认知来决策，更不能主要依靠“关系”“人脉”“资源”，不论有什么样的“关系”“人脉”“资源”，刑事危机的妥善处理最终都需要回归事实、证据和法律。如果当事人没有行之有效的“关系”“人脉”“资源”，那么，律师的专业意见和协助是他们妥善处理刑事危机的唯一依靠。如果当事人及其家属确实有足够的“关系”“人脉”“资源”，且真实、可靠、无诈，那么，律师的专业意见和协助也是不可或缺的，是对当事人及其家属的“关系”“人脉”“资源”的加持。

例如，侯某涉嫌非法占用农用地罪案：

侯某租用一块土地，获得临时建筑许可后，建设钢铁架构的简易厂房出租给6家企业。由于侯某承租土地时，出租方明确承诺临时用地手续可以不断延续，临时建筑许可也可以不断续期。因此，侯某就将厂房出租给6家企业，并向承租的企业保证可以得到续期。然而，这块地的临时用地手续和临时建筑许可后续只被批准延期了一次，政府相关部门就不允许继续延期，并要求企业搬迁、厂房拆除、土地复垦复耕。侯某和6家承租企业因此都遭受巨大经济损失。最终，政府相关部门对侯某以非法占用农用地为由行政调查。此时，侯某面临的已经不仅是行政责任，更是严峻的刑事危机。侯某在处理刑事危机前期，脱离了事实、证据和法律，导致一步步陷入被动。

首先，侯某和土地出租方、其他股东通过各种关系运作，先后向国土部门负责人、土地规划部门负责人贿送钱款，以及希望通过其他的公职人员斡旋，将大事化小、小事化了，避免被行政处罚和移送公安机关追究刑事责任。然而，侯某等人贿送大量资金的行为并没有阻止案件的推进。政府相关部门行政调查后，将侯某等人涉嫌非法占用农用地罪的犯罪线索移送公安机关进行立案侦查。公安机关介入后，对侯某采取刑事拘留强制措施。政府相关部门对涉案厂房也采取强制拆除、复垦复耕的措施。

其次，在刑事案件办理过程中，这6家企业与侯某及其家属就厂房拆除、搬迁经济损失问题进行多宗民事诉讼。侯某委托自称与村委、政府相关部门都比较熟悉，人脉资源比较丰富的律师代理。代理律师提出，侯某家属可以向6家企业赔偿经济损失合计约630多万元，获得6家企业的谅解，这可以作为申请变更强制措施为取保候审的重要理由。侯某家属虽然认为这笔赔偿款太多，而且实际损失有多少还不可知，但是仍愿意"花钱消灾"，钱没了可以继续赚，但人在看守所里面受苦就太难受。为能让侯某早点出来，侯某家属想要采取这种方式，举债赔钱，获得谅解，申请取保候审。侯某本人也多次通过写信、让仓友、律师带话等方式，要求家属尽快筹集630多万元，按照代理律师的要求，做好退赔工作，只要能取保候审出来，花多点钱没有问题。

但是因为这笔资金一时间难以筹集，而且家属顾虑很大，担心人财两空。后侯某家属经朋友介绍，委托了我们作为侯某的律师接手处理案件。他们最重要的咨询内容是，花钱能否消灾，赔偿谅解能否帮助侯某取保候审出来。我们仔细为侯某家属分析当前的案件形势以及退赔谅解的作用、意义：

其一，侯某及其家属首先需要换位思考，如果他们是6家企业的当事人及其诉讼代理人，他们应该怎么做才能最大限度地保障6家企业的利益，让他们拿到尽可能多的赔偿？那就是充分利用侯某涉嫌非法占用农用地罪这个刑事案件，并充分利用侯某正处于被羁押状态的这种案件形势，向侯某及其家属施压，或者直接与办案机关沟通，以侯某非法占用农用地欺骗6家企业导致其遭受重大损失为由，要求办案机关不得为侯某变更强制措施，不得对侯某作出不起诉的决定，并要求办案机关敦促侯某赔偿经济损失。因此，将承租企业的损失与侯某涉嫌非法占用农用地的刑事案件紧密结合，是对方的立场和诉求，而不应该是侯某的立场和诉求。

其二，一旦办案机关发现侯某涉嫌非法占用农用地罪一案还有6个所谓的"被害人"，而且这些"被害人"还会向办案机关施压，那么办案机关考虑对侯某变更强制措施或者不起诉时，不得不考虑这些"被害人"的因素。不论法律上他们是不是真正的刑事被害人，司法实践中这些"被害人"的施压只会给侯某案件的处理带来较大的不利影响。

其三，严格从法律上分析，侯某涉嫌非法占用农用地罪案与侯某和这6家企业的厂房租赁合同纠纷只是相关，但不应相互影响，非法占用农用地的刑事案件与经济纠纷是完全独立的两个案件。因此，刑事案卷材料中才没有出现厂房租赁合同相关纠纷的诉讼资料，目前这6家企业也没有向办案机关提供资料、提出相关诉求，对侯某而言是利好消息，毕竟办案机关也未关注侯某与六家企业经济纠纷，甚至还不知道630多万元的经济纠纷。对侯某而言，避免让民事纠纷影响刑事案件处理，才有助于其争取刑事案件的更好处理结果。

其四，侯某涉嫌非法占用农用地罪案中，这6家企业不是刑法意义上的被害人，侯某即便向他们赔偿，并获得他们的"谅解"，这也不是被害人谅解情节，赔偿630万元并获得所谓的"谅解"，对侯某的变更强制措施以及侯某案件的处理，并没有积极作用。

其五，这笔630多万元的赔偿款，如果对侯某家属而言是可以承受、愿意承受，那当然没有问题。实际情况并非如此，从支付能力上，这630多万元对于侯某家属是不小的负担，他们需要举债才可能完成赔偿。从赔偿意愿上，侯某家属认为这6家企业遭受的实际损失充其量只有160万元，不会有630万元之多，民事诉讼中他们也申请进行损失鉴定。从过错划分上，侯某家属始终认为，根据租赁合同，他们不需要赔偿承租企业的损失，即便按照公平原则，也需要划分各方过错，按照各方过错比例承担损失，因此，即便侯某需要承担赔偿责任，其也不可能承担100%的责任。

综上，将侯某与这6家企业的民事纠纷和侯某涉嫌非法占用农用地罪的刑事案件联系、绑定在一起，对这6家企业而言是有利的，对侯某而言则是不利的。在办案机关未关注的情况下，侯某及其家属主动提出将与这6家企业的经济赔偿民事纠纷和刑事案件的处理绑定，主动提出进行退赔、谅解，显然不明智。侯某家属愿意为了让侯某早日变更强制措施出来举债赔偿谅解，想法虽好，但这不是专业的处理方式，有可能人财两空。

经过我们解释，侯某及其家属放弃了举债630多万元进行赔偿获得谅解争取取保候审的方案。事实也证明，检察院在办理侯某涉嫌非法占用农用地罪案中，并未关注该案相关经济纠纷，相关经济纠纷是否已经解决完毕，对刑事案件的处理没有影响。在审查起诉阶段，律师提出了理据充分的辩护意见，检察院对侯某变更强制措施为取保候审。侯某及其家属多次表示很幸运及时听到了我们的专业法律意见，避免了人财两空的局面。

第二节
规范的办案流程

办理刑事危机业务的主要流程有：了解案情、挖掘真相、法律评估、思路指导、跟进处理以及后续刑事风险防范。这六个流程环环相扣，每一个环节都做得充分、到位，而且必须规范。办案流程规范，既为了最大限度地帮助当事人及其家属妥善处理刑事危机，也为了防范律师自己的执业风险。

一、了解案情

在与当事人及其家属洽谈了解案件事实时，一般可以从了解作案手法、经营模式、侦查事实、行业规则等入手。每一个行业都有其规则，每一项违法犯罪行为也都有其内在逻辑，没有无缘无故的犯罪，也没有无缘无故的仇恨。律师了解案件事实，就是了解他们是“怎么运转的”，他们涉嫌的犯罪行为是怎么发生的，全面了解案件的来龙去脉。

倾听当事人及其家属的陈述，与当事人及其家属进行充分沟通，引导他们讲述案件事实经过，了解当事人的作案手法、行为模式、辩解观点、掩饰违法犯罪行为的手法，了解当事人说了什么事实，猜测隐藏了什么事实，分析隐藏的事实等。在这个过程中，律师既要同情、理解当事人，也要理性分析当事人的说法，深谙他们的利弊选择。充分了解才能为作出准确判断、协助妥善处理刑事危机提供事实信息。

二、挖掘真相

无论是主观上还是客观上，当事人及其家属向律师讲述的都不可能是全部的事实。主观上，很多当事人及其家属不愿意袒露全部的事实真相；客观上，即便想要讲述全部的事实，他们也未必掌握事实的全貌，他们所了解的事实经过也未必是事实的全部。当事人及其家属讲述犯罪事实经过时，有经验的律师往往会在倾听中，以经验、常识、常理为导向，适时提出疑问，只要是不合理的、不符合逻辑的，都要向当事人及其家属询问，听他们的解释。通过倾听和询问，我们就可以评判他们所说的事实真相是否属实，他们的辩解理由是否成立。

一般而言，只要不符合常理，基本可以认为是不真实的；只要是当事人及其家属回避的，基本上可以认定有隐情；只要当事人及其家属极力辩解的，基本上就可以认定其中存在违法违规之处。正所谓“大道至简”，最简单的行为往往更可能是最真实的，越解释、越辩解的事情，越可能有问题，这样的辩解可能都是为了掩盖真相，或掩盖违法犯罪行为。

律师要学会挖掘真相，即使是猜测，律师也要将事情背后的真相猜测出来，猜测得越准确、越接近于真相，说明律师经验越丰富，当事人及其家属才能越信服，律师提出的法律意见也更加准确，对当事人及其家属的帮助也更大。如果律师以为当事人及其家属讲的都是实情，完全相信当事人及其家属讲述的冤情是真的冤情，就会被当事人及其家属“牵着鼻子走”，他们就会觉得律师“太天真”，连自己的“谎言”都识别不出来，进而认为律师毫无价值，不能指望这样的律师能提供什么样的帮助，进而放弃这样的律师。

三、法律评估

在准确了解案情、挖掘事实真相的情况下，律师就可以对相关事实进行法律评估，包括是否构成犯罪、构成什么犯罪、犯罪事实数量、罪名数量、单位犯罪还是个人犯罪、案发可能性、有无从轻、减轻处罚情节、无罪辩护的可能性，与案件相关证据材料及其调取方式方法，与案件相关人员可能的到案情况、作证情况，涉刑财产处置方案等，诸如此类，凡是影响当事人及其家属切身利益、影响刑事危机处理的问题，都需要律师的法律意见。法律意见是当事人及其家属作出决策必须考虑的因素。

例如，案发率和定罪概率的问题。刑事危机处理过程中，当事人及其家属最关心的无非会不会案发、会不会被抓、会不会被定罪、可能被判多少年、最好的结果如何、最坏的结果如何等。这些都需要律师根据办案经验，作出相对准确的评估。

不是所有的犯罪行为都会被立案侦查，也不是所有的犯罪行为都会被查清。律师需要结合案件特点、为当事人讲解相关法律知识，分析办案机关已经或将来会取得的证据，预测办案机关取证情况、同案人供述、证人证言等，追究当事人的刑事责任需要取得哪些证据，证据链条能否完整、取证程度难易，有没有政策因素介入等。这些都是影响当事人无罪辩护的成功率、当事人被定罪量刑的概率的因素。如果已经案发或者必然会案发，律师则可以向当事人讲解案件的管辖、侦查程序、取证范围、取证行为，当事人被采取强制措施前，当事人及其家属需要采取的准备工作，如自首、合理辩解等。律师的这些法律意见对妥善处理刑事危机很有意义。

四、思路指导

面对刑事危机，当事人及其家属慌乱的重要原因在于缺少妥善处理刑事危机的思路，不知道如何处理、不知道事情后续如何发展、不知道刑事危机究竟有多么严重的后果等。因此，我们首先需要给予当事人及其家属刑事危机的处理思路，指导他们有条不紊地处理。在案件证据细节比较清晰时，律师能给他们清晰明确的分析和判断、处理方式方法指导。案件证据细节还不明确或当事人尚未能向律师充分披露全部的案件事实细节时，律师也可以基于现有信息给予最佳的处理思路和经验指导。

例如，刘某涉嫌行贿罪案：

刘某是某私营企业的实际控制人，其经营企业过程中被某政府部门调查其产品进口手续问题，相关公职人员对刘某索要好处费，刘某担心涉嫌刑事犯罪，为了避免事态扩大，向相关公职人员贿送现金30万元。刘某公司的进出口手续违规问题被行政处罚而结案。后刘某偶然了解到，当时事情本身就不是刑事案件，不会升级为刑事犯罪问题，相关公职人员以不移送刑事处理为由骗取他的贿赂款。同时，还有案外人张某也有类似被骗经历，被同一名公职人员索要50万元。张某对该公职人员进行了举报。刘某将其被勒索贿赂的过程向张某讲述，张某就将这两起索贿案件一并进行举报。几年后，办案机关工作人员联系刘某了解其行贿的事情，通知他去接受调查问话，并告诉刘某“你问问你公司的法务，现在主动交代还可以从宽处理，不然事情是严重的”。刘某这才意识到自己面临行贿30万元的刑事危机。

为此，刘某咨询我们的意见。这件事情案发原因不明确，刘某的刑事危机也不明确，我们得到的信息比较有限，只能基于现有信息给予法律分析意见。

其一，需进一步了解案发原因。办案机关找到刘某调查的原因，既可能是受贿人员已经被采取调查措施，受贿人员如实供述该受贿事实，并提供行贿人刘某的信息，办案机关找刘某调查询问；也可能是由于张某的举报揭发，办案机关发现贿赂犯罪线索，尚未对受贿人采取调查措施，只是根据举报线索联系行贿人（举报人）先行调查了解情况。这两种案发原因，对于刘某的意义是不同的，刘某作出的选择也必然不同。

其二，需要了解更多案件信息。如果有信息渠道，可以了解一下受贿人员以及张某的情况，是否已经被调查、是否被采取措施。如有，则可以了解相关案件的诉讼进展。当事人及其家属需要搜集尽可能多的信息，为决策提供事实依据。

其三，分析现有证据材料。刘某需要仔细回忆案件发生的过程以及各种证据材料，预判办案机关能获得的证据材料是否充分。既包括刘某被索贿过程的证据材料，聊天记录、短信记录、资金往来记录、贿送钱款过程的证据材料等；也包括刘某与张某沟通过程的证据材料，聊天记录、短信记录、提供给张某的材料情况等。这些材料对于刘某作出决策有重要意义。

其四，采取必要处理措施。针对刘某可能面临的刑事危机，刘某及其家属都需要做好充分的准备，包括证据材料、辩解理由、经济方面、心理建设方面等，做好力所能及的防范措施，避免突然的强制措施导致他们慌乱。尤其是心理建设方面，刘某此前一直想要控告公职人员受贿的事实，但显然如控告成功，刘某自己也涉嫌行贿罪。或许他此前没有意识到，因此，他需要做好心理建设，是否继续控告，是否在意自己可能面临的刑事风险。

本案尽管已知信息量较少，但根据有限的信息提出准确分析预判，指导当事人及其家属妥善处理，避免因缺乏相关法律知识而无法作出正确的决定或其自行处理过程中犯低级错误，遭受不必要的损失。

五、跟进处理

刑事危机处理过程中，律师和当事人及其家属需要密切跟进案件，共同研究各种问题的解决方案，并根据案件进展、证据情况变化、案件形势变化等，定期开会讨论，为当事人及其家属的疑问作出准确的分析判断，及时提供积极妥善处理刑事危机的法律意见。如果当事人被刑事立案、追究刑事责任，则律师则还需要以辩护人的身份继续跟进全部的刑事诉讼程序。

1. 刑事危机处理是跟进陪伴的过程

一个案件从案发到最终尘埃落定，不论当事人是否被追究刑事责任，都是一个漫长的过程。很多律师在办理刑事危机处理业务时,总感觉自己没有做什么服务工作,或者总是想马上找到一个解决方案或者答案告诉当事人及其家属,以为这样才算完成了工作。在刑事裁判生效前,当事人是否会被追究刑事责任是处于不确定的状态,随着事实调查深入、证据搜集情况的变化会发生动态变化,案件形势变化,法律分析判断意见也随之变化。该过程中,当事人及其家属都难以独自面对,需要律师的协助。律师也几乎不可能从一开始就给出一招制胜的解决方案。除了少部分案件有撤案决定书外,刑事危机处理往往很难有一个标志性的事件或者标志性的文件,来证明刑事危机已经处理完毕。所以,律师就算自信地给出了一个能解决问题的方案,这也是不确定的方案,甚至可能是错误的方案,当事人及其家属也会将信将疑。

2. 当事人及其家属需积极参与

刑事危机的处理,要让当事人及其家属不断积极寻找各种证据、搜集各种信息,充分发挥他们的主观能动性以及他们没有主管机关约束限制的优势,他们可以更加顺利地搜集证据和各种案件信息,只要不触犯法律即可。同时,律师要不断研究这些实时更新的证据、信息,不断寻找和研究法律和各种裁判案例、更新法律意见,用更准确的法律意见进一步指导当事人搜集证据、信息,形成良性循环。

3. 及时提供积极的处理方案

当事人及其家属找律师,就希望律师积极帮助他们,给他们积极处理的方案,他们才能宽心,才找到依靠的力量。因此,律师需要根据案件情况变化,及时提供积极的处理方案。如在公司员工涉嫌犯罪、引发公司及老板的刑事危机时,可以从调查取证的角度看,分析这些违法犯罪的员工对公司及老板刑事责任认定的影响,考虑将相关违法犯罪的员工解聘,停止违法犯罪的业务。

如分析认为大概率会案发时,律师可以与当事人商量自首、立功的必要性和具体方式方法。考虑主动投案,协助当事人撰写自首的材料,指引当事人自首,争取自首情节;考虑协助当事人抓捕同案人,争取立功情节等。尤其是轻伤害等有机会私了的刑事案件,我们在了解案情后作出准确判断,建议当事人及其家属迅速与被害人及其家属达成赔偿和解协议,为后续妥善处理刑事危机占得先机。

例如,郑某涉嫌故意伤害罪案:

郑某与同村人郑某某系在同一公司上班的舍友，两人因宿舍生活琐事发生肢体冲突，冲突过程中，郑某利用破啤酒瓶将郑某某的脸部、颈部扎伤。当天晚上两人都被送到公安机关。由于郑某没有受伤，郑某某脸部、颈部都存在不小的伤口，受伤严重，如果伤情鉴定，则很有可能会达到轻伤以上。因此，律师第一时间建议郑某家属尽早达成赔偿谅解，有助于案件妥善处理。当天晚上，双方在公安机关的主持下进行调解，郑某赔偿 3 万元，双方互不追究对方刑事责任。然后两人各自回家，郑某某则去医院做手术缝合伤口。一个星期后，郑某某又反悔了，去公安机关重新报案，要求追究郑某故意伤害罪的刑事责任。经过伤情鉴定，郑某某的损伤目前构成轻伤一级，是否构成更高级别损伤程度待医疗终结伤情稳定后再行评定。

该案郑某的行为已经达到故意伤害罪的刑事立案标准，好在此前已经达成赔偿和解，且赔付义务已经履行完毕，虽然被害人反悔，但该赔偿和解行为为郑某案件的妥善处理争取到较大的空间。

六、后续刑事风险防范

刑事危机处理案件需要持续跟进，一步步陪伴当事人及其家属，为他们出谋划策，出庭辩护，直至裁判生效。至此，刑事危机处理的工作已经做完。但往往这又是另外一个刑事法律服务的衔接起点。经历此事，不论刑事危机处理的结果如何，当事人及其家属对刑事犯罪、刑事风险、刑事危机等都有更加深刻地认识，对律师协助他们防范刑事风险的重要性也有新认识。因此，刑事危机处理后，律师可以提供更多的刑事法律服务，帮助当事人处理其他潜在的刑事风险点，做好刑事风险防范工作，避免当事人及其家属未来面临刑事危机。

例如，公司涉嫌犯罪的案件中，经历过刑事危机后，当事人往往更有意愿开展整改，进行刑事风险的防范。因此，律师可以进一步协助公司对相关业务模式进行刑事风险评估，或者进行专项整改，完善制度或剥离刑事风险业务，对引发违法犯罪的经营模式进行调整等，保护公司、实际控制人及其高级管理人员。总之，他们需要在律师的协助下，尽早识别、预防企业违法犯罪或者避免因其他人员、单位违法犯罪行为而遭到损害，设置一系列的刑事风险防控制度和措施等。

第三节
准确的预判意见

律师对刑事危机处理提出的准确预判意见,有助于当事人及其家属迅速学会妥善处理刑事危机的方式方法,让扑朔迷离的刑事诉讼进程变得清晰可见,让当事人及家属大大缓解焦虑,得到专业靠谱的支持。当事人及其家属对刑事危机未来如何发展不了解、信息不透明,未来的极大不确定性无限放大了他们的焦虑。因此,他们需要律师给予的准确预判意见。律师的预判意见主要包括三个方面:对当下案件形势的预判,对后续办案流程的预判,以及对当事人行为是否构成犯罪、此罪与彼罪、罪责大小、量刑情节、涉刑财产处置等法律后果的预判。

一、判断当下案件形势

当事人如何决策在很大程度上影响刑事危机能否妥善处理。当事人的决策,依赖于他对案件形势的准确判断。但是,当事人作为"当局者"往往难以准确判断案件形势,无法作出最佳的判断。这就需要律师为当事人准确判断当下案件形势。当事人清晰准确判断当下案件形势后,才可能作出最有利的决策,妥善处理刑事危机。

例如,张某涉嫌行贿罪案:

张某是上市公司实际控制人,在公司发展过程中曾经向公职人员行贿。受贿方被办案机关留置,办案人员联系张某,要求张某到办案机关配合调查,供认这笔行贿行为和行贿金额。但张某始终不敢去,担心一去直接被留置,但是又不知道不去会有什么后果。因此,他在去与不去、配合与不配合调查间犹豫不决。

显然,张某在面临刑事危机的情况下,对当前案件形势不知如何分析判断,迷茫不安的情绪在所难免。此时,他需要有经验的律师介入,帮他判断、分析,协助他一起妥善处理刑事危机,避免因案件形势判断错误而导致更糟糕的处理结果。

我们听了办案人员与他沟通的经过后,认为张某暂时还被定性为证人的身份，他们的办案目标是受贿人的受贿案，没有追诉行贿案的打算。张某应该配合他们调查，充分沟通争取不被追诉。如果张某完全拒绝配合，办案机关就很可能对他采取强制措施，甚至追诉行贿犯罪。

张某起初还是不敢认可我们的建议，办案人员也三番五次联系张某，要求他配合调查。后张某尝试听从我们的建议，在我们的陪同下去办案机关配合调查。结果很顺利，与办案人员当面沟通得知，如果再不去配合调查，办案人员就要把他带走调查。经过充分沟通，办案人员承诺不会追究他的刑事责任，张某只是证人，只要配合调查将事情说清楚、提交相关证据材料，配合落实受贿案的证据材料，他们就不会追诉行贿的犯罪。最终，该案顺利解决，张某渡过危机。可想而知，如果张某对案件形势作出误判，导致决策错误，拒绝配合，则后果将不可控。

又如，吴某涉嫌对非国家工作人员行贿罪案：

吴某购买房产时向销售人员行贿，给了“饮茶费”10万元获得比较大的购房优惠折扣。案发后，销售人员涉嫌非国家工作人员受贿罪被立案调查并刑事拘留。根据初步调查，销售人员收取了几十位购房者合计200多万元“饮茶费”。办案人员联系他，要求他到办案单位配合调查时，他慌乱、紧张，不知道自己要不要认罪，要怎么认罪，认罪有什么后果，会不会直接被刑事拘留，有没有无罪的机会等。吴某查找了相关法律知识，请教了身边的律师朋友，得知自己涉嫌对非国家工作人员行贿罪，已经达到犯罪的立案标准，内心更加忐忑。此时，吴某需要有经验的律师帮他把关当前案件形势，指导他与办案人员沟通联系，协助他妥善处理刑事危机。

起初，吴某不敢承认，也不去派出所接受调查，不敢承认自己贿送“饮茶费”的事情，只回复短信作出否认，其余的概不配合。但办案人员对他的短信回复不满意，办案人员认为，被抓的人已全部招认，包括收了你多少钱、分几次收、哪个银行账户收、什么时间收等，受贿的人都已经如实供认，希望吴某能把相关事实经过讲清楚，落实相关事实和证据材料。

我们仔细分析案件形势后认为，根据办案人员联系的经过、要求吴某配合调查的情况、沟通的次数、沟通的内容等，可以看出办案人员把吴某界定为证人，而不是犯罪嫌疑人。办案人员已经知道吴某的行贿事实，行贿过程都有银行账户资金往来流水，加上涉案销售人员的供述，办案人员已经查实给“饮茶费”的事实，但在证据要求上还需要吴某的证词，该非国家工作人员受贿罪的犯罪事实才确实充分。因此，办案人员要求吴某去配合调查，显然是把他当作证人，而非追究吴某对非国家工作人员行贿的犯罪。因此，我们认为，吴某还是需要配合调查，保持良好沟通，优先跟办案人员沟通以寄送情况说明、身份证复印件等形式作证，避免到办案场所遭受额外的压力，产生其他的意外情况。吴某在我们的指导下与办案人员沟通，提出寄送情况说明等材料的作证方式，得到肯定答复，吴某准备情况说明等证据材料以邮递方式寄给办案机关。

本来吴某直接寄送情况说明等证据给办案机关即可，但又出现了意外情况。收受贿赂的销售人员是吴某的好朋友，他被刑事拘留后，托他的律师带话出来，让家属联系吴某，要求吴某配合说 10 万元已经在给钱后一段时间就以现金的形式返还，没有行贿受贿事实。吴某又陷入两难，要怎么跟办案人员作证？要不要说早已收回 10 万元？我们提出实事求是作证的建议。如果确实没有收回，还作证说收回，可能不利于他自己的刑事危机处理。而且，一旦说已经收回 10 万元，这笔钱又被认定为赃款或受贿人的违法所得，吴某还可能会被继续追缴 10 万元。[1]

经过分析，吴某决定以书面形式如实说明被索取“饮茶费”的事实经过。后来事情比较顺利，寄送完书面证词后，办案人员也没有再联系他。过了一段时间，受贿人家属应办案机关要求将 10 万元退还给吴某。至此，吴某的刑事危机就基本妥善解决。

在该案中，当事人对案件形势准确判断很有必要，当事人的身份究竟是证人还是行贿人，是否已经被刑事立案，还是仅仅作为证人被要求配合调查等，根据这些案件细节，作出最准确的判断。律师协助当事人及其家属对案件形势作出准确判断，当事人及其家属才能作出正确的决策，才更可能妥善处理危机。

二、预判后续办案流程

律师详细告诉当事人及其家属案件未来的走向如何、每一步可能的诉讼流程如何，以及每一次案件走向、每一步诉讼流程会对他产生什么影响，当事人及其家属要做哪些准备，并协助当事人及其家属做好充分准备以应对未来的每一

〔1〕 参见张茂祥：《以案明纪释法：行受贿双方分别退出赃款是否均应追缴》，载《中国纪检监察报》2021 年 11 月 24 日，第 6 版。

个办案流程。律师提前让当事人及其家属知悉刑事案件办案过程中的诉讼程序,以及每个诉讼程序的固定“套路”,以及具体个案的后续可能办案流程,使他们可以淡定、从容地应对,妥善处理刑事危机。

例如,曾某涉嫌集资诈骗罪案:

曾某在某大型公司上班,公司有两部分业务:一部分是正常的投资业务,另一部分业务涉嫌集资诈骗。后公司的多名高级管理人员都被抓获归案,曾某由于仅负责正常的投资业务,没有参与涉嫌犯罪的那部分业务,没有被采取强制措施。但是,曾某作为公司的高级管理人员之一,显然也是潜在的集资诈骗罪或者非法吸收公众存款罪犯罪嫌疑人,存在被追究刑事责任的风险。在办案机关侦查4个月,大部分中高层管理人员都已接受过调查问话后,办案人员联系曾某,要求曾某到场接受调查问话。

虽然曾某确信自己没有参与集资诈骗的业务中,在法律上毫无问题,但毕竟他也是公司的高级管理人员,面对办案人员的调查内心不安,于是寻求律师的帮助。我们在了解事情来龙去脉、办案进度、办案人员通知他去接受调查的沟通过程后,提出我们的经验判断,尤其是他后续会面对的办案流程。

其一,办案人员的初步意见。从曾某描述的案件事实经过以及办案进度来看,公司涉嫌集资诈骗的主要人员已经被刑拘或者取保候审4个多月,办案已经接近尾声。曾某一直在涉案公司坚守处理正规的投资业务,此时办案人员才联系曾某配合调查,在很大程度上证明办案人员初步认定曾某为证人而不是犯罪嫌疑人,曾某的刑事危机不大。

其二,调查问话的主要内容。曾某接受调查询问,所面临的谈话主要内容无非几个组成部分:第一,核实曾某在涉案公司中的工作内容,核查其是否参与案涉集资诈骗的犯罪行为以及参与度。第二,核查曾某在涉案公司工作期间所领取的工资、奖金、提成,曾某是否有引荐其他投资者参与投资,以及是否获得佣金及其数额。曾某在涉案公司工作期间所获得的收益,很有可能会被认定为来源于集资诈骗的犯罪资金,被要求甚至“威胁”退还全部的违法所得。第三,通过曾某来调查、印证公司的人员架构、集资诈骗犯罪的责任人员等。诸如上述内容,如果曾某能合理解释清楚其未参与犯罪行为,则其身份就会进一步被确定为证人。

此外,我们了解到曾某自己也投资了公司的涉案理财产品,则曾某应当主张其也是集资参与人，也是公司集资诈骗的“受害人”。那么，办案机关就会紧接着收集曾某的投资合同、投资的银行转账记录及其投资获得的收益记录等，以供后续进行专项审计确定犯罪金额、退赔金额时使用。因此，我们让曾某带上其投资合同的复印件、投资款的银行转账记录、获得收益的记录，作为证据提交，明确其被害人身份。

其三，调查问话的注意事项。当事人几乎都是没有刑事案件办案经验，甚至连法律知识都比较缺乏的人，而律师的经验对当事人接受调查问话无疑很有用。我们需要向当事人告知一些他们在接受调查问话时的注意事项，如处理调查询问的态度、立场、底线、证据材料签认、笔录修改等重要且细致的诸多问题。

其四，告知可以争取的权益。当事人接受调查问话，即便面对办案机关提出的要求，也可以对其合理性质疑，并在法律范围限度内尽量争取自己的权益。在曾某案件中，比较典型的就是退赔金额的问题。在曾某接受调查前，我们根据办案经验预判办案机关找他调查问话的主要目的应该是要求他退缴违法所得。我们给予曾某的建议是，退钱是必须的，虽然曾某在公司工作期间获得的是其劳动的对价，但毕竟部分资金来源于非法集资，因此退钱是合理的、必需的，但是退钱的金额也必须是合理的，可以讨价还价的。曾某接受调查问话后反馈，我们的预判被验证，办案机关找他配合调查虽然也核实案件事实细节，但主要目的显然是要求他退钱。

问：你是不是获得很多提成？

答：没有。我没有引荐客户投资，当然没有获得提成。

问：业务员×××证实有转入提成给你，而且有转账记录，你怎么解释？

答：我自己投资了400万元，帮助业务员×××冲业绩。他在获得公司的业务提成后，将我投资部分的提成返还给我。如果这也算提成的话，那我就确实拿了自己投资的400多万元的提成。

问：你还有没有推荐你的朋友、客户们投资？

答：没有，我只有自己投资400多万元。

问：你投资的资金来源？

答：是我家的自有资金。

问：你获得了多少收益？

答：总共获得了40多万元的收益，但是，本金都还没有拿回来。

问:你在公司工作期间,月工资是多少?

答:每月是四五万元。

问:去年的年终奖,你领了多少钱?

答:30 多万元。

问:你的工资、奖金过高了,资金来源是老板的集资诈骗资金,你能不能退缴?

答:这是我的正常所得,我的工资是完全正常的,我此前的工作也是这个薪水,年终奖也是因为我去年在公司的工作比较突出。

问:你们公司的主要收益就来自老板的集资诈骗犯罪,你的工资、奖金主要来自集资诈骗的被害人资金,你是要退缴的。被害人不断提出诉求,要求将公司所有高级管理人员都抓起来追究刑事责任。

答:退钱当然是可以配合退的,没有问题。但是,退的金额需要商量一下,我每个月的工资收入都要退缴这就很不合理。我没有参与集资诈骗,即便是部分发工资的钱来自集资诈骗,也不是全部来自集资诈骗,公司还是有正常业务和正常收入的。因此,每个月工资都退缴就不合理。

问:那每个月工资可以不退缴。你去年的年终奖都能退缴?

答:我的工资是 14 薪,有 2 个月的薪水放在年终奖发,再扣除本来就应该有的 2 个月薪水作为年终奖。

问:那你能退多少?

答:我回去筹筹看,尽量筹够 15 万元吧。

问:好的,你什么时候能退到暂扣款账户?

答:我回去筹,尽快。

该案我们预判了曾某接受调查的主要内容,让他做好充分的准备,以充分配合态度、争取最大限度的合法权益,此时,当事人就可以坦然接受调查问话,并能从容与办案人员积极沟通,尽量维护他的权益,妥善处理刑事危机。

三、预判可能的法律后果

我们需要对当事人涉案行为可能的法律后果进行分析判断,包括是否构成犯罪、此罪与彼罪、犯罪事实数量、罪名数量、犯罪金额大小、罪责大小、量刑情节、涉刑财产处置等关系到当事人及其家属切身利益的法律问题,进而预判最好的结果和最糟糕的结果。虽然最好的预期与最糟糕的预期之间往往变动空间很大,但当事人及其家属有必要知道最糟糕的预期,并朝着最好的预期努力。准确预判可能的法律后果,需要法律专业知识、办案经验以及熟悉办案规则、办案习惯。

例如,广州某科技有限公司涉嫌侵犯著作权罪案:

该公司向湖北××贸易有限公司采购书籍销售,在半年多时间,广州某科技有限公司采购了将近十万本,销售了两万多本。此时,山东××科技有限公司对广州某科技有限公司提起侵犯著作权赔偿的民事诉讼,他们经过公证,认定广州某科技有限公司销售了两万多本侵权书籍,要求广州某科技有限公司赔偿100多万元。

在收到起诉状后,广州某科技有限公司才发现原来这批书可能侵犯了山东××科技有限公司的著作权,马上做下架处理,并积极与山东××科技有限公司沟通赔偿和解事宜。广州某科技有限公司的主要诉求是,他们公司正在创业期,这个项目还处于亏损状态,赔偿100多万元过高,希望能赔偿少一点,或者按照版权费的标准支付费用。然而,山东××科技有限公司表示,如果不赔偿,就控告广州某科技有限公司侵犯著作权,追究他们侵犯著作权罪的刑事责任。

广州某科技有限公司对此很紧张,他们认为确实卖了对方享有著作权的图书,为此,他们找我们协助处理刑事危机。我们首先收集、调取相关的证据材料:包括在×宝上与卖家接触沟通的聊天记录、后续与卖家湖北××贸易有限公司销售人员的微信聊天记录、采购合同、发票等能展现完整交易过程的证据材料。审查发现,广州某科技有限公司并不知道涉案的图书侵犯了山东××科技有限公司的著作权。卖方湖北××贸易有限公司始终宣称产品是他们自己生产、设计的、内容是他们自己做的,他们拥有全套书籍的著作权。直到收到山东××科技有限公司的起诉状,广州某科技有限公司再次与湖北××贸易有限公司核实,对方才承认确实没有著作权。

其一,广州某科技有限公司作为图书的销售者,不需要直接取得著作权人的授权,也不需要承担合法授权的举证责任,只需举证其销售的图书具有合法来源。著作权侵权纠纷案中,侵权复制品的出版者、制作者和侵权复制品的发行者的举证责任、审查义务有本质区别。《著作权法》第59条第1款规定:“复制品的出版者、制作者不能证明其出版、制作有合法授权的,复制品的发行者或者视听作品、计算机软件、录音录像制品的复制品的出租者不能证明其发行、出租的复制品有合法来源的,应当承担法律责任。”最高人民法院《关于审理著作权民事纠纷案件适用法律若干问题的解释》第 19 条规定:“出版者、制作者应当对其出版、制作有合法授权承担举证责任,发行者、出租者应当对其发行或者出租的复制品有合法来源承担举证责任。举证不能的,依据著作权法第四十七条、第四十八条的相应规定承担法律责任。”由此可见,复制品的发行者不能证明其发行的复制品有合法来源的,应当承担法律责任;复制品的发行者如能证明其发行的复制品有合法来源的,则无须承担赔偿责任。本案中,广州某科技有限公司作为图书的销售者,不需要直接取得著作权人的合法授权,也不需要承担合法授权举证责任,只需举证其销售的图书具有合法来源。

其二,广州某科技有限公司主观上不知道侵权,客观上能提供合法进货凭证说明图书的合法来源,并已经尽到合理的审查义务,不应承担侵权责任。著作权法设计合法来源法律制度的根本目的在于维护市场交易安全,保护善意第三人的合法利益,提升交易效率。复制品的发行者如能证明其发行的复制品有合法来源的,则无须承担法律责任。广州某科技有限公司就涉案图书提供了购销合同、聊天记录、发票等,证明该批图书系通过合法渠道从湖北××贸易有限公司处购买的。广州某科技有限公司主观上不知道侵权、客观上能提供合法进货凭证、能说明具体提供者。因此,广州某科技有限公司不仅能说明图书的合法来源,而且已经尽到合理的审查义务,既无犯罪故意,也无过错,不应当承担刑事责任。

为此,我们协助广州某科技有限公司对采购员与湖北××贸易有限公司的网店客服聊天记录、微信聊天记录进行了公证,将武汉××贸易有限公司始终宣称他们拥有著作权的聊天记录固定下来。例如:“问:你们是源头厂家吗?答:是的。”“问:我看挺多×宝店在卖,你们是第一手还是?答:我们是第一手。”“问:我们卖你们的产品不会遇到著作权官司吧?答:不会遇到,内容是我们自己做的。”这些证据材料,就可以充分证明广州某科技有限公司并不知道涉案的图书侵犯山东××科技有限公司著作权,并没有侵犯著作权的故意和过失。经过我们的充分分析和证据固定,广州某科技有限公司确定他们刑事危机不大,相关责任人员才放下心来,可以在应诉过程中,更好地与对方洽谈和解。

又如,牛某涉嫌伪造印章罪案:

证据材料及牛某讲述的事实经过确实证明了基本事实，即牛某表面上是某公司的员工，但实际上牛某在与该公司签订劳动合同外，还签订项目承包协议书，公司中标某工程项目后交给牛某具体负责，公司收取管理费，剩下的成本均由牛某承担，利润也由牛某享有。在项目施工过程中，牛某经常需要以公司的名义对外采购原材料、向发包方申请工程款等，原则上这些材料都需要寄送到公司总部，由公司走完审批流程盖章后再寄回给项目部，项目部再处理，过程比较漫长繁杂。牛某私刻了公司印章，用于对外采购原材料，以及向发包方申请工程款等。牛某涉嫌伪造印章罪，公司有可能对其提起刑事控告，牛某面临刑事危机。

该案表面上看，牛某确实已经涉嫌伪造印章罪，有伪造印章的具体行为，也有使用伪造印章的具体表现。然而，我们发现根据牛某提供的材料，他伪造印章的行为不宜定罪。公司指派的项目经理人张某作为公司在项目的负责人，对牛某伪造印章的事实是清楚的，而且牛某使用伪造印章盖章的工程款申请书，由张某在盖印处签名后再向发包方申请工程款，工程款也全部转入了公司的公账，公司扣除管理费后转入牛某账户或者牛某指定账户。由此可见，对于牛某伪造印章、使用伪造印章的行为，公司是知情的、默认同意的，所有使用伪造印章所申请下来的资金也全部进入公账，牛某的行为显然不具有危害性，不应当认定为犯罪。听完我们的分析，牛某才从慌乱中镇静下来。后来的情况也证明，公司多次进行刑事控告，但办案机关始终不予立案，后来办案机关虽予以刑事立案，也迅速破案，但案件也未推进，当事人取保候审期满后，办案机关就终止侦查，后续很快撤销案件。

从公允的法律评价上看，该案即便没有律师的介入，办案机关最终也不应该追究牛某伪造印章罪的刑事责任，也可能会终止侦查、撤销案件，但是，律师的准确分析预判，让牛某第一时间了解可能的结果，增加案件妥善处理的信心，减少焦虑。

刑事危机处理过程中，律师能够作出诸多准确的预判，不论所涉刑事案件最终处理结果如何，准确的预判意见都有很大价值。如果案件处理结果不理想，当事人及其家属也能提早做好充分的心理建设，并作出最大的应对努力，努力失败也可以减轻心理负担；如果案件处理结果理想，则对当事人及其家属起到莫大的帮助。

第四节
专业的辅导意见

在很多案件中,即便没有律师的帮助,办案机关本着实事求是、不枉不纵的态度办案,采取人性化的方式处理,也会对当事人作出公平公正的裁判,甚至是撤销案件、不起诉、撤回起诉、无罪判决等最好的结果。当事人及其家属也可以不委托律师。只是当事人的罪与非罪、罪责大小对当事人及其家属的影响过于重大,因此,几乎没有人会完全放弃,不采取任何积极的处理措施。但当事人及其家属对于如何妥善处理刑事危机知之甚少,缺乏法律知识、诉讼经验,其基于本能作出的诸多辩解和应对举措过于朴素,往往无法发挥有效作用。避免犯错已经是很好的危机处理方法,能够吸收法律意见则无疑更加可能妥善处理刑事危机。这就是对当事人及其家属进行专业辅导的重要目标。

一、调查前的辅导

当事人尚未被刑事立案、办案机关还未找当事人进行调查时,如当事人获得刑事危机处理的专业辅导,则效果往往比较显著。理论上,当事人越早得到专业辅导,刑事危机处理的效果会越好。无论哪个阶段、环节,当事人接受调查前得到辅导,辅导的效果都会更好,案件处理结果都可能更好。在每个案件中,我们都会建议当事人在接受询问前寻求专业辅导,从法律问题、案件形势判断、心理建设、注意事项等方面做好充分准备,避免接受调查时过于慌乱。

例如,刘某涉嫌非法吸收公众存款罪案:

刘某原系资深的执业律师,后转行到某资产管理有限公司担任风控部门负责人。有一天,该公司大股东、实际控制人张某因其非法吸收公众存款罪的犯罪行为去办案机关自首。张某被刑事拘留后,刘某等员工才知道,纷纷忧虑各自的刑事危机。刘某法律意识较强,马上找律师协助妥善处理刑事危机。

根据刘某的陈述:她所任职的是A资产管理公司,而与之并行的还有B资产管理公司,两个公司的实际控制人都是张某,两公司的正规私募基金产品有十几个。张某利用B公司的人员,销售“传统产品”,以定增、大宗交易、可转债等项目名义吸引投资者。张某与客户签订投资协议,资金都由投资者转到募集人员账户，募集人员再转入张某的个人账户，投资协议是对投资者保本保息协议。刘某认为她从来没有参与到这些“传统产品”中，这些“传统产品”并不是以公司的名义销售的，实际上是张某利用公司部分员工实施的个人非法吸收公众存款行为。

在初步沟通了解案情后，我们向刘某进一步了解，她担心刑事危机的主要原因是什么？她有无参与其中？参与程度？刘某作为法律专业人士，如果完全没有参与，对是否有罪还是有比较清晰判断的；只有她确实参与了其中部分行为，才会感觉到刑事危机，才会比较紧张。在进一步细致沟通后，刘某透露案件事实情况：

其一，虽然她是A公司的风控负责人，B公司另有风控负责人，但实际上，B公司的风控负责人是她的团队成员，是向她汇报工作的。因此，所有的员工都会认为，她就是整个集团的风控负责人。

其二，她没有参与非法吸收公众存款相关的理财产品路演资料的制作，也没有参与路演活动，但募集部门的负责人曾经将两份路演资料发给她，让她修改，她修改的内容是不要以A公司的名义开展这种活动，不要有保本保息的文字宣传内容等。她可能会据此被认为参与了募集资金的行为。

其三，当时，有个朋友想要投资公司的产品，与刘某签订委托投资协议，将100万元转入刘某账户。刘某与公司的募集部员工王某签订委托投资协议，然后刘某将资金转入王某账户。后王某将资金转入张某的账户完成投资。其中，刘某拿到了推荐提成。

刘某所陈述的上述内容显示她确有一定的刑事危机。这也是刘某比较紧张、担心会承担刑事责任的原因，刘某参与的上述三项内容如果得到合理解释，则其能比较妥善地处理刑事危机。

我们要准确评判刘某的刑事危机、给出更中肯的建议，提示更全面的注意要点，还需要对刘某参与程度的相关证据材料进一步评析，如微信聊天记录，尤其是与公司实际控制人，以及与公司募集人员的聊天记录等。我们详细查看了刘某的相关聊天记录，发现反映刘某参与程度的内容也不算少，有很多迹象表明，刘某知道非法吸收公众存款的事宜且参与了部分行为。

其一，涉案集资行为是公司公开的行为。聊天记录显示，非法吸收公众存款相关项目路演时，募集部门都会将路演信息发送到工作群，并邀请其他部门同事一起参与。例如:“各位伙伴下午好,××管理部将于××××年××月××日9:00—10:00在××会议室举行××项目路演,欢迎感兴趣的伙伴前来旁听。”“各位领导、同事大家中午好,××项目额度已经预约完毕,请知悉。”诸如此类的微信聊天内容不少。

其二,刘某在管理群、高管群中,而群里有各个部门的每周汇报,包括募集情况汇报。例如:“熟悉产品,适时推广××产品,及时传达信息。”“××项目尽快和新老客户沟通,积极抢占额度。”“新产品上架。今日上架××项目,产品资料均已经发送至各事业部对接人,部门经理就产品要素、事业部收入核算方法等内容做讲解,提醒募集专员需要做好产品剩余额度的传达工作。”“××项目额度较高,近期内重点关注推介。”“林总监营销××项目,并成功举绩1笔。”“杨经理推介××项目,并协助落实客户打款,完成举绩1笔。”

其三,募集部负责人曾将路演PPT发送给刘某,让刘某修改,刘某也确实进行了修改,出具了修改意见。例如:“××项目的路演,时间比较急,路演PPT我们已经准备妥当,需要辛苦刘总帮我们审查一下合规性。”“我们会根据刘总这边的意见进行修改,然后再简化一般推介资料。”“关于刚才沟通的合规建议,我已邮件发给你。也算是咱俩完成了一个张总布置的作业。”“确保文件不出现公司名称,不出现产品名称即可。”“我的核心逻辑:1. 仅作为内部学习资料,不作为对外推介资料;2. 不对应具体基金产品,作为学习资料进行内部学习。所以涉及具体基金产品的内容均删除。”

其四,刘某还有积极了解涉案项目的举动。例如,微信聊天记录显示有“今天××项目资料发给我看看”“××项目的资料发我一下”诸如此类的内容。

其五,刘某还有一些合规风控的举动。例如,刘某要求募集部门负责人发朋友圈时,对委托投资协议中固定收益的约定相关条款,不能发朋友圈。又如,募集组人员将“传统产品”资料发送到群里,但刘某要求募集组人员不能将“传统产品”的募集宣传资料发到群里,要求募集组人员“撤回”信息,理由是“他应该目前还不知道我们的××产品是什么。撤回吧”。又如,募集组人员违规,刘某则以公司名义对其扣分。

该案中,由于有不少证据材料含糊不清,部分聊天记录不知道是用于掩饰非法吸收公众存款的违规行为,还是为了规范公司的正规理财产品销售行为。但是,这些证据都显示刘某清晰知道公司存在非法吸收公众存款行为,种种证据细节会让人怀疑其有参与非法吸收公众存款的嫌疑。因此,对这些表面上看起来不利的证据材料,刘某需要作出合理的解释。

又如,在李某涉嫌制作、复制、出版、贩卖、传播淫秽物品牟利罪案中,微信聊天记录显示,与雇佣人微信沟通稿件细节、收付稿费的人都是李某的妻子。除了李某,他的妻子也面临刑事危机,可能被传唤询问。她需要得到专业的辅导,才更可能妥善处理刑事危机。律师需要先通过多角度的询问了解案件事实情况,让她也熟悉被接受调查询问的流程。

问:你的个人情况?

答:……

问:你因什么事被传唤到×××公安局办案中心?

答:我看了传唤证,显示是涉嫌制作、复制、出版、贩卖、传播淫秽物品。

问:你有没有撰写成人小说?

答:没有。

问:《×××》《×××》等这几本小说,是谁写的?

答:是我老公李某。

问:你详细说一下李某写小说的情况?

答:我光知道李某写的是言情小说,具体内容我没有看过。我问过他写什么小说,他说都是言情小说。

问:你有没有为李某写言情小说提供协助?

答:我不感兴趣,没有提供过帮助。

问:李某平时有没有和你交流写小说的事情?

答:不会说,我也不会问。平时都是聊家长里短的琐事。

问:你知不知道李某写的小说是色情淫秽小说?

答:以前不知道,现在知道了。

问:李某写小说赚的钱是怎么收的?

答:通过我的微信收的。

问:你具体说一下?

答:当时李某跟我说,稿费是通过微信支付的,让我加一下一个人,到时候这个人向我转稿费。

问:这个向你转稿费的这个人的具体情况?

答: 微信名是……我觉得他应该是个编辑,我没有其他联系方式,只有微信。

问: 你跟这个编辑有没有聊天?

答: 几乎不聊天。

问: 你的微信绑定的是哪一张银行卡?

答: ……

问: 你收到了多少稿费?

答: 具体记不得了,要看看微信记录。

问: 你还有没有通过其他方式收取稿费?

答: 没有。

问: 你有没有问过李某,他写小说为什么能挣这么多稿费?

答: 我没有问过,我感觉他长期写作,日积月累,知名度提升,所以能赚一些稿费。

问: 你收到的款项怎么处理?

答: 微信收到款后,我就部分提现到银行卡存起来,部分用于家庭生活开支。

问: 你认不认识一个叫张某的人?

答: 不认识。

问: 你听说过×××网站吗?

答: 没听说过。

面对刑事危机,李某的妻子需要律师为她提供法律知识、诉讼经验和法律意见,帮助分析她的主观故意、客观行为等影响刑事责任的问题,同时耐心解答她的各种疑问,让她充分熟悉接受调查询问的流程,了解相关行为的法律评价,帮助其妥善处理刑事危机。

通过上述的询问可知,李某的妻子没有参与案涉犯罪行为,都是李某使用她的微信号与张某联系的。对于李某撰写成人小说的事情她没有参与,没有过问,这是李某的兼职和业余爱好,她没有干涉。因此,她不应该被追究刑事责任。得到律师的专业意见支持,她变得更加从容,这有助于妥善处理刑事危机。

二、自首前的辅导

自首对于绝大部分当事人而言是重大决定。自首前的有效辅导能在很大程度上帮助当事人做好心理建设、知识储备和经验吸收，最大限度保护他的权益，帮助他争取最可能的好结果。否则，当事人没有充分预料到自首的意义、自首可能产生的后果、自首他必须承认的犯罪事实经过，就贸然主动投案自首，接受审讯时又百般狡辩，结果只有主动投案，没有自首情节，该投案自首行为毫无意义。

例如，黄某涉嫌故意伤害罪案：

黄某等人在KTV唱歌喝醉酒离开时与其他人发生肢体冲突，并对被害人刘某、李某进行殴打，导致刘某肋骨骨折。经过鉴定，刘某的人体损伤程度为轻伤，公安机关对黄某等人进行刑事立案。当地派出所多次联系黄某及其家属，动员他到派出所投案自首。在经过长时间的思想斗争后，黄某终于同意投案自首。黄某主动到派出所投案，但审讯时黄某对他踢打被害人的行为始终否认，认为他只是打了被害人两巴掌，不承认踢了被害人导致被害人肋骨骨折的事实。当天晚上，黄某就被刑事拘留。公安机关后续出具的《到案经过》只认定黄某主动投案的事实。最终，法院没有认定黄某自首情节，对黄某判处了实刑，黄某的"投案自首情节"被白白浪费，没有为他带来从轻处罚的结果。

由此可见，当事人对是否自首、自首前的准备、自首的注意事项、自首后案件的处理流程等，需要在自首前得到充分辅导，避免出现当事人没有做好准备就主动投案，主动投案后却抗拒调查，未能争取到自首情节，最后没有实现从轻、减轻处罚的局面。

又如，严某涉嫌帮助信息网络犯罪活动罪案：

大学生严某因为提供银行账户、协助刷脸、协助收取验证码等行为涉嫌帮助信息网络犯罪活动罪，办案人员电话联系严某，要求严某投案自首。

严某向我们咨询自首事宜。我们从以下几个方面提供分析辅导意见：

(1)了解案件事实真相。

当事人严某系某高校的大一学生，在中介机构的唆使下做了一份兼职，即到指定地点，把手机、银行卡、身份证交给对方接待人员，然后给出银行卡密码、网银密码，配合做人脸识别，由对方操作转账即可。当时对方3名彪形大汉把她围住，严某很害怕只能等待并配合，经过2个多小时的操作，对方操作完毕才把银行卡、身份证和手机还给严某，让严某离开，还更改了严某的银行卡密码，严某无法再次登录银行卡查看银行流水。后来严某才发现，当天下午转账流水高达四五十万元，严某赚取了4000元的兼职工资。严某觉得这份兼职工资这么高，又要用自己的银行卡，感觉不太正常，不敢再做这份兼职。很快，异地警方将严某以涉嫌帮助网络犯罪活动罪刑事立案，拟追究其刑事责任，要求严某投案自首。

(2)法律判断。

本案关于严某行为的法律判断无非三个方面：严某的行为是否符合犯罪构成要件、是否达到刑事立案追诉标准、所涉及的罪名以及罪名是否可能变更。

其一，严某是否构成犯罪的关键在于，她的行为是否属于帮助支付结算。《刑法》第287条之二第1款规定："明知他人利用信息网络实施犯罪，为其犯罪提供互联网接入、服务器托管、网络存储、通讯传输等技术支持，或者提供广告推广、支付结算等帮助，情节严重的，处三年以下有期徒刑或者拘役，并处或者单处罚金。"最高人民法院刑事审判第三庭、最高人民检察院第四检察厅、公安部刑事侦查局《关于"断卡"行动中有关法律适用问题的会议纪要》规定，"行为人出租、出售的信用卡被用于接收电信网络诈骗资金，但行为人未实施代为转账、套现、取现等行为，或者未实施为配合他人转账、套现、取现而提供刷脸等验证服务的，不宜认定为《解释》第十二条第一款第(二)项规定的'支付结算'行为"。本案严某为配合他人转账而提供刷脸等验证服务，已经属于"支付结算"行为。

其二，本案是否已经达到刑事立案追诉标准。最高人民法院、最高人民检察院《关于办理非法利用信息网络、帮助信息网络犯罪活动等刑事案件适用法律若干问题的解释》第12条规定："明知他人利用信息网络实施犯罪，为其犯罪提供帮助，具有下列情形之一的，应当认定为刑法第二百八十七条之二第一款规定的'情节严重'：……(二)支付结算金额二十万元以上的……"因此，严某的行为已经达到刑事立案追诉标准。

其三，所涉及的罪名以及罪名是否可能变更。严某的案涉行为可能涉及的罪名是帮助信息网络犯罪活动罪，掩饰隐瞒犯罪所得罪，以及赌博罪、开设赌场罪、诈骗罪等，具体的区分情形为：……

(3)自首的注意事项。

严某需要了解的主要是配合调查时的注意事项。一方面，我们为严某讲解了其面对调查时可能遇到的常规问题。例如：讲述事实经过？你怎么找到中介的？中介怎么跟你说的？转账时怎么跟你说的？知不知道转账资金来源？资金流水的金额是多少？能不能找到中介、其他一起转账的人？有无帮助收取验证码、帮助人脸识别？获利多少？怎么收取获利金额？获利金额计算？获利资金去向？后续的银行卡怎么处理？聊天记录能否提交？诸如此类。另一方面，我们对严某讲解其可能难以回答的问题。例如：你觉得他们这样做正常吗？你有没有觉得他们这样做不正常？兼职有一天4000元的吗？兼职工资还要分转账一部分、现金一部分，这么神神秘秘，你没觉得不正常吗？你肯定知道他们做违法犯罪的事情吧？你现在对这个事情就是这个态度吗？那你来自首有什么意义？通过辅导帮助当事人做好接受调查的心理建设，让他可以从容淡定地接受调查，配合将事实经过解释清楚，更有助于妥善处理刑事危机。

(4)其他注意事项。

面对刑事危机接受调查，当事人需要注意的事项还有很多。例如，接受调查过程中需要了解的情况，询问笔录还是讯问笔录的问题、其他涉案人员的情况、被害人的人数、被害人的金额、上游犯罪的情况。又如，接受调查中需要注意的情况，诱导性问题、笔录的核对问题，签认材料的注意事项等。再如，严某需要明确配合解决问题的态度和意愿，披露其学生身份，强调愿意退缴违法所得，也愿意力所能及地赔偿被害人损失等，争取不被羁押。

严某准备充分后直接去办案机关投案自首，办案机关了解情况后对她也比较友好，制作了一次询问笔录一次讯问笔录后，就对其取保候审，让她回学校上课。同时，办案人员表示会尽量酌情处理，让她后续等通知。经过充分的辅导，这次严某的自首是成功的，为后续争取更好的案件处理结果留下较大的空间。

三、羁押后的辅导

当事人被羁押后，讯问笔录内容已经逐渐固定，办案机关早已掌握充分的证据材料，甚至获得多次认罪供述，此时律师还有发挥作用的空间吗？律师对当事人进行辅导还有意义吗？很多当事人及其家属都会有这样的疑问。实际上，刑事诉讼是一次长跑比赛，裁判生效前，诉讼结果都是不确定的，律师的辅导和辩护，当然是有意义的。

从司法实践看，办案人员对案件事实的调查、证据的搜集、罪与非罪的分析、此罪与彼罪、罪责大小、犯罪事实、犯罪金额、罪数等的调查都是逐渐深入的，这意味着，即便当事人被羁押，办案人员也无法在短时间办结案件，调查清楚所有的事实细节、搜集固定全部的证据材料、证伪当事人的所有可能辩解，办案人员往往需要在比较长的侦查期限内，逐步搜集、固定其他证据。即便办案机关侦查终结，案件到审查起诉阶段、审判阶段，也还有补充侦查的时间和空间。因此，在刑事裁判生效前，当事人会面临不间断的调查，案件事实会逐渐被查清，当事人始终需要律师的协助，案件本身始终需要律师的辩护。总体而言，当事人被羁押后，律师能给予的辅导可以分为以下三个方面的内容：

（一）提供经验预测抗辩焦点

经验丰富的刑辩律师在了解案情后，往往就可以准确地预测到本案未来侦查方向、侦查内容，以及未来案件罪与非罪的区分点、此罪与彼罪、罪责大小、犯罪事实、犯罪金额、罪数等抗辩争议焦点，这些争议焦点影响当事人的罪责大小。律师可以让当事人对未来案件的发展提前"了如指掌"，从容处理。

例如，鲍某涉嫌帮助网络信息犯罪活动罪案：

办案机关将鲍某抓获归案。我们在会见过程中了解到，鲍某涉案的主要行为是将她的几张银行卡借给了朋友唐某，被唐某用于网络犯罪。办案机关认为，鲍某提供银行卡给其他人使用，还收取"卖卡费"，已经涉嫌帮助网络信息犯罪活动罪。办案机关掌握该情况并进行调查，但微信聊天记录、银行流水等证据材料尚未挖掘提取固定，正在逐渐调查中。

我们根据案情和辩护经验，准确判断出鲍某无法回避、未来必须解释的三个疑点：

其一，鲍某的几张银行卡中，有两张是当天开卡后就借给了她的朋友，这是怎么回事？这么凑巧？是不是鲍某应他人要求开卡出借？有什么利益诉求或交易？

其二，银行流水显示，鲍某与她的朋友存在几次资金往来，涉及资金 2 万元左右。鲍某必须解释，这 2 万元资金的性质。这 2 万元与借卡（卖卡）有无关联，是不是借卡（卖卡）的费用？

其三，聊天记录和银行流水显示，鲍某曾经按照她朋友的指示帮忙转账给指定的账户，次数约 10 次，涉及的资金约 30 万元。鲍某必须解释，为什么会按照她朋友的指示转账，知不知道这些钱是什么钱？

会见鲍某后，律师将鲍某参与的、未来可能被指控的案件事实都详细掌握，就可以根据经验，告诉鲍某本案罪与非罪、罪责轻重的争议焦点。这三个疑点，是未来关于定罪量刑的焦点。虽然办案机关尚未深入调查，尚未发现这些情况，但随着调查深入，办案机关一定会发现这些事实，届时就会找到鲍某，要求解释。而且，在审查起诉阶段乃至审判阶段，办案人员也都会要求鲍某对这些事实细节进行解释，并审查鲍某的解释是否合理可信。如果没有清晰、合理的解释，鲍某所涉帮助网络信息犯罪活动罪是很难辩护的。

在刑事案件中，律师往往会比办案机关更快地掌握全部的案件事实。当事人在接受讯问时不一定会将全部的案件事实供述出来，但面对律师往往更可能将全部案件事实讲述出来，律师可能更快掌握案件真实情况。这些案件情况办案机关早晚都会调查清楚的，对当事人不利的很多证据，当事人以后被调查时都肯定被问及，当事人无法回避，都必须作出合理解释，否则被定罪量刑的概率就很高。律师的有效辅导，可以为当事人第一时间预测案件的抗辩焦点，让当事人明白影响其定罪量刑、必须作出合理解释的关键的问题、事实细节、证据。

（二）评判辩解是否合理可信

面对刑事危机，当事人会有很多辩解理由，律师需要从法律的角度、从裁判者的角度，对他们的辩解是否合理可信进行评判，帮助他们充分行使辩解权利。律师既需要评判当事人已经作出的辩解是否合理可信，有利或不利，也需要评判当事人拟作出的辩解是否合理可信，以及不合理、不可信的原因。律师在法律框架内，根据办案经验和对法律的理解，评判当事人的辩解是否合理可信，当事人就会准确认识其辩解的效果，并让其辩解尽量更加合理可信、更准确。

例如，孔某涉嫌帮助网络信息犯罪活动罪案：

孔某解释自己只借了2张卡给她的朋友方某，另外两张卡没有借，还在自己家里，只是她朋友知道账号密码，也一直都是她朋友在使用。

孔某对于其罪与非罪的辩解需要得到辅导：

其一，关于属不属于借卡行为，孔某的理解比较狭隘。出借银行卡不仅包括将银行卡出借，也包括将银行卡账号、密码等出借，只要银行账户的使用权出借，就属于借卡行为。

其二，关于资金往来的原因，孔某的解释非常复杂。孔某认为，她曾经撮合了好朋友刘某和方某的借贷关系，刘某借钱给方某，当时借了5万元，后来陆陆续续还了一部分，案发前刘某得了重病急需用钱，孔某就帮忙追债，方某就陆陆续续还了2万元。

孔某的辩解或许符合事实,但我们告诉她辩解应当是合理可信,而且是经得起推敲论证的,比较难被证伪的,否则就是有害无益的失败辩解。对于该“忠告”,孔某很受用。孔某思考后,选择如实交代自己卖卡获利的事实,办案机关很快对其变更强制措施。

又如,郑某涉嫌开设赌场罪案:

我们会见了解到郑某被羁押后接受过两次审讯,供述的主要事实是:他从2022年6月开始投注并接受别人投注六合彩,一个月能赚3000元左右,每10000元赚50元;其上家是温某,和温某的银行流水显示,他总共转给温某有100多万元。案发当天,办案机关直接上门将正在投注的郑某控制住,当天当期的赌资有4万多元,其中3万多元是郑某自己投注购买的,另外1万元是在现场的其好朋友陈某投注的,剩下几千块钱分别是黄某等四人投注的。投注网站的流水显示总投注金额有30多万元。

我们为郑某提供定罪量刑标准的分析,包括:(1)赌博罪和开设赌场罪如何界定?开设赌场罪的定罪量刑标准有哪些?(2)赌资如何认定?自己投注的是否算赌资?别人投注的但没有抽水的是否算赌资?别人投注的但抽水的是否为赌资?(3)抽头渔利如何认定?抽头渔利与违法所得如何区分?(4)资金往来与赌资能否等同?什么情况下的资金往来会被认定为赌资?(5)自己赌博投注大量赌资是否构成犯罪?什么情况下会被认定为赌博罪?收取其他人的赌资投注,什么情况下属于开设赌场?诸如此类问题,我们一并为郑某解释清楚。

郑某紧接着向我们解释说:真实情况是他自己爱好赌博,有这个不良嗜好,因此才找好朋友温某开通投注账户,主要都是自己投注赌博,虽然投注规则中有说是每10000元可以抽水50元,但是也很少有人知道他这里可以投注,真正接受别人投注的金额不多,大概六七万元,其余的金额都是他自己投注赌博的。每个月能赚3000元左右,实际上主要是他自己投注金额的提成,总共抽头渔利的部分极少。另外,郑某和温某本身是好朋友,两人资金往来本来就比较频繁,他们两人的流水只有一小部分与赌博有关。

听完郑某的辩解,我们相对客观地对郑某的辩解进行评价,让他知道刑事诉讼中,当事人的辩解是否成立最终取决于客观证据材料。因此,他的辩解务必要符合客观事实，尤其是需要与聊天记录、银行流水、网站账户后台交易记录等相吻合，否则辩解难以被采纳。当事人无法评判其辩解是否合理可信、法律上是否成立，而律师的这些法律意见正是他们所需要的。

（三）分析定罪量刑证据形势

办案机关搜集证据是循序渐进的，掌握案件事实是越来越深入的。有经验的律师有时可能比办案人员更有经验，在了解案情后，就可以快于办案人员想到影响当事人罪责大小的争议焦点，马上判断出本案对当事人定罪量刑的证据有哪些、哪些证据可能取证存在障碍、这些证据取得后对案件辩护的影响等。当律师比办案人员更有经验时，当事人对案件形势的发展看得透彻，可以更从容地配合调查。

例如，丰某涉嫌掩饰、隐瞒犯罪所得罪案：

我们会见了解到，丰某涉案的主要行为是，他在社交软件上看到了兼职广告，与对方通过社交软件沟通工作细节，得知只要携带手机、身份证、银行卡到指定地点，帮他人收付资金就可以获得2万元的兼职费用。后两人添加微信，对方要求丰某坐高铁到某市某宾馆，并承诺报销来回的差旅费。丰某按照要求前往指定地点，到现场后就被五六人控制，被要求交出手机、身份证、银行卡，配合进行各种人脸识别验证。当天下午工作完成后，丰某顺利回家并获得2万元的兼职费用以及报销的差旅费。

此时我们可以对本案证据形势进行相对准确的分析，本案对丰某进行定罪量刑的主要证据如下：

其一，丰某的供述。由于被害人报案，办案机关通过资金流水找到丰某，并没有抓到上游人员，因此，目前犯罪嫌疑人、被告人方面的供述证据，只有丰某的供述，包括相关转账操作的具体行为人等都没有归案。具体出借银行卡及使用银行卡的事实经过，主要由丰某的供述予以证明。

其二，被害人陈述。被害人陈述其遭受网络诈骗的经过，证明资金转入了丰某的银行账户，被害人与丰某并不认识。

其三，丰某的微信聊天记录、短信聊天记录等证据材料。办案机关会要求丰某提供，如果有条件，办案机关往往会第一时间控制丰某的手机，并提取手机中的全部电子信息，证明丰某与上游人员的沟通情况以及丰某的获利情况。

其四，丰某的银行流水。办案机关会将丰某的所有银行流水都调取出来，从中寻找丰某与被害人的资金往来情况，印证丰某所出借的银行卡被用于收转诈骗犯罪所得。

其五，聊天记录、银行流水等相关证据材料，办案机关在后期很可能会要求丰某辨认、签认，丰某需要做好解释的准备。

其六，退赔、谅解的问题。被害人报案是案发原因，被害人损失如何承担会成为丰某被迫面临的选择，办案机关及被害人都会要求丰某予以退赔，退赔谅解可以作为考虑变更强制措施的重要条件，因此，丰某及其家属需要考虑是否退赔获得谅解的问题。

本案关于丰某是否构成犯罪、是否达到刑事立案追诉标准，构成掩饰、隐瞒犯罪所得罪还是帮助信息网络犯罪活动罪等，关键证据无非就是上述这六个方面，上述证据材料影响丰某的罪责及案件的辩护空间。

四、阅卷后的辅导

获取案卷材料后，律师需要马上进行案卷梳理、深入研究，形成辩护方案、撰写辩护意见，做好与办案机关沟通以及开庭的准备。律师阅卷后与当事人及其家属的沟通辅导需要着重做的工作主要包括：向当事人及其家属核实事实经过以及证据材料、评估证据状况、协商辩护策略以及沟通辩护意见所需要的证据材料收集、证据提交问题等。

（一）核实事实证据

阅卷后，律师可以知道辩护的“靶子”，即控方指控的事实、证据及其逻辑，“靶子”集中体现为起诉意见书、起诉书、一审判决书，其中认定了当事人的主要犯罪事实、认定犯罪事实的证据材料，以及证据材料到犯罪事实之间的逻辑关系。我们需要向当事人及其家属核实其对犯罪事实经过及其证据材料有无异议。

（二）评判证据状况

律师需要将证据材料情况告知当事人及其家属，汇报案件情况，包括对其有利、不利的证据细节，同时评判证据材料是否确实充分，需要如何组织辩护等，这是对证据材料进行相对客观公允的评判过程。律师既可以在沟通过程中充分了解当事人及其家属的想法，也可以通过预测案件处理结果，帮助他们做好辩解的准备和对案件结果的心理预期准备。

例如，前述张某涉嫌危险驾驶罪案：

张某和朋友一起喝酒，张某的朋友驾驶电动车与机动车发生事故。张某在劝架调解过程中，也驾驶了该电动车，驾驶距离3米，就被机动车车主拉拽停下。机动车车主报案后，公安机关介入调查，报警人指认张某在事故发生后，也驾驶过无号牌两轮电动车。公安机关马上对张某进行了呼气酒精测试，结果显示184mg/100ml，再进行抽血酒精检测，结果显示214.9mg/100ml。公安机关以涉嫌危险驾驶罪对张某刑事立案。

面临刑事危机，张某提出辩解认为："我想将无牌两轮电动车移开，我就上了无牌两轮电动车，对方以为我要走，我刚开出两三米，就被对方拉住了。""无号牌两轮电动车当时在路边，我想将车移去安全点的地方，结果没留意车没关电源，不小心驾驶无号牌两轮电动车行驶了两三米的样子。我刚行驶两三米就被对方拉住了，我随即停了下来。"张某的辩解初步看起来是有一些道理的。但是，我们通过行政听证程序阅卷后发现，案卷材料与他的辩解存在部分不符的情况。案卷材料中，办案机关调取了事发时的监控录像并对监控录像截图取证。录像显示，当时电动车的位置确实是在路中央的位置，但张某把车扶起来骑上车后，驾驶的方向并不是如他所说要移动到路边，而是仍然在马路中间朝着远处方向驶离。车子从移动到停止一直都是在马路中间，没有靠近路边。机动车车主作证认为，当时张某是驾驶车辆准备逃离，办案人员结合监控录像采信了证人证言，认为张某的辩解不成立，张某明显就是想要驾驶车辆逃离现场。

我们需要与张某及其家属进行充分沟通，分析证据状况，告知他们监控录像显示的内容与其辩解不一致的地方，再让张某及其家属充分发表看法。如果他们能对监控录像和其辩解结合起来给出合理解释，则有助于案件妥善处理。如果他们无法给出合理解释，则张某所提出的辩解可能并不符合事实真相，他们也知道难以对不利证据作出合理解释，则对案件结果也会产生恰当的预期。

（三）协商辩护策略

无论是在侦查阶段、审查起诉阶段、一审阶段还是二审阶段，辩方都需要尽快确定辩护策略、撰写辩护意见。如作无罪辩护还是罪轻辩护、是否接受认罪认罚以及认罪认罚的条件，能提出的无罪或者罪轻辩护意见主要有哪些等。无论在哪个阶段，辩方都需要有相对明确的方向、方案和具体的辩护观点，否则，当事人及其家属会陷入茫然无措状态，甚至处理失当，白白错失很多可以妥善处理刑事危机的机会。如当事人认罪认罚、取保候审后，是选择坚持无罪辩护还是轻罪辩护，就是辩护策略的重大选择问题。这就需要律师与当事人及其家属充分沟通，由他们根据案件事实、证据状况以及个人意愿等因素综合考虑，尽快作出决定。

例如，吴某涉嫌强奸罪案：

吴某被指控涉嫌强奸罪，吴某的家属与被害人家属达成赔偿谅解。在审查起诉阶段，吴某与检察院达成认罪认罚，检察院建议量刑有期徒刑3年、缓期4年，双方签了认罪认罚具结书。庭前，吴某及其家属对于作罪轻辩护还是无罪辩护，产生了动摇。

那么，吴某作罪轻辩护还是无罪辩护，就成为重大辩护策略问题。本案是否作无罪辩护，辩护策略必须与吴某及其家属商量，由他们确定，律师充分告知其风险，并制作询问笔录，由吴某及其家属共同签字确认。

笔录内容主要如下：

问：此前在沟通取保候审过程中，你已经和检察院进行了认罪认罚，签署认罪认罚具结书，量刑建议是有期徒刑3年，缓期4年执行。你当时已经同意并签署。根据我们跟经办人的沟通情况，如果作无罪辩护，她有可能要变更量刑给建议，撤回缓刑建议。你能理解吗？

答：理解。

问：本案现在要确定辩护策略，要作无罪辩护还是作罪轻辩护，你要怎么选择？

答：我选择认罪认罚，作罪轻辩护。

问：好的，你作罪轻辩护，可能的后果你能接受吗？

答：能。

问：好的。你还有什么疑问需要沟通？

答：没有。

通过上述沟通解释，并制作询问笔录，由吴某及其成年家属签名确认，既可以明确本案的辩护策略，方便律师开展工作，也可以最大限度规避律师的风险，避免当事人及其家属对裁判结果不满而将责任归咎于律师。

（四）沟通辩方证据

案卷材料已经分析透彻，辩护策略也已经确定，剩下的就是要尽可能搜寻可以支持辩护意见的证据材料。辩护意见也需要证据支撑，不能太空洞。这些证据材料实际上就是辩护意见的“血肉”，辩护意见的说服力不只来自辩护意见的语言及其表达方式，更主要是来自证据材料。确定辩护策略后，我们需要尽快与当事人及其家属沟通证据材料的收集、提交等事宜。支撑辩护意见的证据材料主要有以下三类：

第一类是案卷材料中可以支持辩护意见的证据材料。这些证据材料是办案机关搜集调取的，往往不需要辩方重复提交。办案机关在侦查案件过程中，必须收集当事人有罪或无罪、罪重或罪轻的全部证据材料。因此，案卷材料中，很可能存在对当事人有利的证据，甚至证明当事人无罪的证据。原则上公诉机关出示证据时，也应当出示当事人有罪、无罪、罪重、罪轻的全部证据材料。此外，证据对谁有利，对谁不利，这还是一个专业判断。一份证据在侦查机关人员手里，他认为是可以定罪的证据，但在辩方看来可能是证明当事人无罪的证据。如作为关键证据的鉴定意见，在控方手上是指控的关键证据，但如若律师发现鉴定意见存在重大错误、不得作为定案根据，则这本身就成为对辩方十分有利的证据材料。而且，随着辩护方向、辩护策略的不同，哪些证据有利哪些证据不利，也可能攻守易势。所以，结合辩护策略，细心研究案卷材料，律师时不时会有意外的辩点发现。有时案卷材料本身就成为辩护的重要支持。

第二类是当事人及其家属调取的证据材料。司法实践中，很多辩护所需要的证据材料都会由当事人及其家属调取提供，我们往往需要秉持谁提供证据则谁署名提交、谁负责的原则，由取证者对证据材料负责，能在一定程度上督促取证者合法取证，也降低律师的执业风险。

第三类是律师自己调取的证据材料。为了让辩护意见的证据体系更加完善，有时候律师不得不亲自出马搜集、调取证据。此时，律师取证需要注意防范取证风险，坚守法律底线，切忌为了某个案子铤而走险，埋下不必要的执业风险隐患。

五、开庭前的辅导

在庭前会见中，我们需要和当事人充分沟通，做好庭审前的准备，让当事人在庭审中既能从容应对，也能利用有限的庭审时间、按照庭审的规则，将他的辩解和自辩意见充分呈现出来，避免因表达不充分而留下遗憾。总体而言，开庭前的充分沟通有四项基础内容和两项核心议题。

(一)庭前沟通的四项基础内容

当事人毕竟没有相关法律知识、庭审经验,难免会各种出错,影响庭审效果,影响他们展示辩护观点,进而最终影响案件事实的查明。庭前沟通的基础内容,包括帮助当事人演练庭审流程、沟通辩护观点、预测庭审焦点、审前心理辅导等内容,让当事人能充分了解庭审过程,调整好自己的状态,从容面对庭审。

1. 演练庭审流程

绝大部分当事人是第一次接受刑事审判,对刑事审判的庭审流程一无所知,而无知会带来恐慌。我们需要在庭前向当事人仔细讲解庭审流程的各个环节,哪些环节当事人可以说哪些内容,应该怎么说,有哪些注意事项;哪个环节律师会说什么;哪个环节经办人可能会说哪些内容;哪个环节裁判者可能会说哪些内容。如此,既让当事人对庭审流程心中有数,也让他尽量将自辩观点合理融入庭审的各个环节,从容、适时地陈述辩解观点。

2. 沟通辩护观点

庭前我们需要通过会见与当事人确认最终的辩护观点以及辩护观点的呈现方式。具体而言,律师需要将准备的发问问题、质证意见、辩护意见,悉数向当事人讲解清楚,让当事人理解每一个问题、每一个质证意见、辩护意见的原理和意义,让当事人能明白庭审的每一个环节,并且庭审自辩还能与辩护意见相互配合。

3. 预测庭审焦点

律师还要全面预测公诉人讯问的重点、法官关注的焦点问题,在庭前会见时与当事人充分沟通。此举既能避免当事人因为被问到新问题而惊慌失措,也可以帮助法庭查明案件的焦点事实。

4. 审前心理辅导

有些当事人因为诉讼胜算不高而心灰意冷,有的当事人因为自认为有错而底气不足,有些当事人因认为司法环境差而沮丧,有的则因为某些原因而自暴自弃。总之,当事人可能因为各种各样的原因变得情绪低落、胆怯、紧张、不知所措,带着这样的心理状态到法庭上,很有可能变得畏畏缩缩、惊慌失措,甚至无故对抗庭审,庭审效果必然会很差。律师很有必要对当事人进行审前心理辅导。[1]

例如,梁某涉嫌诈骗罪案:

我们进行庭前辅导时发现他对于问及自己违规操作的问题很害怕,不知道怎么回答,底气不足。这是对庭审缺少经验、对辩护不够自信的表现,需要进行庭前辅导。

问:马上开庭了,你还有什么疑问可以充分沟通?

答:当时公安、检察官问我,合同约定资金只能用于买股票,为什么用于还利息?资金明明不是分红,为什么要说是分红,让被害人把多余的钱转给我?我感觉这些很难解释过去。

问:你说的这个问题很好,这就是办案机关关注的问题,也是你在法庭上难以回答的问题,是你的“软肋”。本案中,你确实有不妥当的行为,这是他们指控你诈骗罪的依据。但这些不妥当行为距离诈骗犯罪还很遥远,法庭审理的是你构不构成诈骗罪,而不是你的行为妥不妥当的问题。

答:明白。那他们问我这些问题,我可以不回答吗?

问:当然不可以。你必须解释清楚,虽然有一些违规的操作,但违规操作并不等于诈骗行为,我们有充足理由证明你不是诈骗。你要解释违规的原因、违规对你们合作关系的影响等,围绕着无罪辩护理由来解释这些问题,就可以迎刃而解。

答:好的。

问:现在指控诈骗1000多万元,如果罪名成立,则10年以上。你不接受这样的结果,那么只有据理力争,不卑不亢地将所有的案件事实解释清楚,将所有的辩护观点呈现出来。在是否构成诈骗罪这个根本性的问题上,你的态度很重要。你坚决认为无罪,裁判者会更重视你的辩解。如果你唯唯诺诺、总觉得自己有些行为失当、底气不足,那么,裁判者很难重视你的辩解。

答:这些不是律师来说的吗?

问:律师永远只是教练,而你自己才是运动员。律师只能给你法律意见,在适当的时间为你说话,发表辩护意见,尽量维护你的权利,但你才是直接进行无

---

〔1〕 参见赖建东:《全流程辩护:思路指引与实例分析》,法律出版社2020年版,第97页。

罪辩护、维护自己权利的人，你要是不积极、不坚决进行无罪辩解，律师的作用有限。

答：好的。

该案当事人梁某对于他难以回答的问题、有瑕疵的行为很害怕，导致在罪与非罪的态度、辩护观点的表达等方面底气不足。律师需要跟他讲清楚刑事审判的各方心理、指控的逻辑、辩护的方案等，让他知道这就是刑事诉讼的“游戏玩法”，不用紧张，抛开法律职业的外衣，大家都是普通人，只需要平常心对待，没有必要背负太大的心理负担。事已至此，如何担惊受怕都无法改变被指控的状况，只有态度诚恳地解释清楚，才能最大限度地争取自己的合法利益。经过律师的心理辅导，当事人能更从容地面对庭审，更有助于妥善处理刑事危机。

（二）庭前沟通的两项核心议题

刑事案件的庭审是压力很大的活动，且当事人在法庭上的陈述影响重大。律师必须针对个案的具体辩护方案、指控思路，分析当事人可能遭遇的调查内容和压力、需要着重强调的事实和细节等，将当事人可能遭受的“刁难”都尽量预测且提示到位，让他做好充分准备。例如，当事人最难回答的问题、最难解释的事实细节，以及对当事人有利、必须重点阐释的事实细节等。

1. 当事人最难回答的问题、最难解释的事实细节

当事人在庭审中最难回答的问题、最难解释的事实细节，律师应当为他们预测到位，让他们做好充分的准备，避免庭审中的慌乱。比较常见的疑难问题有以下几个：

（1）你在侦查阶段作的供述是否属实？在很多案件中，这个问题很难回答，尤其是在侦查阶段的供述与辩护策略、辩护意见有矛盾时。这个问题的答案需要与个案的辩护策略相匹配，“属实”“基本属实”“属实，部分细节与当庭说的不一致的，以当庭说的为准”，诸如此类。

（2）回答与笔录不一致，如何解释？当庭讯问、发问时，当事人的回答若与讯问笔录不一致，公诉人就会将讯问笔录的内容拿出来质问当事人。这些讯问笔录的内容往往是不利的内容。此时，当事人需要对相关不利内容作出相对合理的解释。

例如，刘某涉嫌销售假冒注册商标的商品罪案：

公诉人在庭审现场对刘某进行讯问。

问:刘某,你在公安侦查阶段所做的笔录,属实吗?

答:基本属实。

……

问:同案人张某,在公司是不是负责美工?

答:不是,他不会美工。

问:你在笔录中明确说,他是美工,负责对涉案产品的图片进行处理。你怎么解释?

答:他不会美工,没这个专业基础。我以前说美工,说的只是说他负责和技术对接,对网站进行美化,把我们销售网站弄得好看一点,对消费者更加有吸引力一点。

又如,张某涉嫌侵犯著作权罪案:

公诉人在庭审现场对张某进行讯问。

问:张某,你在公安侦查阶段所做的笔录,属实吗?

答:基本属实。

……

问:你们销售涉案××公司品牌的相关产品,有没有获得××公司的授权?

答:我们没拿到,但是我采购时,绝大部分供应商都给我看过授权。

问:你笔录中说,你采购时只看到一家公司有授权,现在说绝大部分供应商都有授权,你怎么解释?

答:你理解错了我的意思,我当时说的是,我采购时绝大部分供应商都有给我看授权,其中有一家公司把授权给到我公司,是这个意思,而不是说只有一家供应商有授权。

笔录中记载的内容,有时会有多种理解,当事人当时接受讯问时所表达的意思也不一定能真实全面地反映在讯问笔录中。如果存在这些问题,当事人则需要在庭审中将相关问题解释清楚。

(3)当事人辩解的内容不符合常理,如何解释?在庭审中,控方经常用的讯问技巧就是让当事人的辩解自相矛盾或者违背常理,揭露当事人辩解不符合事实、不应当采信的本质。如果有这些看似不可信的行为,当事人则需要作出合理解释。

例如,曲某涉嫌侵犯著作权罪案:

当事人对被查扣部分的犯罪事实认罪认罚,但是对销售记录部分犯罪事实不认可。于是,公诉人在庭审中对曲某进行审讯。

问:你对查扣在案的部分,是认罪认罚的?

答:是的。

问:你认为被查扣的这些是侵权的,才认罪认罚?

答:是的。

问:被查扣这样的产品,有没有在网上销售过?

答:这就不清楚了。

问:网上销售记录的,你不认可是侵权的。那你说一下,你网上销售的产品和被查扣的产品,有什么差异?差异在哪里?

答:差异主要体现在……

问:你说网上展示的产品和实际销售的产品,图物不符是吧?

答:是的。

问:网上展示的产品和销售的产品,你们销售几亿元这样的产品,都是图物不符的吗?

答:有很大差异。

问:你们卖的这些东西跟图片完全不一样,客户有没有来投诉过?退货过?

答:这种情况很少。

本案中,张某的辩解必然面临诸多合理性的质疑,律师庭审前应当充分预测到并与当事人充分沟通,当事人才能做好庭审准备,否则漏洞百出的解释会严重影响辩解、辩护的效果。

2. 对当事人有利、必须重点阐释的事实细节

律师需要在庭前与当事人沟通时,让他们充分了解对辩护有利的关键证据有哪些,并在庭审中与律师配合,利用这些有利的证据材料进行辩护,将对当事人有利的事实细节进行充分的阐述。

例如,李某涉嫌职务侵占罪案:

公诉机关指控李某利用虚增债务、虚增支出、虚构工程款等手段,套取了涉案公司的资金,涉嫌职务侵占罪。公诉机关举证质证的内容,几乎都是李某如何采用虚假的手段,一笔一笔地将钱款骗取出来,以证明李某构成职务侵占罪。

律师发现案卷材料中有合作开发协议和物业分配协议,可以充分证明该项

目分配给李某等甲方的就有超过5亿元财产,而指控李某套取公司资金才2亿多元,也就是说,李某等人拿走的所有资产,都是在他们应得的财产范围内,因此,不应当追究职务侵占罪的刑事责任。律师特别将这几份关键证据向当事人李某讲解沟通清楚。李某就可以在庭审中配合律师充分解释清楚这些足以证明他无罪的重要事实和证据。如缺乏律师的辅导,他不知道或者并不确信这些事实和证据材料对无罪辩护的重要意义,也不知道如何适当地阐述这些事实和证据材料。

第五节

预防万一的善意提醒

当事人及其家属的所有处理刑事危机举措,都是为了最大限度地妥善处理刑事危机,争取最好的案件处理结果。律师也需要时刻牢记当事人及其家属的这个目的,既为了帮助当事人及其家属达到这个目的,也为了避免被当事人及其家属的这个目的“反噬”。如果我们意识到可能出现各种不利的结果,就应该及时善意提醒当事人及其家属,让他们在合法的范围内做好各种处理措施。因为当事人及其家属委托律师后,他们的决策很大程度上依赖律师的分析判断。如果律师没有意识到可能出现各种不利后果,没有作出预判、作出错误的预判或者预判后没有及时提醒当事人及其家属,当事人及其家属就会认为没有风险,出现不利后果则可能归咎于律师。即便不考虑“反噬”的问题,律师提出预防万一的善意提醒,对当事人及其家属而言,往往意义重大。

例如,祁某涉嫌走私淫秽物品罪案:

祁某委托杜某走私淫秽书刊,由祁某在境外网站购买淫秽书刊,杜某负责将淫秽书刊走私入境。货物到达境内后,杜某制作账单通过微信发给祁某,祁某支付通关费(约××元人民币/千克),杜某再通过国内快递将货物寄送给祁某。杜某被抓获后,供述了祁某也是买家之一。办案机关根据收货地址找到祁某,审讯时对祁某进行普法教育,宣扬坦白从宽、抗拒从严的司法政策。祁某听完办案人员的利弊分析后完全配合了办案机关的工作。

检察机关起诉指控祁某走私的淫秽书籍是1749本,但认定祁某在共同犯罪中起次要、辅助作用,是从犯,应当从轻或者减轻处罚;祁某到案后如实供述自己的罪行，是坦白，可以从轻处理；祁某认罪认罚，可以从宽处理。建议判处祁某有期徒刑3年至4年，可以适用缓刑，并处罚金。

该案至此，祁某判缓刑是有机会的，但不保险。走私淫秽书籍1000本以上就面临10年以上有期徒刑的刑罚。法院是否会采纳检察院的从犯认定和适用缓刑的量刑建议，存在很大的不确定性。而且，祁某在侦查阶段、审查起诉阶段之所以能取保候审，重要原因在于其还处于哺乳期，但审判阶段时已经快过了哺乳期。此时，祁某有两个小孩，一个4岁，一个才1岁6个月。如果不能适用缓刑则极其糟糕，如果不幸被判处10年以上，对她的家庭、她的小孩都是巨大的人生灾难。因此，律师应该给予避免被判处实刑的万全又合法的提醒。

然而，最终由于各种原因，当事人及其家属、律师都没有意识到可能的严重刑罚后果，当事人及其家属没有获得有效的善意提醒，法院直接判处祁某犯走私淫秽物品罪，系主犯，判处有期徒刑11年。法院宣判当天直接将祁某收押。从取保候审、检察院建议适用缓刑到被判处有期徒刑11年，其间遭遇的痛苦难以想象。对祁某及其家庭而言，“天堂”与“地狱”的差距，就在于律师的经验和提醒。

又如，在郑某涉嫌走私普通货物罪案中，案件判决前律师与当事人及其家属沟通案情时，得知他们以为已经认罪认罚，并且交了几百万元给法院后，不会再有罚金的问题。然而，律师清楚，司法实践中，各地法院对于走私普通货物罪的罚金、退缴税款的裁判不统一。

部分裁判认为，核定的偷逃税款数额都需要由当事人退缴，除对被告人在刑事诉讼过程中已退缴的部分予以没收外，还需要向被告人继续追缴偷逃但尚未退缴的税款，并处罚金。如刘某涉嫌走私普通货物罪案，经过海关核定，走私偷逃税款307.109706万元。法院判决刘某犯走私普通货物罪，判处有期徒刑3年6个月，并处罚金人民币50万元，走私偷逃税款307.109706万元予以追缴，上缴国库。[1]

部分裁判则仅对被告人在刑事诉讼过程中退缴的税款予以没收，并处罚金，但对其他没有退缴的偷逃税金额不予以处理，则意味着刑事案件执行过程中不会有继续向犯罪人继续追缴偷逃税款的执行内容。如王某涉嫌走私普通

〔1〕 参见江苏省高级人民法院刑事判决书，(2019)苏刑终149号。

货物罪案，经过核定，王某偷逃税款为人民币162万元。法院判决王某犯走私普通货物罪，判处有期徒刑2年6个月，缓刑4年。王某向法院退缴的税款人民币20万元，予以没收，上缴国库。该案法院并没有裁判将偷逃税款的数额162万元全部责令退缴。[1]

因此，律师根据办案经验和检索的裁判知道，本案可能出现继续对被告人郑某判处罚金同时还追缴偷逃税款的情形，只是这还仅仅是一种可能性，裁判结果还没有确定，司法实践中也较少出现这种判例。此时，律师如果直接告诉他们可能会继续追缴偷逃税款，并且判处罚金，他们很难接受。律师需要在刑事诉讼过程中适时给予善意提醒可能的裁判后果，让他们能提前预判这种可能性。

首先，律师分析走私普通货物罪案件的裁判观点，可能出现退缴全部偷逃税额，并判处罚金的情况；也可能出现没有追缴全部偷逃税额，仅判处部分罚金的情况。通过向他们宣讲裁判观点，增加他们对此类案件裁判观点的认识。

其次，律师需要解释在辩护工作中，已经为当事人及其家属的财产减损提供的意见和建议。第一，单位犯罪与个人犯罪的问题，律师所提出单位犯罪的辩护意见被采纳，公诉机关已经认定是单位犯罪，退缴及罚金的主体主要是单位，而不是自然人。第二，律师当时在协调退缴款项时，也与检察院多次重申，这是预缴罚金，而不是退缴偷逃税款。且庭审以及提交法院的辩护意见中，也强调这是预缴罚金而非退缴偷逃税款的性质，为后期法院裁判罚金的数额认定提供一定的参考。第三，随着执行力度越来越大、财产处置手段越来越严厉，罚金金额在经济犯罪案件中也水涨船高，要以防万一。因此，律师提前把经验告诉他们，把可能出现的最坏结果告诉他们，当事人及其家属心里有数，提前预判，并在法律限度内做出妥当的准备。律师这样跟当事人及其家属谈这个问题，他们就很能接受，而且表示很感恩，让他们有心理预期，有较长时间准备。

最后，法院的判决完全符合我们的预期。没有缴纳罚金的第二被告被判处罚金530万元，而郑某缴纳的款项被当作违法所得没收，法院未对郑某判处罚金，也没有责令继续追缴偷逃的税款。郑某除在审查起诉阶段缴纳的违法所得外，没有其他财产损失。

---

〔1〕 参见广东省广州市中级人民法院刑事判决书，(2017)粤01刑初303号。

第六节
权衡利弊的正确选择

妥善处理刑事危机，其实就是当事人及其家属准确权衡利弊，尽量做出最理性、最正确的选择，争取最理想的案件处理结果的过程。最理想的处理结果，包括避免被追究刑事责任、最轻微的刑事裁判结果以及最大限度地减少当事人及其家属的精神压力等。有律师的协助，妥善处理刑事危机的可能性更大。

一、寻求辅导，正确认识利弊

面临刑事危机时，当事人及其家属都面临着一系列的疑问和困境：要不要认罪？如何认罪？要不要配合调查？如何配合调查？要不要作出对他人不利的供述？如何争取从轻减轻处罚情节？如何解释对自己不利的事实和证据？如何应对同案人或者证人的指证？诸如此类，作为刑事诉讼的小白，他们心里几乎装着“十万个为什么”。在具体个案中，缺少专业知识、刑事经验的加持，当事人仅凭有限认知和本能，往往难以正确决策和妥善处理。

当事人面对刑事危机需要做抉择时，权衡利弊是无须提醒的本能，但他们所认知的利弊可能是错误的。他们需要有足够的法律知识、办案经验的支持。

即便律师自身身陷刑事危机时，也很难单独作出正确的利弊认知、利弊权衡，因为这不仅需要法律专业知识，还需要有足够的信息和对案件形势的准确判断。信息不对称，则难以作出正确的分析判断。处理得当或许就可以妥善地处理刑事危机，争取到更好的裁判结果；处理失当，则可能被追究刑事责任，甚至可能加剧刑事危机，遭受更严重的刑事责任。

例如，朱某某涉嫌故意伤害罪案：

某地出租屋发生故意伤害行为，办案机关迅速介入调查，并将行凶者刘某抓获归案。经过调查发现：2015 年 × ×月 15 日晚上 9 时许，被告人刘某在 × ×市 × ×区 × ×号 3 楼被害人林某的租住处，调解朋友朱某某与被害人林某在生意上的纠纷，后双方发生争吵，被告人刘某用随身携带的匕首捅向被害人，致被害人林某小肠全层破裂、肝破裂和腹腔积血、失血性休克，经法医鉴定：损伤程度属重伤二级；因伤致残等级相当于道路交通事故九级伤残 1 项、十级伤残

2 项;相当于职工工伤八级伤残。

接受调查时刘某作出的利弊选择是,如实交代全部犯罪事实,并指证朱某某为主谋,其受朱某某安排、雇佣实施故意伤害行为。由此形成笔录内容:我是受亲戚朱某某指使去教训一下林某的,因为他们俩一直都有矛盾冲突,朱某某叫我过去和林某谈判,协商怎么解决这个矛盾。朱某某给我一把刀,就是砍人的那把。朱某某告诉我,如果林某不配合解决问题,可以教训一下。林某的地址和电话号码都是朱某某告诉我的,我跟林某不认识,就见过知道长相。砍人后,我打电话给朱某某,他叫我出去躲一躲,还在饭店门口给了我 1000 元费用。

根据刘某的交代,似乎可以对朱某某绳之以法,朱某某面临故意伤害罪的刑事危机。办案机关迅速将朱某某带回配合调查,进行突击审讯。

问:是你叫刘某去找林某的吗?

答:是我告诉了他我和林某的矛盾后,刘某主动提出要帮我居中调停的,我就说,那你去吧。

问:是你把林某的地址和电话告诉刘某的吗?

答:是的。

问:刀是不是你给他的?

答:什么刀? 我不知道。我没有给过他刀。

问:你有没有叫刘某去教训一下林某?

答:没有。

问:你有没有跟刘某说过,林某不配合解决问题的话,可以教训一下?

答:没有。

问:刘某捅人当晚,有没有联系过你?

答:有的,当时他跟我说砍了人,我很吃惊,为什么会这样,他说他正在逃跑,然后就挂电话了。

问:后来有没有再联系你?

答:有。大概过了十几分钟,刘某又给我打电话,跟我说他要去唱 K,让我也去。我就说头晕不去了。

问:当晚你有没有给过他钱?

答:没有,当晚我都没有见过他,怎么可能给他钱呢。

问:刘某为什么会提出帮你居中调停?

答:不知道,我猜是因为平时我对他也比较好,他想帮帮忙吧。

该案刘某归案后认为只要将主犯供述出来,他作为从犯可以从宽处理,因此他坚定"咬住"朱某某,朱某某则矢口否认。最后,尽管被害人林某多次控告申诉,多次向办案机关说明,当时刘某过来时明确说了就是朱某某叫他过来的。由于朱某某的否认,且提出其相对能自圆其说的解释,各执一词、没有其他客观证据可以印证,朱某某雇凶伤人的事实难以认定,无法追究朱某某故意伤害罪的刑事责任。该案事实真相不明,不排除朱某某是雇凶伤人者,也不排除朱某某确未雇凶伤人。从办案人员的角度看,根据现有证据,事实真相不明故而无法对朱某某定罪量刑;从朱某某的角度看,无论事实真相如何,他利弊权衡下作出的决策被验证是正确的,帮助他妥善处理了刑事危机。

二、及时止损,避免事态扩大

刑事危机处理过程中,当事人及其家属往往需要想方设法及时止损,尽量避免事态进一步扩大,导致当事人面临更大的刑事危机。犯罪数量增加、罪名增加、金额增加、犯罪情节加重等任何情况出现,都会让事态扩大,加重刑事危机。

为实现止损,律师需要结合当事人及其家属讲述的案件事实的详细经过,向他们普及相关法律知识和刑事诉讼的实践经验。其一,将案涉的犯罪金额、罪名、情节以及相应的法律后果仔细讲解告知,让他们知道自己所涉行为可能引发的刑事法律后果。其二,结合办案经验,将影响犯罪金额、罪名、情节及定罪量刑的情形、因素等,逐一向当事人及其家属讲解清楚,赋予他们相关法律知识和办案经验,避免他们因为缺乏法律知识、诉讼经验而导致不利后果。其三,量身定制未来可能的辩护策略,如刑事危机进一步加剧他们该如何辩护,如何寻找对辩护有利的证据材料,如何对相关不利的证据材料作出辩解等。

律师要提供有效法律帮助的前提是有丰富经验和比较突出的专业能力,对涉案罪名的行为模式、定罪量刑标准、司法解释等有深入把握,能敏锐意识到本案未来的关键辩点、控辩双方的争议焦点等。总体而言,律师协助处理刑事危机的工作可以分为四个层次:入门级、初级、中级、高级。入门级别的法律帮助,就是了解案情,为当事人记录信息;初级的法律帮助,就是对当事人进行普法培训,为他们提供刑事案件全面细致的法律知识;中级的法律帮助,就是对当事人进行技能培训，为他们提供刑事案件的办案经验，让他们少走弯路，少犯错误；高级的法律帮助，就是帮助当事人澄清事实，针对特定案情，为他们量身定制辩护策略，并透彻讲解案件的辩护策略，让当事人理解本案的辩护策略，清楚自己的行为在法律上如何评价，本案有哪些辩点，罪与非罪、罪责大小等各个方面的辩点，以及各个辩点的分量；并且在整个刑事诉讼过程中，能根据辩护策略适时作出有针对性的辩解。[1]

三、大事化小，有效解决问题

大事化小，即尽量争取每个阶段最好的结果。例如，强制措施的变更，罪名数量变少，犯罪单数变少，犯罪金额的减少，具有从轻减轻的量刑情节，罪名由重罪变成轻罪等。当事人被羁押，则取保候审是大事化小的不错结果；如当事人被指控的罪名由重罪变轻罪、多罪变少罪、犯罪金额和犯罪数量由多变少等，都是大事化小的不错结果。

例如，朱某涉嫌盗窃罪案：

朱某因涉嫌盗窃被刑事拘留，被害单位向办案机关提交了朱某此前多次盗窃行为的监控视频和被盗物品清单。朱某的家属不知所措，既不知道朱某有没有盗窃，也不知道该如何处理，家属要做哪些事情才能最大限度地帮到朱某。缺乏法律知识、辩护经验的家属很茫然。此时，律师的工作就是要及时止损，大事化小，尽量让朱某顺利渡过难关，回归社会。

其一，律师到看守所会见朱某，详细了解真实情况，有没有盗窃，盗窃多少东西，案发过程，以及他对于盗窃行为的态度等。

其二，律师判断办案机关掌握的证据状况以及未来可以掌握的证据状况，评估从证据上看朱某的行为是否构成犯罪，无罪辩护的可能性和成功率。该案律师会见了解情况后，评估无罪辩护的空间小，现场被监控录像拍摄到的盗窃金额已经达到刑事立案追诉标准。

其三，在盗窃事实清楚、证据充分、难以进行无罪辩护的情况下，我们需要指导当事人家属尽快与被害方联系，退赔涉案财物，取得被害人的谅解，协助化解社会矛盾纠纷，为朱某争取从轻、减轻处罚的情节。

---

〔1〕 参见赖建东：《全流程辩护：思路指引与办案技巧》，法律出版社2020年版，第48页。

其四，会见时我们也了解到朱某盗窃涉案物品的主要原因是饥饿、生活窘迫，他所盗窃的东西都是鸡蛋、面包、牛奶、雨伞、纸巾等食品和基本生活用品，该情节显示朱某的盗窃行为是情有可原的，并不是以盗窃为业牟利的人，该情节对其变更强制措施有一定积极作用。

其五，指导朱某家属适时找到朱某的舍友出具情况说明，把朱某案发前一两个月的经济状况、生活状况如实描述，作为证人证言提交给办案机关，证明动机单纯，情有可原，增大变更强制措施的可能性。

其六，在退赔谅解后，我们积极与办案机关沟通，建议他们对朱某变更强制措施，后续再建议他们考虑对朱某作出相对不起诉。

在律师的指导和沟通下，该案件变更强制措施很顺利，朱某被取保候审。后续案件处理得也比较顺利，律师为他争取到法律之内的从宽结果。

四、大局出发，做最佳的选择

妥善处理刑事危机，当事人及其家属在利弊权衡中做出最佳选择。这需要在律师的帮助下从大局出发，基于对案件事实的把握、证据材料的分析、裁判观点的评估、辩护策略的方向等方面，综合分析判断什么才是最佳选择。

例如，李某涉嫌走私普通货物罪案：

公诉机关指控李某在下属徐某请示说客户要求低报价格时，李某同意按照客户的要求报关，因此明知公司员工等人采取低报价格走私，仍然同意继续开展业务，走私的主观故意明显，偷逃税款130多万元，涉嫌走私普通货物罪。

面对刑事危机，李某始终认为其无罪，不知道涉案的价格是虚假的。本案的争议焦点是李某是否明知低报价格走私进口。律师需要综合评判，李某、下属以及客户的笔录内容，为李某作出是否认罪以及具体如何辩解选择的依据。

其一，李某的供述。李某的供述证明下属徐某有汇报过客户之前的报关价格和委托他们报关价格不一致。李某还让另外一名员工陈某上网核查，发现涉案货物报关价格确实低于官网发布的价格，但是还没有停止业务，继续报关。

问：你公司员工徐某在开展业务过程中有无向你汇报，他发现客户×××提供的游戏机价格有问题，问你如何处理？

答：有，我公司代理客户×××进口游戏机做了几票后，大约2021年6月下属徐某找我，当时陈某也在，下属徐某提出客户×××报关的价格过低，之前报关价格和委托我们报关价格不一致,他定不了问我怎么办,我问下属徐某报关价格是从哪里来的,下属徐某说客户提供的,我就回复下属徐某既然是客户提供的,那就按照客户提供的报。

问:后续是否有关注进口游戏机的价格问题?

答:下属徐某提出客户给的价格过低后过了10多天,陈某也提出游戏机申报价格低,我就让他上网查,就发现确实低于官网发布价格,我们也想过停掉代理报关。

问:立即停止代理客户报关进口日本游戏机了吗?

答:没有,是我的原因没有通知下属徐某停止业务,是我疏忽了。

李某的供述显示,在下属已经汇报可能涉嫌低报价格走私时,李某让其员工陈某核查,发现价格确实低于官网,李某已经确认存在低报价格的可能,但继续放任低报价格走私,控方会认为李某具有走私主观故意,李某的笔录对其不利。

其二,徐某的笔录。李某下属徐某的笔录显示,他已经告诉李某客户有低报价格进口的要求,而且告诉了李某有真假两套发票。但客户解释说,价格低的是真发票,价格高的是外国供应商为了出口退税的假发票。

其三,客户的笔录。客户的笔录显示他已经告诉李某和徐某有两套发票。但解释说,价格低的是真发票,价格高的是外国供应商为了出口退税的假发票。

尽管下属和客户的笔录都给了一个合理解释,但控方认为,在报关行业中出现真假两套发票时,价格低的是虚假的符合常理。李某下属和客户的笔录,让控方认为,公司明知道有真假两套发票,还放任走私,犯罪故意明显。此时,李某继续坚持作无罪辩解显然已经不是最佳选择。我们研究案卷材料后发现证据材料可证明,涉案的走私普通货物行为是其下属员工自行决定实施的,在实施一段时间后,员工徐某向李某汇报过。因此,李某只需要对部分走私普通货物的犯罪事实承担刑事责任,具体可以进行专项审计,计算出李某需要承担刑事责任的逃税金额不足100万元。[1]

---

[1] 最高人民法院、最高人民检察院《关于办理走私刑事案件适用法律若干问题的解释》第24条第2款规定:"单位犯走私普通货物、物品罪,偷逃应缴税额在二十万元以上不满一百万元的,应当依照刑法第一百五十三条第二款的规定,对单位判处罚金,并对其直接负责的主管人员和其他直接责任人员,处三年以下有期徒刑或者拘役;偷逃应缴税额在一百万元以上不满五百万元的,应当认定为'情节严重';偷逃应缴税额在五百万元以上的,应当认定为'情节特别严重'。"

第七节

充分地沟通说服

律师对案件的处理方案、法律意见等，最终能否奏效，在很大程度上取决于能否与各方进行有效沟通说服。既要说服当事人及其家属，也要说服办案人员，让办案人员采纳辩护意见。有时可以成功，有时无法成功。但是多沟通往往有益无害。当事人及其家属接受我们的意见，才更可能妥善处理刑事危机；辩护意见一旦被办案人员采纳，对当事人及其家属无疑更是重大利好。

例如，刘某龙涉嫌传播淫秽物品牟利罪案：

刘某龙和他的女朋友在家中进行淫秽色情表演直播，被举报后公安机关将他们抓获归案。刘某龙被刑事拘留，后被批准逮捕。被批准逮捕后刘某龙的家属才委托我们辩护，我们尝试帮助他申请羁押必要性审查。

我们认为，刘某龙这种轻微的初犯属于可捕可不批捕的情况，他的家庭情况也有值得同情之处，他的太太一年前去世，父亲60多岁赋闲在家、母亲半瘫痪、身体多病，两个五六岁的小孩，父母照顾起来很吃力，家里也没有其他人可以帮忙照看。我们向检察院提交羁押必要性审查，将这些情况及相关证据材料都提交，并作出解释沟通，恳请经办人考虑对他变更强制措施。

很快，经办人回电话，认为如果刘某龙认罪态度好一点，可以考虑对其变更强制措施，并要求我们提交刘某龙太太的死亡证明。于是，我们让刘某龙家属去当地派出所开具死亡证明，同时去看守所与刘某龙充分沟通，分析案情、证据情况，协助他作出是否认罪的决策。

最后，在我们的充分沟通协调下，检察院为刘某龙变更强制措施，法院也对其适用缓刑，案件得到妥善解决。该案如果没有律师从中沟通，刘某龙无法信任经办人，经办人也无法了解刘某龙的家庭情况，变更强制措施几乎是不可能的。这个过程其实是律师与当事人、经办人一起协商处理，如何妥善处理案件的过程。

又如，张某涉嫌组织、领导传销活动罪案：

张某被指控利用某电子商务平台实施组织、领导传销活动，该案由湖南省某市公安机关立案侦查，并移送法院审判，一审作出有罪判决，张某不服，提出上诉。在二审期间，江西省某市公安机关也对张某进行刑事立案，以涉嫌组织、领导传销活动罪为由，将正在取保候审阶段的张某刑事拘留。经过一番沟通后，张某交了高额“违法所得”作为暂扣款(保证金)后，被取保候审。如果异地的新犯罪事实成立，甚至被数罪并罚，则张某将难以适用缓刑，面临被羁押的危机。

我们审查认为，江西省某市公安机关的立案调查不符合法律规定，因为涉及传销的是同一个电子商务平台，涉及同一个交易后台，也是同一个模式，涉嫌传销的犯罪事实相同，只是涉及的传销人员比较多，分布比较广泛，全国各地都有，不能将不同传销人员涉及的传销事实由各地公安机关分别对张某立案侦查、由各地检察院分别对张某多次提起公诉，再由各地法院多次审判，对张某进行重复多次的处罚。

后该案移送到江西省某市检察院进行审查起诉。我们继续与江西各级办案部门进行沟通，提出明确的申诉诉求，要求将案件移送湖南省某市合并审理，不能重复审判。为此，我们先与检察院经办人沟通，要求将案件移送湖南省某市法院；后去江西省人民检察院、江西省公安厅进行立案监督和申诉，要求经办公安机关、检察院将案件移送湖南省的办案机关合并办理，不能重复侦查、重复审判。

与检察院经办人沟通时，他表示会考虑一下，会向领导汇报情况。向上级检察院、公安机关申诉的效果更显著，我们很快接到电话，通知说同意将案件移送湖南省的办案机关合并办理。不久后，全部案卷材料都移送至湖南省某市合并审理。张某涉嫌组织、领导传销活动罪案，由两个案件合并成为一个案件。辩护工作通过多方多次的沟通，取得很好的效果。

最后，湖南省××县人民法院作出重审一审判决：“公诉机关补充起诉指控被告人张某原一审判决宣告以前尚有同种漏罪，经查，被告人张某与宋某等人因涉嫌组织、领导传销活动罪，××市公安局向××市××区人民检察院移送审查起诉，××市××区人民检察院审查认为事实不清、证据不足，两次退回××市公安局补充侦查，××县人民检察院提供的××市公安局侦查材料，不能确实、充分证实被告人张某实施了相关组织、领导传销活动犯罪事实，故对公诉机关补充起诉被告人张某遗漏的犯罪事实，本院不予采信，对被告人张某的律师提出公诉机关补充起诉指控张某漏罪的事实不清,证据不足的辩护意见,本院予以采纳。”公诉机关新增加的犯罪事实没有被法院支持,张某的量刑也维持适用缓刑。至此,张某的刑事危机得到妥善解决。

律师的工作,最终都是为了沟通说服。律师需要沟通说服的是所有接触到的案件相关人员。包括当事人及其家属、各阶段各机关的办案人员、证人等,通过沟通,说服他们接受我们的观点。如律师缺乏沟通说服的能力,则显然无法完成工作,无法取得当事人及其家属的信任,无法说服经办人,无法有效协助当事人及其家属妥善处理刑事危机。

第七章
CHAPTER 07

刑事危机处理的执业风险防范

相比于其他业务，刑事危机处理业务给律师带来的执业风险理论上是更大的，但实际业务过程中，律师的执业风险大小不仅取决于理论风险大小，更取决于律师的执业规范性和风险防范经验。

从理论上看，刑事危机处理业务确实让律师面临更大的不可控风险。其一，大部分刑事危机处理业务，都起始于案发之前，当事人还没有接受调查、没有被刑事立案等，律师对当事人及其家属处理刑事危机产生更大的影响力，对当事人及其家属的行为影响更大，这本身就意味着更大的执业风险。其二，为了妥善处理刑事危机，实现自己利益的最大化，当事人及其家属可能会采取任何措施，包括违法犯罪的措施，如串供、毁灭、伪造证据等，而这些违法犯罪行为一旦发生，为他们提供法律意见的律师很容易被怀疑为幕后黑手、始作俑者。其三，律师为这些当事人及其家属提供处理刑事危机的协助，辅导效果比较好时，对办案机关而言是比较大的障碍，在某种程度上，也可以说这是对刑事案件顺利推进的"阻力"，那么，律师的执业风险和压力自然就更大，不排除会遭受责难。

但从实践中看，刑事危机处理业务的律师主要提供的是咨询辅导业务，而绝大部分处理刑事危机的举措是由当事人及其家属落实完成，律师亲自实施的主要是少部分的证据收集、意见撰写和沟通工作，执业风险更加可控。只要妥善处理，执业风险是比较小的。

总体而言，为了最大限度地避免执业风险，律师协助当事人及其家属妥善处理刑事危机，需要采用更加谨慎的服务方式方法，更加积极主动采取措施，防范执业风险。

第一节
有效应对压力防范风险

很多法律人对刑事业务都有或多或少的“恐惧感”，认为做刑事业务的律师会遭受各种压力，如来自办案机关、当事人及其家属、被害人及其家属等多方的压力，以及来自刑事诉讼各方对抗属性的压力等。作为为“坏人”辩护的人，承受的压力和法律风险必然很大。因此，很多法律人对刑事业务领域望而却步。确实，相比于其他领域的律师，做刑事业务的律师面临压力可能会相对大一些，但这只是理论上的，具体个案中律师的执业风险，受律师的执业风险防范能力影响。

律师办理刑事危机处理业务，应该如何应对各种压力，避免各种风险？可以从以下四个方面着手：其一，洽谈客户时做好筛选工作；其二，保持足够的专业能力；其三，执业过程务必规范；其四，建立情感隔离，与当事人及其家属保持适当的距离。

一、筛选客户

律师和当事人之间是双向选择的关系。寻求通过找关系、协调等方式解决案件的当事人及其家属，就更加倾向于选择能承诺办案结果、能搞关系、协调的律师，而不会选择提供专业服务的律师。寻求专业支持的当事人及其家属就会选择以提供专业服务著称的律师。大千世界，无奇不有，什么性格、品行的人都有，什么样的案件都有，部分案件代理时会给律师带来不可控的风险，部分当事人及其家属可能会让律师的沟通成本过高。当事人及其家属也需要识别专业过硬、经验丰富、人品可靠、胜任案件处理的律师，而律师也需要识别当事人及其家属是否是适格的合作对象。律师在选择代理的案件、合作的客户时，也是对案件本身、对当事人及其家属的筛选过程。

律师通过办理大量案件积累经验、与众多的当事人及其家属沟通接触，才有能力评判某一个案件是否适合代理、相关当事人及其家属是否值得合作。律师在案件洽谈时，把难以合作的客户、难以代理的案件筛选过滤掉，则来自当事人及其家属的压力自然就能减少很多，就可以更专心研究案件证据材料，研究法律问题，提供专业法律意见和解决方案，争取更好的办案效果，赢得当事人及其家属更大的尊重，双方都可以有效化解压力，形成良性循环。

二、业务精专

足够的专业性，能让律师轻松应对各种压力，避免各种执业风险。无论是面对办案机关、当事人及其家属、被害人及其家属、其他案件相关人员，还是面对案件诉讼结果的诸多不确定性或者面对最糟糕的案件裁判结果，专业性都能帮助律师轻松应对。律师的专业性是综合处理刑事危机能力的专业，包括法律知识、辩护经验、沟通经验等。

面对办案机关时，律师足够专业，能提供他们忽视的、意料之外的新观点，提供言之有理的法律意见，这也是对办案机关的莫大帮助，避免办案机关出现错漏，他们会比较欢迎这样的专业意见。而且，律师对案件有专业意见，与办案人员沟通时也更有底气，更有表现欲望，自然就能信心倍增，将压力降到最小。

面对刑事危机中的当事人及其家属，律师的专业能力可以在办案效果方面最大限度帮助他们，也可以在沟通中让他们觉得可靠、值得信任，让他们相信案件不会因为律师不专业而遭受不利结果。只要律师在办案过程中展现出足够的专业性，即便最终案件出现糟糕的结果，他们也往往不会归咎于律师。

司法实践中，如出现不理想的裁判，我们也会坦诚地跟当事人及其家属表示歉意。“对不起，确实没有能帮到你们，如果有什么需要咨询的法律问题，随时可以帮助你们。”绝大多数时候，当事人及其家属看到律师的专业、努力和付出，他们也会理解，律师已经尽力，这种结果不是律师的过错。甚至他们还会反过来安慰我们：“没事的，出现这种结果不怪你们，我们都努力过了。”反之，如因为律师不够专业或者当事人及其家属无法感受到律师的专业性，只要对案件处理结果不满意，他们就可以归咎于律师。

因此，律师不断提升自己的专业能力，就可以有效化解压力。如果专业能力不强，甚至办案中失误频出，则压力会很大。律师的每一次办案失误都会带来无比巨大的压力。

三、执业规范

律师执业过程中最大的压力和风险就是被投诉、被处罚、被调查，乃至最终被追究刑事责任。保持规范，避免违法违规，自然就没有被投诉、被处罚、被调查的风险。因此，规范执业能从根本上避免承受巨大的压力，避免出现法律风险。

律师规范执业的重要体现是与当事人及其家属的关系处理和辅导内容方面。律师要将自己定位为提供专业法律服务的人员，并清晰告知当事人及其家属，避免他们误解，也不能放任他们的误解，在此基础上提供正当的法律服务。即明确告知律师没有裁判案件的权力，只是当事人及其家属的顾问、代言人，而不是裁判者，或者指挥裁判者的人，没有权力作出裁判，无法对裁判结果作出任何承诺，作出的承诺也是无助于案件处理的。我们是依靠专业能力和经验来协助他们处理案件的人，我们的价值是专业性，提供专业服务，而不是搞关系、协调等。因此，我们的任务就是认真、努力地提供专业服务，即便判决结果不理想，律师也是无可奈何的。

我们的办案经验显示，只要我们与当事人及其家属从合作洽谈之初或者办案过程中，就解释清楚我们律师的角色、定位、作用、能做什么、不能做什么，当事人及其家属支付律师费用的对价就是我们能提供的专业协助，那么，他们不会对律师寄予不合理的过高期待，即便案件裁判结果不理想，当事人及其家属也往往不会归咎于我们，他们知道不是因为我们欺骗、承诺才导致的。

相反，一旦在案件委托洽谈时或者办案时明示或者暗示承诺办案结果、承诺帮忙搞关系、协调等，将律师费和办案结果直接挂钩，那么，律师就会面对巨大的压力。律师一旦承诺办案结果、承诺过可以帮忙搞关系、协调等灰色“配套服务”，则当事人及其家属就不会再重点关注律师的专业能力和专业服务，不再关注具体的案情和法律问题，甚至不再关注律师具体工作时是否专业、是否认真，不再关注办案过程，他们只关注案件结果，只关心律师所承诺的结果能不能实现，只关心律师有没有按照承诺去搞关系、协调等，而且会不断催促律师去实现这些承诺。因为当事人及其家属会认为他们支付的律师费是实现承诺的结果、搞关系、协调的对价，而不是律师提供专业法律服务的对价。这种误解会造成双方的认知误差，进而产生很大的沟通障碍，给律师带来重大的执业法律风险。

司法实践中，律师哪怕给出一点点可以帮忙搞关系、协调等暗示都会给当事人及其家属带来无限的不合理期待，进而给律师带来无穷尽的压力，给双方的顺畅沟通造成巨大的阻碍。如此，律师与当事人及其家属的关系就会比较紧张，一旦结果不理想，他们必然会对律师产生很大的恶意，认为律师以承诺结果、承诺搞关系、协调去忽悠、欺骗他们，让他们陷入错误认识才委托、支付费用的，部分当事人及其家属就会据此与律师产生经济纠纷、投诉纠纷，甚至控告律师实施诈骗犯罪行为。

总体而言，律师从案件洽谈开始就必须规范执业，以提供专业法律服务作为收费的对价，在双方清楚收费对价的条件下尽心尽责，则压力和风险会大大降低。

四、情感隔离

律师的工作是提供法律服务，本质上是中介服务人员。如果有必要，可以共情，将情感带入案件，尽量帮助当事人，很多时候律师也确实需要有很好的共情能力。但更多时候，律师都需要与当事人及其家属做好情感隔离，保持恰当的距离，避免过度的情感代入。

刑事案件暴露的往往是社会的阴暗面，这本身就很容易影响情绪。当事人及其家属面对刑事案件也会有很多负面情绪，包括对法律、对司法制度、对社会、对办案人员、对被害人及其家属等的仇恨情绪。律师与他们沟通过程中，他们无疑会将负面情绪倾诉出来，承接过多的负面情绪会对自己的身体、精神造成巨大伤害。律师建立情感隔离防线，才能避免这些来自当事人及其家属的负面情感过度影响工作和生活，更好地减缓办案所带来的各种压力。

此外，律师与当事人及其家属保持情感隔离，也更有助于我们坚守法律底线，注意自己的言辞及法律意见，避免过度代入、过于急切为他们着想而以身犯险、触犯法律底线，导致法律服务演变成组织、策划或者帮助组织、策划犯罪行为。

第二节
熟悉、明示、坚守底线

律师协助当事人及其家属妥善处理刑事危机，首先需要防范自己的风险，进而才可能为客人提供危机处理、风险防范的服务，真正帮助到他们。防范执业风险的最佳方式就是坚守法律底线。道理虽然简单，落实起来却不容易。律师坚守法律底线，需要从以下三个方面落实：其一，熟悉办案中可能面临的各种法律风险点，具备风险识别能力；其二，适时向当事人及其家属解释律师可以做的事情和不可以做的事情，明示当事人及其家属需要遵守的底线，以及律师执业的法律底线，避免当事人及其家属产生误解，认为他们可以为了辩护可以做任何事情，或认为律师可以为帮助他们而做任何事情；其三，坚守法律底线，律师除了自己要坚守法律底线，也要适时提醒、叮嘱当事人及其家属遵守法律底线。因为当事人及其家属的胡乱作为导致刑事危机时，他们也很可能出于利弊选择将矛头指向律师，引发律师的执业风险。因此，律师办理案件，应当秉持宁缺毋滥的原则，否则其中某个案件突破法律底线，就可能给律师职业生涯带来不利的影响，甚至直接终结职业生命。

一、熟悉法律底线

刑事律师执业的风险点，会发生在案件咨询洽谈、费用收取、会见、案卷保管、调取证据、提交证据、策略决策、出庭辩护等各办案环节中，执业风险的类型包括投诉风险、行政处罚风险和刑事犯罪风险。投诉风险主要体现在当事人及其家属与律师发生纠纷进而向主管部门进行投诉，引发主管部门的处罚、处分风险；行政处罚风险主要出现在收费违规、会见违规、庭审违规等方面；刑事犯罪风险则主要体现在辩护人毁灭证据、伪造证据、妨害作证罪和包庇罪等方面。针对案件咨询洽谈、费用收取、会见、案卷保管、调取证据、提交证据、策略决策、出庭辩护等各办案环节中的风险点，如果没有做好风险防范工作，任何一个风险点都会成为律师随时可能遇到的“炸弹”。律师应当对这些风险点及相关法律法规研究透彻，熟悉法律底线、风险点，形成强烈、敏锐的风险意识。[1]

二、明示法律底线

律师与当事人及其家属、证人等进行沟通时，需要适时释明律师的法律底线。律师解释了相关行为的法律风险，当事人及其家属、证人也就不会继续实

---

〔1〕 参见赖建东：《全流程辩护：思路指引与办案技巧》，法律出版社 2020 年版，第 366 页。

施或者继续要求律师实施相关行为;律师办案过程确实规范,当事人及其家属、证人等一般不会恶意指证;律师已经明示不能做哪些违法违规的事情,当事人及其家属、证人等一般也不会继续提出违规要求。因此,律师适时释明法律底线是必要的,当然,针对不同当事人及其家属,以最适当的方式释明,尽量既让他们明白,也让他们不至于反感而影响双方的合作信任关系。

例如,在刑事危机业务办理会谈过程中,律师都应该在开场或者在会谈过程中明示大家都需要遵守的法律底线,让当事人及其家属明白律师有具体明确的执业规范,有所为有所不为。

第一,律师与当事人及其家属之间的谈话是受法律保护的,律师有保密的义务,即便洽谈内容成为办案机关调查取证范围,律师也有作证豁免的权利。《律师法》第 38 条规定:“律师应当保守在执业活动中知悉的国家秘密、商业秘密,不得泄露当事人的隐私。律师对在执业活动中知悉的委托人和其他人不愿泄露的有关情况和信息,应当予以保密。但是,委托人或者其他人准备或者正在实施危害国家安全、公共安全以及严重危害他人人身安全的犯罪事实和信息除外。”所以请当事人及其家属放心,他们可以把所有的事实经过都如实告诉我们,我们可以给予充分的法律意见,不要有所顾忌。否则根据错误的事实信息作出的法律判断和处理意见可能是错误的。

第二,根据法律规定,任何人不能作出违背事实的陈述,不得帮助当事人、证人串供、不得毁灭、伪造证据,不得教唆当事人逃跑等,我们需向当事人及其家属强调我们只能提供法律意见的协助,不能让当事人及其家属作出违法事实的陈述,不能让当事人及其家属串通、毁灭、伪造证据、逃跑等。以此才能避免沟通过程中当事人及其家属对律师提供的法律意见产生不必要的误解。

如果律师已经多次解释能做什么不能做什么,当事人及其家属仍然不放弃不恰当的诸多想法,仍然想要自行实施或者让律师实施违法违规的行为,那么律师也应当马上予以解释回应,让他们明白法律风险,避免违法违规。如果有更好的处理方案,律师可以为实现他们的诉求提供其他合法合规的方式方法。

例如,在曾某涉嫌强奸罪案中,曾某家属急切地想要让律师出面,陪同他去寻找被害人及其家属,当面沟通协商,做被害人家属的思想工作,让被害人出具情况说明,证明两人自愿发生性关系,至少也要争取让被害人出具谅解书,至于赔偿多少数额双方都可以协商。我们马上向曾某家属解释,根据《刑事诉讼法》第 43 条第 2 款“辩护律师经人民检察院或者人民法院许可,并且经被害人或者其近亲属、被害人提供的证人同意，可以向他们收集与本案有关的材料”的规定，律师和家属一起去找被害人及其家属，以支付赔偿款为条件，让他们出具情况说明，改变证词，律师和当事人家属都会面临重大的法律风险。建议当事人家属自行与被害人及其家属联系表达赔偿意愿、请求谅解的想法，且不要让被害人出具自愿发生性关系的情况说明。如果确属自愿发生性关系，则被害人直接向办案机关说明情况更为稳妥。我们及时解释清楚法律底线，当事人家属基本能理解，并遵守法律规定，大家都能很好地规避法律风险。

又如，侯某涉嫌非法占用农用地罪案：

其中一名证人可以出具对侯某有利的证言，侯某的家属表示可以让他配合，证言内容什么的都没有问题，只要我们起草好证词，侯某的家属就可以随时拿给证人，做通证人的思想工作，让他签名确认，完全没有问题，他一定会配合的。

此时，当事人家属急切想要帮助侯某的心情可以理解，但他们确实缺乏法律风险意识和风险防范能力，他们并不知道此举存在的法律风险。如果我们一味迎合侯某家属的想法，那么我们和家属都将面临很大的法律风险。此时，我们需要为侯某家属解释，妨害证人作证的法律后果和证人作证的注意事项，如让证人出具证言，务必完全符合证人的作证意愿、不得收买证人，证人证言完全符合客观事实真相，且应该由证人亲笔书写证人证言等。侯某家属了解风险点和注意事项后，作为取证的第一法律责任主体，他们找证人作证的过程也会谨慎，生怕产生法律风险。如此，大家都避免法律风险，又可以更妥善地处理刑事危机。

三、坚守法律底线

只有坚守法律底线、正大光明、正正当当地提供法律服务，才能最大限度地避免律师自己的法律风险。即便当事人及其家属执意要以巨大利益作为报酬，要求律师做违法犯罪的事情，律师也要时刻坚守底线、清楚自己能做什么、不能做什么，宁缺毋滥，不能因为某一单业务给自己带来重大执业风险。

例如，刘某涉嫌组织、领导黑社会性质组织罪案：

重要的涉案组织成员刘某潜逃至境外处于被办案机关网上追逃的状态。境内已经被抓获的其他涉案人员被分别指控涉嫌寻衅滋事罪、故意伤害罪、开设赌场罪等犯罪，这些案件正在审理过程中。此时，身处境外的刘某想要寻求律师的帮助，其主要诉求是：想要律师帮忙换外汇解决境外生活困难；帮忙查阅其他人员的案卷材料，评估刘某的刑事责任有无及大小；如果有可能，帮助刘某与办案机关沟通谈判认罪认罚、回境内自首等事宜。

我们办理此类案件，需要充分评估当事人各项诉求的法律风险，寻求更加稳妥的方式帮助当事人。

其一，关于换外汇。刘某提出其在境外没有生活来源，想要律师帮忙换外汇或者找境内地下钱庄，他可以让家属在境内支付人民币。对该诉求我们需要慎重，换汇存在法律风险，而帮助在逃人员、为外逃人员提供资金的行为，法律风险无疑更大。即便刘某提出高额的报酬，律师也必须坚守法律底线，避免引发法律风险。

其二，关于评估风险。只要有案卷材料，律师根据案卷材料为刘某提供法律意见当然是可以的。但刘某作为在逃人员，我们没有渠道可以获取案卷材料。如果刘某有渠道将案卷材料给到我们，不论这些案卷材料如何获取，我们都可以看案卷材料，并根据案卷材料给予中肯的法律意见。但是，在提供法律分析时，要特别慎重，不能有建议逃匿、毁灭证据、伪造证据、妨害作证等可能有法律风险的建议。

其三，关于沟通谈判。作为刘某和办案机关之间沟通的中间人，律师完全可以在法律限度范围内，协助刘某与相关经办人员就刘某回国接受审判的认罪认罚、罪名认定、强制措施、量刑等问题进行协商谈判。此举既可以帮助办案机关的办案，也可以促成刘某刑事危机的妥善处理。

第三节
细节着手防范执业风险

律师的执业风险往往源于细节没有处理好，对办案细节欠缺思考。处理刑事危机时，我们需要从细节处着手，警惕每个办案细节中的执业风险。多思考执业风险点，多注意潜藏在细节中的风险，在细节中防范执业风险，具体可以从业务特点、洽谈对象、洽谈内容和角色定位等角度着手。

一、结合业务特点

刑事危机处理业务需要注重私密性，一般只能针对单一当事人，还往往要求多位律师同时对单一当事人进行洽谈。如果律师在协助涉案公司或者个人妥善处理刑事危机时，对涉案人员进行访谈、培训等，再提出风险防范的建议等，那就可能有法律风险。因为所访谈的涉案人员往往可能是同案人、潜在犯罪嫌疑人，也可能是证人等，律师先后或同时与多名同案人、潜在犯罪嫌疑人、证人洽谈，无疑将面临巨大的执业风险。

二、区分洽谈对象

刑事危机处理业务中律师的主要工作有两部分：其一，研究法律问题、研究证据材料、撰写法律意见，形成律师意见的核心内容；其二，与当事人及其家属、办案人员等进行沟通，阐述律师的法律意见，进行充分的沟通说服。为防范刑事风险，我们与当事人及其家属、证人等其他相关人员的沟通，需要注意区分洽谈对象。对象不同，沟通的方式方法和内容也不同。

例如，某公司涉嫌串通投标罪案：

公司的老板与律师洽谈刑事危机处理事宜谈得很愉快，对律师的专业能力和经验非常认可，决定达成合作，委托律师协助处理公司及老板面临的刑事危机，但是明确提出希望律师要赶紧开展工作，对公司涉刑事业务进行深入了解，还要到公司找各高级管理人员开会，向各位高级管理人员讲解公司面临的刑事危机、宣讲刑事危机处理的方式方法、安排高级管理人员及其他员工需要配合的事项，以最大限度地帮助公司妥善处理刑事危机，渡过难关。此时，律师要足够谨慎，准确意识到其中的巨大法律风险。

从形式上看，如果公司涉嫌犯罪，这些高级管理人员显然是涉案人员，很可能会成为证人或者犯罪嫌疑人，律师与各涉案的证人、犯罪嫌疑人开会沟通存在重大执业风险，即存在律师组织涉案证人、犯罪嫌疑人开会串供的法律风险。

从内容上看，这些高级管理人员很可能是犯罪行为的实施者、参与者，律师与他们谈，他们必然会问及“公安问我，我要怎么说?”“我们公司的群聊内容要怎么处理?”“电脑要不要处理?”“相关财务单据要不要处理?”“关键的涉案人员要不要先让公司安排去避避风头?”这类问题或者变相的此类问题，律师将难以作出有效回答，或者作出回答本身就存在重大执业风险。

从后果上看，一旦后续被办案机关调查，这些高级管理人员面临刑事危机进行利弊权衡时，可能会将律师与他们的洽谈情况全盘托出，将公司如何安排律师组织一起开会研究的事情全部供述出来，在众多证人的渲染下，律师的执业规范性会受到很大的挑战，执业风险就难以避免。

我们可以为公司、老板提供法律服务，也可以为企业高级管理人员或者普通员工提供法律服务，协助他们妥善处理刑事危机，但不能交叉重合。他们之间存在利益冲突，他们之间身份也不同，有的是证人，有的是犯罪嫌疑人，有的是主犯，有的是从犯等，律师无法同时为他们提供法律服务。司法实践中，根据委托人的不同身份、不同利益关切，律师为他们提供的法律服务内容和方式也不同。因此，如果无法准确区分洽谈对象，则很容易遭受执业风险。

又如，某上市公司员工涉嫌开设赌场罪案：

公司某主要业务的部门负责人被办案机关以涉嫌开设赌场罪为由刑事拘留，公司管理层很紧张，迅速找到律师协助处理该刑事危机，希望避免公司被牵扯进去，即便认定业务负责人的行为构成犯罪，也希望不要认定公司为犯罪主体。为此，律师与公司签订《专项法律服务》协议。在该协议中，律师根据双方商谈的内容情况将谈好服务内容如实记录在协议中："指派律师担任员工的辩护人，根据会见了解的案情，协助公司确定应对策略。"类似的描述显然是不妥当的，存在串供、妨碍作证等嫌疑，容易导致律师遭受执业风险。理论上，公司只能为员工推荐律师作为辩护人，而不能为指派律师担任员工的辩护人。律师也不能利用担任员工辩护人的身份帮助公司应对刑事调查。

综上，刑事危机处理业务从开始到刑事辩护整个过程中，越前端越特殊，律师越容易产生执业风险，我们要注意区分洽谈对象，理论上应当将沟通的对象限制在当事人及其家属，不宜与其他人员透露相关内容，更不宜同时为不同涉案人员服务，避免刑事危机处理变成帮助掩饰、隐瞒犯罪行为或毁灭证据、伪造证据、妨害作证等刑事犯罪。

三、注意沟通方式

在与当事人及其家属洽谈过程中，当事人及其家属总是会问："律师，我可不可以这样解释？""这样解释有没有用？""我要怎么解释？""这个手机我能不能丢掉？""聊天记录我能不能删掉？""我能不能翻供？"我们谈及这些内容时，需要注意提供意见的方式方法，避免触犯法律底线。

例如，刘某涉嫌对非国家工作人员行贿罪案：

我们了解到刘某作为供应商按照10%的业务比例向甲方公司的员工赠送钱款，以感谢甲方公司员工的关照。相关资金往来在他们的银行流水中清晰记录，后甲方公司找到刘某，要求刘某主动投案自首，配合向办案机关承认其对甲方公司员工行贿的犯罪事实。此时刘某面临刑事危机，寻求律师的协助。

在沟通过程中，刘某经常问我们："我解释说是借款行不行？我和他补一张借条行不行？或者我解释说都是一起去吃饭消费买单的行不行？这样做有没有用？会不会有犯罪风险？""如果我不承认会怎么样？""我和他商量好怎么解释才能大家都没事？"

我们律师可以充分告知和讲解的是当事人的辩解权利、刑事诉讼各项原则、相关法律知识、诉讼经验等，而不能教当事人具体该如何辩解的说辞和辩解理由。我们需要将律师能提供的意见和内容以及不能提供的意见和内容，都向当事人及其家属解释。

其一，辩解是当事人的权利，他没有自证其罪的义务。当事人可以选择自首，可以选择不自首，可以选择配合调查，也可以选择拒绝配合，可以如实承认贿送资金的事实，也可以进行辩解。即便当事人没有如实承认贿送资金的犯罪事实，不配合调查的行为本身并不是犯罪；承认贿送资金的犯罪事实，后又改变证词，该翻供行为本身也不是犯罪。只是，主动投案自首、积极配合调查，可以从轻、减轻处罚。当事人在考虑是否自首、是否配合调查等问题时，应当明白这不是情绪化选择，而是关系到其切身利益的理性选择，他应当在了解相关法律知识、诉讼经验后，综合全部情况作出正确的选择。如果主动投案、配合调查更能妥善处理刑事危机，那么选择主动投案、配合调查便是最优选择。

其二，当事人是否辩解、如何辩解、提供什么辩解理由，当事人具有主观能动性，也有辩解的权利。至于当事人所提出的辩解是否合理、是否会被采纳，那是裁判者对其辩解的审查问题。办案机关可以不采信当事人的辩解，但不能剥夺当事人辩解的权利。当事人自己也需要明白，其辩解是否会被采纳、是否会影响定罪量刑，就要看辩解是否合理、与其他证据能否印证，且很大程度上取决于经办人员的主观判断。因此，当事人的辩解不能脱离事实、胡说八道，否则不利于刑事危机的妥善处理。

其三，当事人的辩解只是裁判者查明犯罪事实的证据之一，最终对其定罪量刑，还需要其他诸多证据形成完整的证据链条。例如，受贿人的证言、双方的聊天记录、银行流水、相关业务合同、证人证言、审计报告等。只要事实清楚、证据充分，即便当事人拒不自首、拒不配合调查，裁判者也一样可以对其定罪量刑；即便当事人主动投案自首、积极配合调查，但其他证据不足，导致事实不清，也不得对其定罪量刑。

其四，律师可以针对当事人提出的辩解理由是否合理、是否符合法律规定、能否被采纳等问题为当事人提供法律意见。律师还可以分析过往同类案件中，当事人是怎么进行辩解的，最后这些辩解是否得到了证据的印证、得到什么证据的印证，以及最后裁判者如何评判该辩解等，以帮助当事人进一步了解相关犯罪的裁判观点。

本案中，该案律师虽然只提供法律咨询，只讲解刑事诉讼理念，解答他们的疑问，提出法律意见等，但实际上已经回答了当事人的所有疑问。既让当事人听得明白，也可以防范律师的执业风险。

四、准确定位角色

律师对自身角色定位不恰当容易导致“越界”，引发执业风险，如与当事人及其家属之间发生矛盾纠纷，与当事人及其家属关系过近，失去法律服务中介的本色、原则、底线等，可能引发投诉风险、主管部门的行政处罚风险甚至犯罪风险。因此，我们需要准确定位自己在刑事危机处理中的角色。

（一）律师是代理人而不是当事人

律师是提供专业法律服务的中介人员，是当事人及其家属的代理人，而不是案件的当事人及其家属。这个角色定位，意味着我们提供给当事人及其家属的永远是法律意见，辅助当事人及其家属决策，协助他们处理刑事危机，而不是代替他们决策。任何重大的决策都不宜由律师直接代替当事人及其家属作出。对当事人及其家属可能产生不利影响的问题，更应该与当事人及其家属充分沟通协商，充分释明利害，辅助当事人及其家属作出决策。[1]

---

〔1〕 这种风险可以称为“策略决策风险”，律师只能提供分析意见，决策须由当事人及其家属作出，不能强迫当事人选择某一诉讼策略，更不能擅自作出选择对当事人不利的诉讼策略。参见赖建东：《全流程辩护：思路指引与办案技巧》，法律出版社 2020 年版，第 385 页。

例如，谢某涉嫌强奸罪案：

公安机关指控认为，谢某（17岁）于2022年11月10日通过网络平台认识了被害人黄某某（女，时年11岁，未成年人），两人在网上谈恋爱，确定恋爱关系后，谢某引诱黄某某发生关系。当日下午被害人表哥见到被害人在自己家中后联系其母亲，被害人母亲经过查问了解女儿被强奸的经过后报警。办案机关认为，谢某明知被害人未满14周岁，引诱被害人发生性关系，其行为已触犯《刑法》第236条之规定，涉嫌强奸罪。

谢某及其家属在谢某被批准逮捕后找律师介入辩护。他们当时的诉求是希望能通过各种方式争取让谢某取保候审出来，避免他在看守所受苦。律师经过与谢某、办案民警、经办检察官、被害人家属的反复多次沟通，谢某表示认罪，谢某家属表示愿意赔偿争取谅解，检察院经办人也考虑到谢某系未成年人，且已经退赔谅解的事实，愿意以认罪认罚为条件，对谢某变更强制措施，改为取保候审，后续可以破例在性侵幼女案中提出适用缓刑建议。谢某与律师充分沟通后，同意检察院提出的有期徒刑3年、缓期4年的量刑建议，签了认罪认罚具结书，谢某被取保候审。

在审查起诉阶段，谢某及其家属希望争取检察院不起诉，避免留下强奸罪的案底。在得知检察院坚持起诉后，谢某及其家属则改变诉求希望谢某不要再羁押，希望律师尽力沟通，让谢某能适用缓刑就行。

在法院审判阶段，检察院经办人表示虽然签署了认罪认罚，但是在性侵幼女案件中提出适用缓刑建议的做法被检察院领导批评，否决了该适用缓刑建议，因此不提出可适用缓刑的量刑建议。法院能否对谢某适用缓刑，谢某和辩护人要向法院争取了，法院如果判决适用缓刑，检察院没有反对意见。谢某及其家属很紧张，担心谢某被法院判处实刑，恳求律师与法官充分沟通，帮助谢某争取适用缓刑。虽然一波三折，但经过律师与法官的多次沟通，法院最终对谢某适用了缓刑，谢某及其家属得到判决结果后，对律师感恩戴德。

本以为案件至此办结，律师也不会有执业风险问题。然而，几个月后，谢某及其家属突然翻脸，认为他们想要的是本来就是无罪结果，有罪判决让谢某以后的人生蒙上污点，而且还是强奸罪的犯罪记录，导致谢某的社会评价很不好。因此，家属认为谢某本来就是无辜的、被被害人冤枉的，都是因为律师未尽责、不作为，和检察院、法院合谋坑害他们，导致谢某被判强奸罪成立，对律师表达强烈的不满情绪。

这种情况在司法实践中也不鲜见，好在我们很有经验，始终准确定位自己的角色，既没有为他们作决策，也没有与当事人及其家属过度“绑定”，而是根据办案经验判断，通过最大努力帮助他们争取最好的裁判结果，公事公办做好执业风险防范。

律师每一次与谢某会见时都制作了会见笔录。尤其是在确定是否认罪的辩护策略、是否退赔等问题上，我们在庭前还专门与谢某及其家属开会，并制作了谈话笔录，还向他们解释认罪认罚和无罪辩护各自的优缺点及可能的后果，由他们自行决定是否退赔，是否认罪，是否签署认罪认罚具结书，是否作罪轻辩护等，最终他们一致决定继续认罪认罚，尽量争取对谢某适用缓刑，争取失败大家也尽力无憾。谢某及其家属都在洽谈笔录中签名确认。这些公事公办的措施既充分证明律师的尽心履职行为，也充分防范了律师可能的执业风险。

又如，何某涉嫌贩卖毒品罪案：

公诉机关指控何某通过其经营的药房购进××药品后，违反药品管理规定，在购买人没有提供处方的情况下，为牟利多次通过微信向吸毒人员贩卖该药品。经过统计，总共贩卖该药品100多片，共计40克，该药品均检测出了××成分。据此，何某被指控涉嫌贩卖毒品罪。

何某归案后认罪态度稳定，如实供述全部案件事实，办案机关也对其变更强制措施变更为取保候审。公诉机关审查认为，其行为已经触犯《刑法》第347条的规定，应当以贩卖毒品罪追究其刑事责任。何某犯罪后如实供述自己的罪行，可以从轻处罚。何某自愿如实供述自己的罪行，承认指控的犯罪事实，愿意接受处罚，可以依法从宽处理，建议对何某判处有期徒刑8个月，缓刑1年。

该案庭审中，律师坚持作独立辩护，认为何某的罪名不成立，指控何某贩卖毒品的证据不足，应当作出无罪判决。

法院审理认为，何某无视国家法律，贩卖毒品，其行为已经构成贩卖毒品罪，办案机关指控何某贩卖毒品罪的事实清楚，证据确实充分，罪名成立。公诉机关建议适用缓刑与被告人何某的罪责刑不相适应，法院不予采纳，判决何某犯贩卖毒品罪，判处有期徒刑8个月，并处罚金×万元。

该案律师以独立辩护权的名义，在何某认罪认罚的情况下发表独立的无罪辩护意见，最终法院判决何某构成犯罪，且不采纳认罪认罚适用缓刑的量刑建议，直接对何某判处实刑。虽然律师作独立辩护的行为与法院判处实刑的结果之间，不一定有因果关系，律师也确实拥有独立辩护权。但前提是要做好执业风险防范，充分告知何某及其家属律师想要做无罪辩护以及具体意见、可能的法律后果等，如果何某及其家属不同意，则律师不宜继续代理。律师坚持作独立无罪辩护的决策本身，也应该经过他们同意变成他们的决策，而且还必须有证据证明律师已经充分告知、征得他们同意，决策是由他们作出的，才能最大限度地防范执业风险。

（二）律师不能损害当事人的利益

当事人面临刑事危机，委托律师作为其代理人，协助其妥善处理刑事危机，律师的职责就是在法律限度范围内，最大限度地维护当事人及其家属的合法权益，不得作出损害当事人及其家属利益的行为。《律师法》第31条亦明确规定律师在刑事案件中的职责："律师担任辩护人的，应当根据事实和法律，提出犯罪嫌疑人、被告人无罪、罪轻或者减轻、免除其刑事责任的材料和意见，维护犯罪嫌疑人、被告人的诉讼权利和其他合法权益。"因此，律师不能提出对当事人不利的法律意见，不能混淆律师和公诉人的职责。这是律师职业的道德底线，不容违反，否则将动摇律师职业的存在意义。

例如，某律师被处分案：

浙江省法律援助中心指派某律师担任胡某某贩卖毒品案件被告人的二审律师。某律师在准备辩护词时一时兴起便在微信朋友圈发布了一篇《辩护意见》，内容有"甚有邪恶之徒、杀人贩毒，泯灭人性，实为国之忧、民之害也，安可孰乎?""辩护人认为一审判决认定事实清楚，证据确实充分，法律适用正确，定罪量刑正确"等字样。随后，经其同事及朋友提醒该行为违背律师法定职责，遂删除。杭州市律师协会认为，某律师作为法律援助律师，应根据《律师法》第31条之规定，积极履行律师责任，提供有利于被告人的材料和意见；而非指责被告人罪有应得。某律师在网上发布的《辩护意见》导致公众舆论对律师的非议，对整个律师行业造成了恶劣影响。根据《律师协会会员违规行为处分规则（试行）》第41条"有其他违反法律、法规、规章和行业规范的行为，依据本规则给予相应的纪律处分"、《律师执业行为规范（试行）》第8条"律师应当注重职业修养，自觉维护律师行业声誉"及第15条"律师不得为以下行为：（四）其他违反法律、法规、律师协会行业规范及职业道德的行为；（五）其他违反社会公德,严重损害律师职业形象的行为”的规定,应予某律师以行业处分。杭州市律师协会道德纪律委员会作出给予某律师公开谴责的行业处分。[1]

又如,王某涉嫌贩卖毒品罪案:

王某被指控贩卖毒品的数量超过2000克,如罪名成立,可能被判处死刑。王某在侦查阶段有过几次有罪供述,供述不稳定。后王某一直否认犯罪,认为不知道同案人贩卖毒品的事实,是受蒙蔽参与到贩卖毒品行为中。一审庭审中,王某依然坚持认为,“对起诉书指控的事实和罪名有意见,我没有贩卖毒品”。一审律师也作无罪辩护,但法院判决王某死刑,缓期二年执行。

在二审阶段,王某继续坚持无罪辩解,认为自己没有参与贩卖毒品,对涉案物品是毒品主观上不知情,要求判决无罪。二审没有开庭审理,法律援助律师提交了书面辩护词:“辩护人对一审认定被告人王某犯贩卖毒品罪的定性没有异议……仅提出被告人王某在本案中具有的从轻情节发表如下辩护意见:……”

结果,二审判决死刑,缓期二年执行,王某被去监狱服刑。王某在判决后知道他的二审律师向法院提交的辩护意见是罪轻辩护,而不是无罪辩护,极其不满,王某不断向法院提出申诉,要求法院查明案件事实,并保障他的辩护权。同时,王某对二审律师怀恨在心,想要对律师进行举报投诉。

该案二审律师作罪轻辩护与法院作出维持原判的判决之间不一定有因果关系,但是在当事人不认罪的情况下,律师直接作罪轻辩护,认可指控的事实和罪名,“控辩审”三方制衡的格局就会彻底瓦解。只有被告人自己喊冤,“控辩审”三方,“控辩”两方法律专业人士(律师和检察官)都认为被告人构成犯罪,则律师的角色和作用完全缺位,被告人的辩护权有名无实,这种局面比没有律师辩护还更糟糕,起码不会多一位律师也认为当事人构成犯罪。

律师的辩护权来源于被告人的委托,本质上,律师的辩护权也是被告人的。受人之托,忠人之事,维护被告人的合法权利,不得发表损害被告人利益的意见,这是辩护权的基本要义。本案律师有损害当事人的利益、违反职业道德、未认真履职的嫌疑,很容易与当事人及其家属产生矛盾,甚至遭受投诉,引发执业风险,重要的原因就是律师未能准确定位自己的辩护人角色。

---

〔1〕 浙江省杭州市律师协会处分决定书,杭律处字〔2021〕11 号,载杭州市律师协会官网:http://www.hzlawyer.net/news/detail.php? id=21966,最后访问时间:2023 年 6 月 4 日。

结 语
CONCLUSIONS

有没有规避一切刑事危机的方法

有没有能规避一切刑事危机的方法？这个问题就如同“有没有永远不输的赌博方法?”一样简单，永远不输的方法那就是“永远不赌”，不赌自然不会输。有没有规避一切刑事危机的方法？理论上有，那就是从这个社会消失或者与世隔绝，与任何法律制度脱离任何关系。

然而，只要在社会中生活，我们就无法逃离法律制度，无法超脱于法律制度下的社会秩序，一直会受到诸多刑事法律规范的规制。去野外掏鸟窝、采摘植物、砍伐树木，或者买卖鹦鹉、抽沙、采石等行为，都可能涉嫌犯罪，很多刑事方面的法律风险都超出我们大多数人的认知。除非与世隔绝，否则我们很容易触犯刑事法律，也就随时可能遭遇刑事危机。因此，我们只能尽量规避刑事危机，但无法完全杜绝。

无论是对于个人还是企业，都可以通过提高风险防范能力来应对、消除、防范风险，避免遭遇刑事危机。一旦发生刑事危机，则需要妥善处理，争取自己的利益最大化。熟知法律，深谙所有涉案人员在刑事危机下的本能表现、利弊选择，并据此指导我们的日常生产、生活，包括指导企业的制度安排、人员设置、团队运作、经营模式调整等，才更可能妥善处理刑事危机。

如果当事人自己缺乏刑事危机处理的知识和经验，那就需要多与专业、靠谱的律师交流，毕竟，社会迅猛发展，专业分工越来越细致。在社会这个超级大“生产车间”里，每个人都成为自己业务领域上的“螺丝钉”，专注于某一领域的人，更可能将该领域的事情做好。刑事危机处理的道理亦是如此，由靠谱的专业律师来协助处理刑事危机，无疑是当事人及其家属的必选项。

愿本书对刑事危机下的当事人及其家属、法律工作者妥善处理刑事危机有一些参考价值。

致 谢

ACKNOWLEDGEMENT

本书的写作能顺利完成,很大程度上仰赖于办理案件的数量足够多。感谢众多刑事危机下的当事人及其家属的信任,向我们倾诉他们的遭遇,委托我们协助处理刑事危机。我们帮助了他们,他们也帮助我们积累了大量的办案素材,进一步积累办案经验,提升办案技能。通过对办案素材的系统性总结,形成关于刑事危机处理的系统性理论与办案思考,这本书实际上也可以帮助到更多刑事危机下的当事人及其家属以及法律工作者。

本书即将付梓之际,我非常感谢母校华南师范大学法学院、吉林大学法学院对我的培养;感谢广东宋氏律师事务所的大力支持,感谢广东宋氏律师事务所同事们对本书提出的诸多宝贵意见。感谢法律出版社的支持和编辑的耐心与认真。感谢一直以来支持我、鼓励我的同学、同事、同行、朋友们,你们都是激励我在刑事业务领域前行的人。

赖建东

2025 年 1 月